Naturpark Schwäbisch-Fränkischer Wald

Die Wanderregion bei Stuttgart

Werner Sippel

GPX-Daten zum Download

www.kompass.de/gpx

Kostenloser Download der GPX-Daten der im Wanderführer enthaltenen Wandertouren. Mehr Informationen auf Seite 3.

AUTOR

Werner Sippel • Die Liebe zum Wandern entwickelte sich bei uns – meiner Frau und mir – in den 70er Jahren. Auf vielen Reisen „erwanderten“ und „erwandern“ wir uns die Schönheiten der europäischen Länder mit ihren vielfältigen Landschaften.

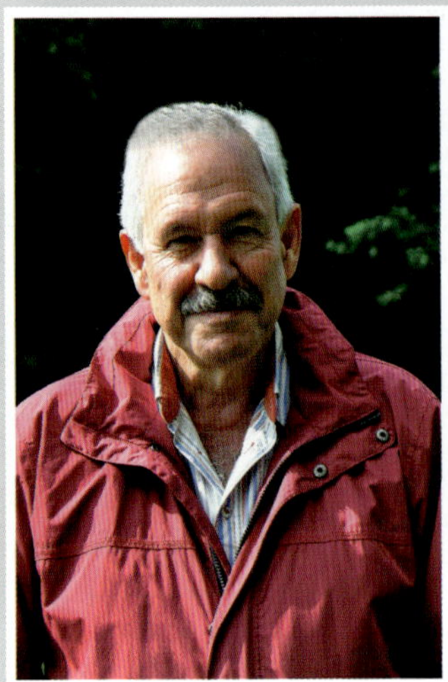

In heimischen Regionen bewegen wir uns aber mit Vorliebe im Wandergebiet „Naturpark Schwäbisch-Fränkischer Wald“, der nicht weit entfernt von unserer Haustüre liegt.

Ein großes Dankeschön:
- **an meine Frau Gabriele, für ihre Begleitung bei den Touren und ihre Ratschläge und Anregungen,**
- **und an unseren Sohn Tim, für seine aktive und hilfreiche Mitarbeit bei der Aktualisierung des Wanderführers.**

VORWORT

Anders als der Name Schwäbisch-Fränkischer Wald vermuten lässt, führen die 50 Touren in der Mehrzahl nicht in dichte Wälder, sondern zu sehr aussichtsreichen Wegstrecken und Aussichtspunkten.

Der Schwäbisch-Fränkische Wald – die Mischung aus grandioser Natur, historischen Baudenkmälern, Zeugnissen vergangener Zeiten und Kultur machen das Gebiet zu einem erstklassigen Wanderziel. Bis ins Mittelalter war der Raum hauptsächlich Urwald und deshalb nur dünn besiedelt. Einzelhöfe und Weiler, die damals durch Waldrodung entstanden sind, prägen die Landschaft.

Auch heute gibt es sie noch hier: die Waldeinsamkeit, die Stille der Höhen und Täler. Das weitverzweigte Wanderwegenetz ist sehr gut markiert und führt zu attraktiven Wanderzielen. Der Naturpark ist aus den Großräumen Stuttgart, Ludwigsburg und Heilbronn verkehrstechnisch gut zu erreichen.

Es würde mich freuen, wenn dieses Buch dazu beitragen könnte, Liebhaber des Wanderns interessante, für sie möglicherweise neue, Touren nahezubringen und vor allem „Neulinge“ für das Wandern zu begeistern.

Werner

ORIENTIERUNG MIT GPS

Für Navigationsgeräte und Apps haben wir auf unserer Webseite alle Touren im GPX-Format zum Download bereitgestellt:

www.kompass.de/gpx

Hier findet man alle weiteren Informationen. Einfach das richtige Produkt auf der Seite auswählen, die Daten herunterladen und auf das Zielgerät oder in die gewünschte App importieren.

Mehrwert mit Spaßfaktor: Ob vorab zur Planung, als Sicherheit für unterwegs oder zum Erinnern und Archivieren der gegangenen Tour. Die digitale Wanderroute ist in vielerlei Hinsicht wertvoll. Ein Blick auf die Daten hilft Neues zu entdecken und liefert Inspirationen für die nächsten Touren. Alle Wandertouren aus diesem Führer stehen im GPX-Format kompakt und genau zur Verfügung.

Was ist ein GPX-Track? GPX ist ein Datenformat für Geodaten. Das Wort GPS steht für Global Positioning System (Globales Positionsbestimmungssystem). Mit einem GPX-Track bekommt man die rote Linie, also den Wanderpfad, als geografische Koordinaten.

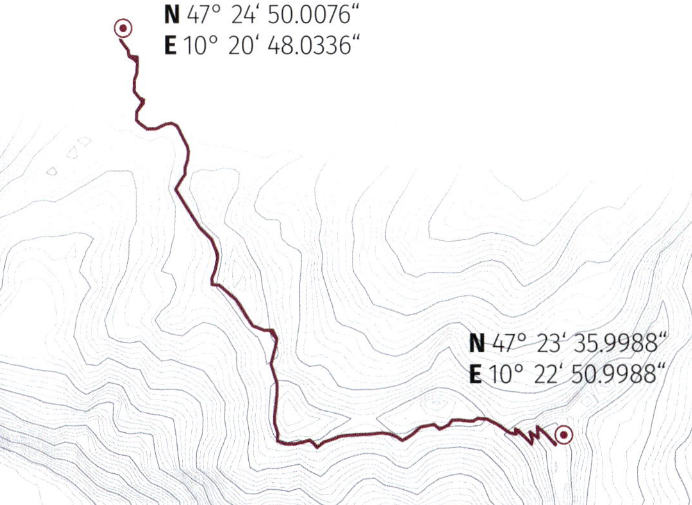

INHALT UND TOURENÜBERSICHT

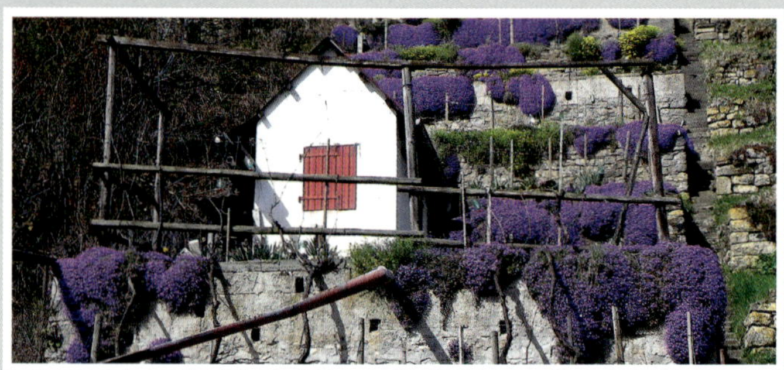

Frühjahr.

ANHANG

  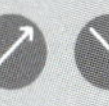  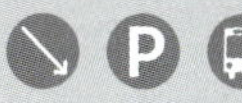 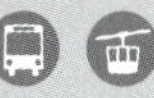 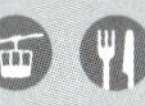   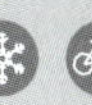  

km	h	hm	hm									Karte
15	4:00	300	300	✓	✓		✓		✓		✓	773
17	4:15	290	290	✓	✓		✓		✓		✓	773
15	3:30	240	240	✓	✓		✓		✓	✓	✓	773
13	3:30	305	305	✓	✓		✓		✓	✓	✓	773
16	3:45	140	140	✓			✓		✓	✓	✓	773
10	2:30	90	90	✓	✓		✓		✓	✓	✓	773
14	4:00	145	145	✓	✓		✓		✓		✓	773
15	3:30	125	125	✓	✓		✓		✓	✓	✓	773
15	4:30	150	150	✓	✓		✓		✓		✓	773
13	3:45	60	60	✓	✓		✓		✓		✓	773
7	2:45	110	110	✓	✓		✓		✓		✓	773

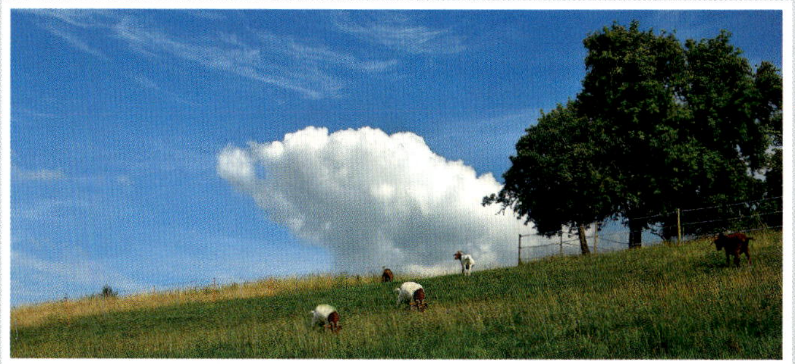

Sommer.

INHALT UND TOURENÜBERSICHT

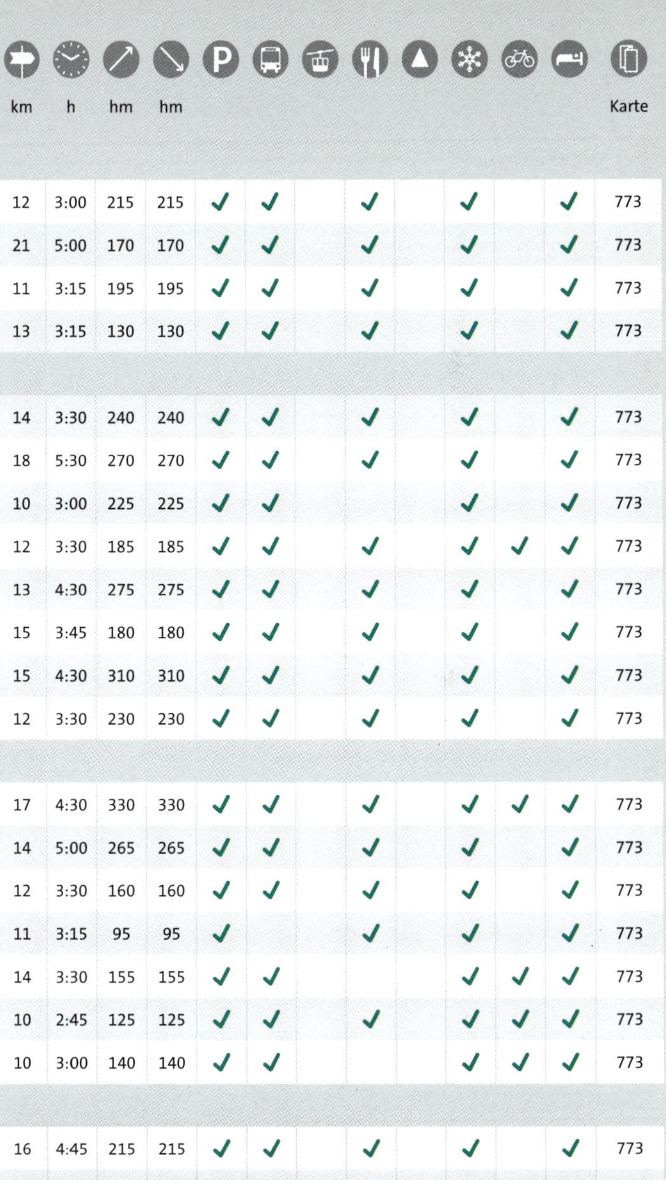

km	h	hm	hm									Karte
12	3:00	215	215	✓	✓		✓		✓		✓	773
21	5:00	170	170	✓	✓		✓		✓		✓	773
11	3:15	195	195	✓	✓		✓		✓		✓	773
13	3:15	130	130	✓	✓		✓		✓		✓	773
14	3:30	240	240	✓	✓		✓		✓		✓	773
18	5:30	270	270	✓	✓		✓		✓		✓	773
10	3:00	225	225	✓	✓				✓		✓	773
12	3:30	185	185	✓	✓		✓		✓	✓	✓	773
13	4:30	275	275	✓	✓		✓		✓		✓	773
15	3:45	180	180	✓	✓		✓		✓		✓	773
15	4:30	310	310	✓	✓		✓		✓		✓	773
12	3:30	230	230	✓	✓		✓		✓		✓	773
17	4:30	330	330	✓	✓		✓		✓	✓	✓	773
14	5:00	265	265	✓	✓		✓		✓		✓	773
12	3:30	160	160	✓	✓		✓		✓		✓	773
11	3:15	95	95	✓			✓		✓		✓	773
14	3:30	155	155	✓	✓				✓	✓	✓	773
10	2:45	125	125	✓	✓		✓		✓	✓	✓	773
10	3:00	140	140	✓	✓				✓	✓	✓	773
16	4:45	215	215	✓	✓		✓		✓		✓	773
13	3:00	165	165	✓	✓		✓		✓	✓	✓	773

INHALT UND TOURENÜBERSICHT

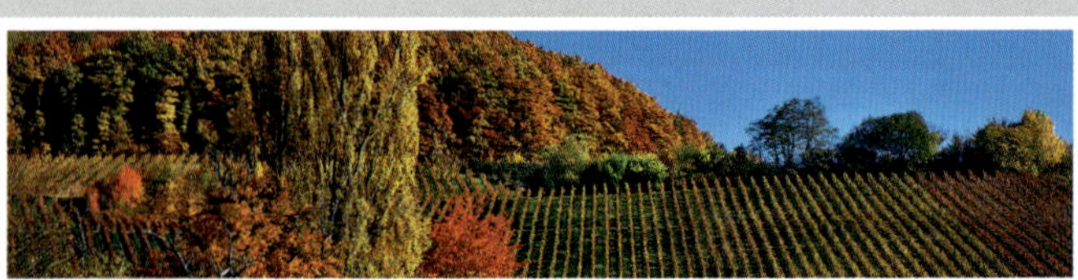

Herbst.

km	h	hm	hm									Karte
19	5:30	210	210	✓	✓		✓		✓		✓	773
12	3:30	255	255	✓	✓		✓		✓		✓	773
8	2:30	200	200	✓	✓				✓		✓	773
11,5	3:15	120	120	✓	✓		✓		✓		✓	773
11	2:45	240	240	✓	✓		✓		✓		✓	773
16,5	5:15	340	340	✓	✓		✓		✓		✓	773
16	4:00	180	180	✓	✓		✓		✓		✓	773
16	4:00	160	160	✓	✓		✓		✓	✓	✓	773
10	3:00	140	140	✓	✓		✓		✓		✓	773
17	4:00	170	170	✓			✓		✓	✓	✓	773
9	2:30	100	100	✓	✓				✓	✓	✓	773
11	2:30	130	130	✓	✓		✓		✓	✓	✓	773
9	3:00	150	150	✓					✓		✓	773
10	2:45	150	150	✓	✓				✓		✓	773
15	4:15	140	140	✓	✓				✓		✓	773
14	3:30	215	215	✓	✓		✓		✓		✓	773
14,5	3:45	205	205	✓	✓		✓		✓	✓	✓	773
15	4:45	295	295	✓			✓	✓	✓	✓	✓	773

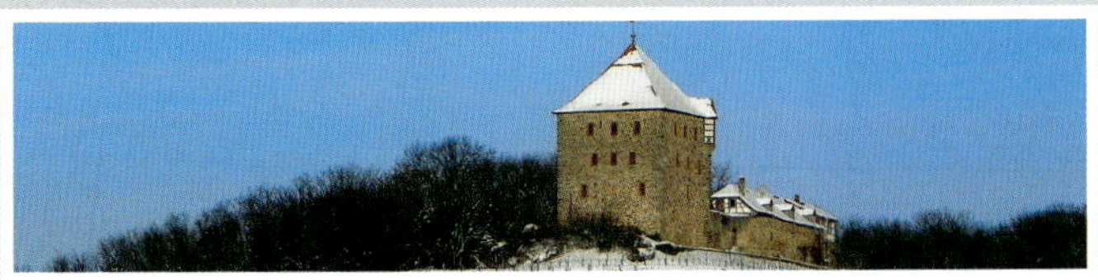

Winter.

GEBIETSÜBERSICHTSKARTE

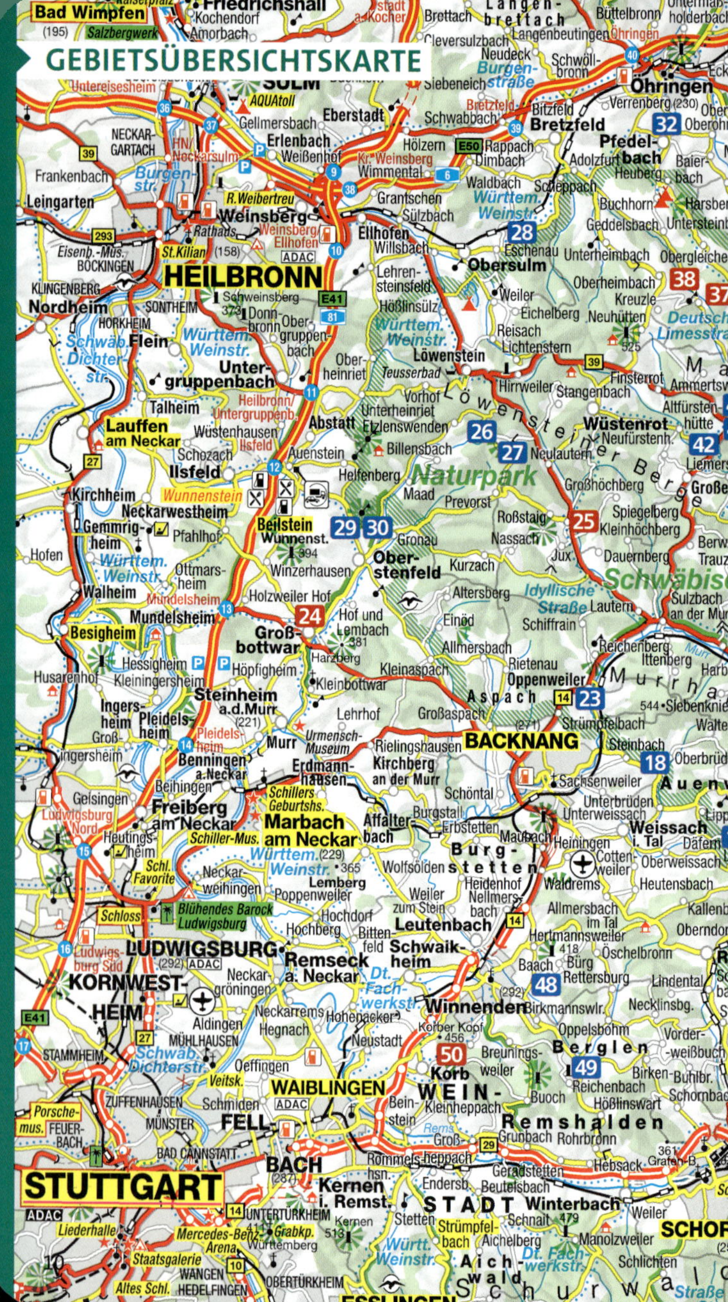

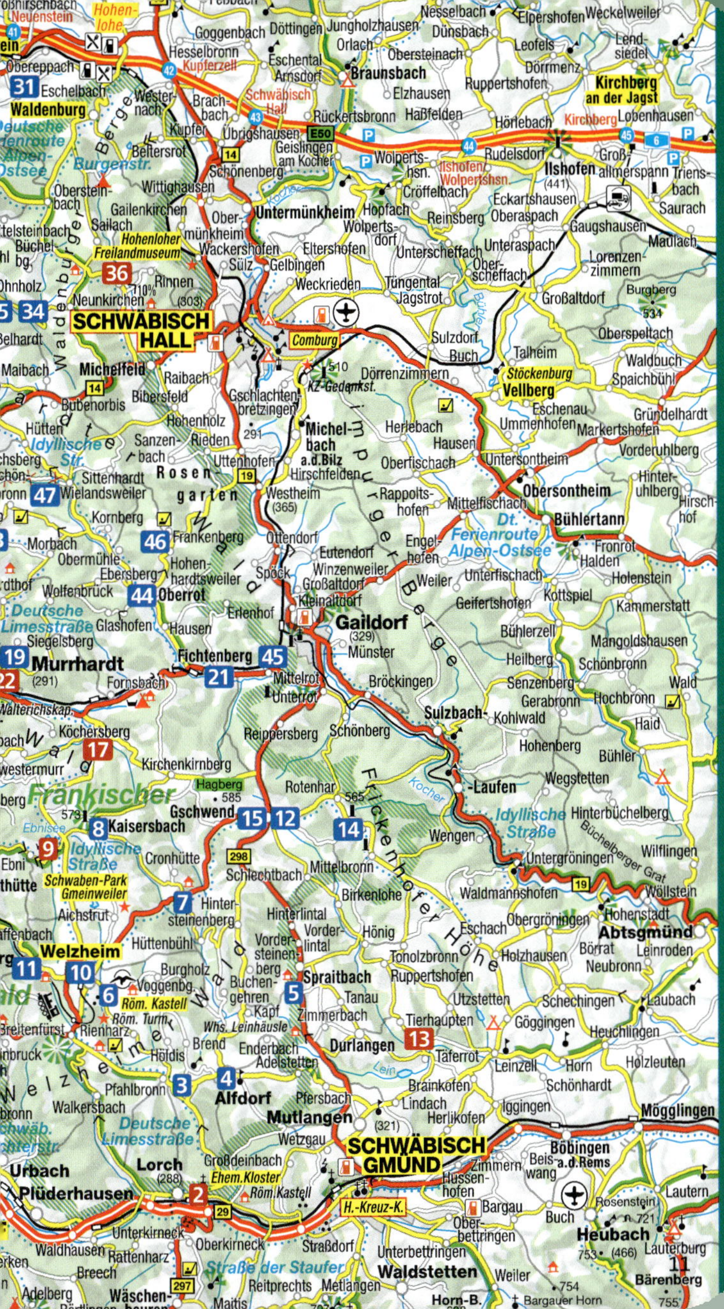

Neuenstein
Hohenlohe
Goggenbach
Döttingen
Jungholzhausen
Nesselbach
Elpershofen
Weckelweiler
Dünsbach
Lendsiedel
Oberepppach
Hesselbronn
Kupferzell
Eschental
Orlach
Obersteinach
Leofels
Dörrmenz
Kirchberg an der Jagst
Eschelbach
Waldenburg
Wester-nach
Arnsdorf
Braunsbach
Ruppertshofen
Brachbach
Schwäbisch Hall
Elzhausen
Rückertsbronn
Haßfelden
Hörlebach
Kirchberg
Lobenhausen
Deutsche Ferienroute Alpen-Ostsee
Kupfer
Übrigshausen
E50
Geislingen am Kocher
Wolpertshsn.
Ilshofen/Wolpertshsn.
Rudelsdorf
Ilshofen
Großallmerspann
Triensbach
Beltersrot
Burgenstr.
Schönenberg
(441)
Wittighausen
Oberstein-bach
Gailenkirchen
Obermünkheim
Untermünkheim
Hopfach
Cröffelbach
Eckartshausen
Saurach
Reinsberg
Oberaspach
Gaugshausen
Sailach
Wolpertsdorf
Hohenloher Freilandmuseum
Wackershofen
Eltershofen
Unterscheffach
Unteraspach
Maulach
Sülz
Gelbingen
Oberscheffach
Lorenzenzimmern
Rinnen
Weckrieden
Tüngental
Jagstrot
Großaltdorf
Burgberg
534
Neunkirchen
(303)
Bühler
SCHWÄBISCH HALL
Comburg
Sulzdorf
Oberspeltach
Buch
Talheim
Waldbuch
Spaichbühl
Michelfeld
Raibach
510
KZ-Gedenkst.
Dörrenzimmern
Stöckenburg
Vellberg
Maibach
Waldenburger Berge
Bubenorbis
Bibersfeld
Gschlachtenbretzingen
Eschenau
Gründelhardt
Ummenhofen
Markertshofen
Hütten
Hohenholz
Michelbach a.d.Bilz
Herlebach
Hausen
Idyllische Str.
Sanzenbach
Rieden
291
Vorderuhlberg
Sittenhardt
Uttenhofen
Hirschfelden
Oberfischach
Untersontheim
Hinteruhlberg
Wielandsweiler
Rosengarten
Westheim
(365)
Limpurger Berge
Rappoltshofen
Mittelfischach
Obersontheim
Hirschhof
Kornberg
Bühlertann
Morbach
Frankenberg
Ottendorf
Engelhofen
Dt. Ferienroute Alpen-Ostsee
Fronrot
Halden
Obermühle
Eutendorf
Hohenhardtsweiler
Ebersberg
Spöck
Winzenweiler
Großaltdorf
Weiler
Unterfischach
Holenstein
Wolfenbrück
Oberrot
Kleinaltdorf
Geifertshofen
Kottspiel
Kammerstatt
Deutsche Limesstraße
Erlenhof
Glashofen
Hausen
Gaildorf
(329)
Bühlerzell
Mangoldshausen
Siegelsberg
Münster
Heilberg
Schönbronn
Murrhardt
Fichtenberg
(291)
Mittelrot
Bröckingen
Senzenberg
Wald
Fornsbach
Unterrot
Gerabronn
Hochbronn
Walterichskap.
Sulzbach-
Kohlwald
Haid
Köchersberg
Reippersberg
Schönberg
Hohenberg
Bühler
Westermurr
Kirchenkirnberg
-Laufen
Wegstetten
Hagberg
585
Rotenhar
565
Frickenhofer Höhe
Kocher
Fränkischer Wald
Gschwend
Idyllische Straße
Hinterbüchelberg
579
Kaisersbach
Ebnisee
Wengen
Büchelberger Grat
Wilflingen
Idyllische Straße
Cronhütte
298
Untergröningen
Mittelbronn
Schlechtbach
Schwaben-Park Gmeinweiler
Birkenlohe
Waldmannshofen
Wöllstein
Aichstrut
Hintersteinenberg
Hohenstadt
Hinterlintal
Vorderlintal
Obergröningen
Abtsgmünd
Eschach
Hönig
Börrat
Leinroden
Hüttenbühl
Welzheim
Vordersteinenberg
Holzhausen
Tonolzbronn
Neubronn
Burgholz
Voggenbg.
Ruppertshofen
Buchengehren
Spraitbach
Röm. Kastell
Laubach
Tanau
Utzstetten
Schechingen
Kapf
Zimmerbach
Röm. Turm
Tierhaupten
Göggingen
Rienharz
Whs. Leinhäusle
Heuchlingen
Breitenfürst
Brend
Enderbach
Durlangen
Adelstetten
Täferrot
Höldis
Leinzell
Horn
Holzleuten
Welzheimer Wald
Lein
Brainkofen
Schönhardt
Pfahlbronn
Alfdorf
Pfersbach
Lindach
Walkersbach
Herlikofen
Iggingen
Mögglingen
Mutlangen
(321)
Deutsche Limesstraße
Wetzgau
SCHWÄBISCH GMÜND
Böbingen a.d.Rems
Urbach
Lorch
Großdeinbach
Zimmern
Beiswang
(288)
Ehem.Kloster
Hussenhofen
Plüderhausen
Röm.Kastell
Lautern
29
H.-Kreuz-K.
Bargau
Rosenstein
721
Buch
Unterkirneck
Oberbettringen
Heubach
Oberkirneck
753
(466)
Lauterburg
Waldhausen
Straßdorf
Rattenharz
Unterbettringen
Breech
Straße der Staufer
Waldstetten
Weiler
754
Bärenberg
Reitprechts
Metlangen
Adelberg
297
Wäschenbeuren
Maitis
Horn-B.
Bargauer Horn
755

Der Naturpark Schwäbisch-Fränkischer Wald

Was macht ihn so besonders?

NATURPARK
SCHWÄBISCH-FRÄNKISCHER WALD

Es ist die Vielfalt dieser Wanderregion:

- die großartigen Ausblicke und Panoramen,
- die wildromantischen Bachtäler, tiefeingeschnittenen Klingen und sprudelnden Wasserfälle,
- die malerischen Wiesen- und Mühlentäler,
- die geheimnisvollen Höhlen, Grotten und bizarre Felsformationen,
- die idyllischen Bade- und Angelseen,
- die liebevoll restaurierten Mühlen,
- die Spuren des römischen Limes,
- die imposanten Burgen, Schlösser und Klöster,
- die alten Dörfer, Weiler und Städtchen,
- die interessanten Museen, Sammlungen und Ausstellungen,
- die alten Sagen und Geschichten,
- die liebenswerten Menschen,
- und nicht zuletzt die schwäbisch-fränkische Gastronomie.

Der 1.270 km² große, 1979 gegründete und 2014 erweiterte Naturpark Schwäbisch-Fränkischer Wald erstreckt sich nordöstlich des Großraums Stuttgart und östlich der Großräume Ludwigsburg. Heilbronn, Schwäbisch Hall, Aalen, Schorndorf und Backnang bilden die Eckpunkte. Die Erhebungen sind zwischen 200 Meter und knapp 600 Meter hoch.

Was ist ein Naturpark?
Naturparke reihen sich in andere Großschutzgebiete wie Nationalparke und Biosphärengebiete ein. Sie beinhalten einen großen Teil an Naturschutz-, Landschaftsschutz- und weiteren Schutzgebieten. Sie sind aber auch Kulturlandschaft. Deshalb werden in Naturparken Natur und Mensch zusammengedacht und zusammengebracht.

Die Einzelgebiete des Naturparks
Das Gebiet setzt sich wie folgt zusammen: im Süden der Welzheimer Wald und die Berglen, im Zentrum der Murrhardter der Mainhardter Wald im Norden , die Löwensteiner und die Waldenburger Berge, im Osten die Limpurger Berge mit dem Kochertal und der Frickenhofer Höhe.

Flüsse
Die wichtigsten Flüsse sind Rems, Murr, Wieslauf, Kocher, Sulm und Ohrn.

Die Natur
Ein Großteil des Gebiets besteht aus Mischwäldern mit Fichten, Tannen, Buchen und Eichen. Der Waldanteil im Naturpark beträgt außergewöhnliche 51 %, im Landesdurchschnitt sind es 38 %. Neben dem Wald trifft man häufig auf Streuobstwiesen

und Weinberge, typische schwäbisch-fränkische Kulturlandschaften. Wiesen und Weiden werden für die Viehhaltung genutzt, Äcker zum Anbau von z. B. Getreide.

Das Besondere des Naturparks
Neben den grandiosen Naturerlebnissen machen andere Faktoren den Naturpark zu einem erstklassigen Wanderziel.

Die Mühlen
Im Naturparkgebiet gibt es viele erhaltene und sehr schön restaurierte Säge- und Mahlmühlen, wie z.B. die Heinlesmühle, Menzlesmühle oder die Meuschenmühle. Die meisten davon werden in den beschriebenen Wandertouren „angewandert". Am Deutschen Mühlentag, dem Pfingstmontag, können diese Mühlen besichtigt werden. (Touren: 5, 6, 7, 9, 11, 12, 15, 17, 19, 22, 26, 34, 38, 40, 47)
www.muehlenwanderweg.com

Der Limes
Die römischen Besatzer bauten den Grenzwall Limes auf etwa 550 km Länge zwischen dem heutigen Rheinbrohl in Rheinland-Pfalz und bis in die Nähe des Klosters Weltenburg in Bayern. 50 km davon liegen im Parkgebiet. Reste des Walls, der Kastelle (z. B. in Welzheim), und der Wachtürme sind entlang des Limes-Wanderweges sichtbar. Rekonstruierte Limes-Türme gibt es bei Lorch, Mainhardt und Grab.
(Touren: 2, 10, 40, 41, 43, 47)

Limes-Lehrpfad: Auf 28 km Länge – zwischen Grab und Öhringen - wird römische Geschichte vor Ort vermittelt. Text- und Bildtafeln erklären die Zeit der römischen Besatzung

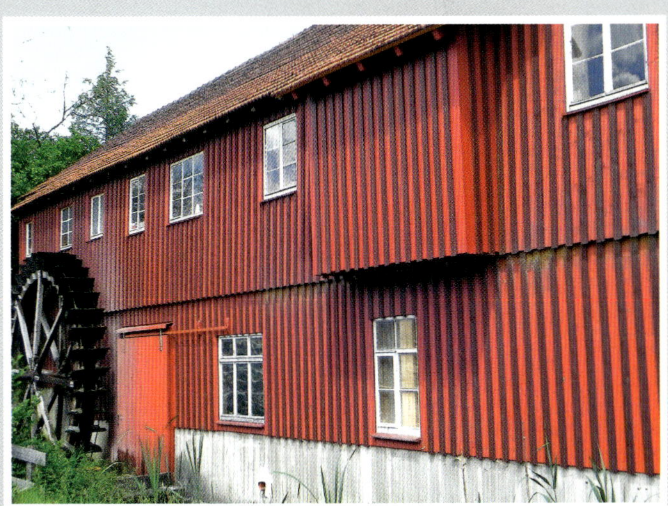

Die Hundsberger Sägemühle.

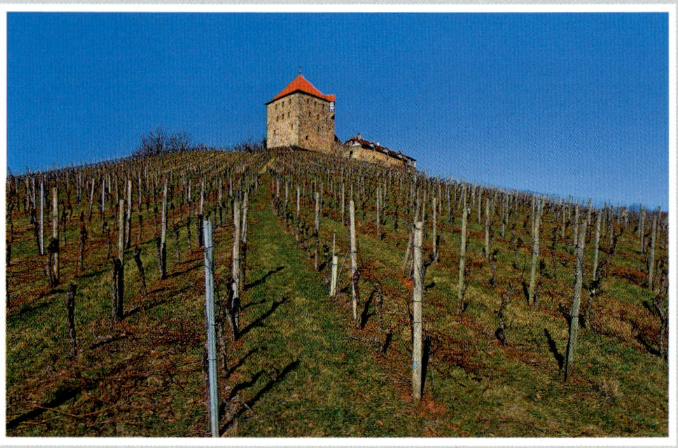

Schloss Wildeck.

(Soldatenleben, Bauten, Siedlungen, Bau und Fall des Limes etc.). Der deutlich erkennbare Limesgraben, das ehemalige Kastell an der Schule in Mainhardt oder die Reste von Wachtürmen, werden den Geschichtsinteressierten erklärt.
www.mainhardt.de

Sehenswerte Dörfer und Städte
Im Gebiet gibt es sehr sehenswerte alte Dörfer und Städte wie z. B. Waldenburg, Löwenstein, Murrhardt, die einen Rundgang lohnen. Einige davon sind Bestandteile der beschriebenen Wandertouren.
(Touren: 2, 6, 10, 19, 20, 22, 24, 27, 31, 48)

Die Burgen, Schlösser und Klöster
Die Region ist geprägt durch gut erhaltene Burgen, Schlösser und Klöster. Manche können auch besichtigt werden. (Touren: 1, 2, 4, 16, 23, 24, 27, 28, 29, 30, 31, 32, 35, 36, 37, 38)
Die Museen
Das Römer-Museum in Mainhardt, das Museum Welzheim, das Carl-Schweizer-Museum in Murrhardt, das Bausparmuseum in Wüstenrot, das Pahl-Museum in Mainhardt-Gailsbach: das sind Beispiele von Museen und Sammlungen, die von den Menschen, deren Kultur und der Natur erzählen.
(Touren: 6, 19, 20, 22, 36, 39, 40, 41, 47)

Die Bade- und Angelseen
Freizeitspaß, insbesondere mit Kindern, bieten mehrere Bade- und Angelseen mit Spiel- und Grillplätzen: Ebnisee, Aichstruter See, Stausee Rehnenmühle, St. Annasee. Finsterroter See, Hagerwaldsee, Hüttenbühlsee, Neumühlsee. (Touren: 5, 7, 8, 9, 10, 13, 17, 29, 30, 31, 32, 36, 39)

Bus/Bahn:

www.efa-bw.de

SCHWIERIGKEITSGRADE

■ LEICHT

markierte Wanderungen folgen in der Regel gut erhaltenen und ausreichend markierten Wanderwegen, Fahr- und Forstwegen. Diese Wandervorschläge können bei guten Witterungsverhältnissen von jedermann begangen werden.

■ MITTEL

markierte Touren sind hinsichtlich ihrer Länge, Wegbeschaffenheit oder der Höhendifferenz etwas anspruchsvoller und setzen entsprechend Ausdauer, festes Schuhwerk und in manchen Fällen Trittsicherheit voraus. Es ist eine subjektive Einteilung, bei der die vorgestellten Wanderungen untereinander verglichen werden.

HINWEIS

Im Gebiet lässt es sich zu allen Jahreszeiten gut wandern, auch im Winter. Bei Schnee sollte allerdings die Beschreibung der Wegbeschaffenheit und -führung beachtet werden.

FÜR KINDER GEEIGNET

Hier kann man keine allgemeinen Grenzen ziehen. Nach Lektüre der Wandertourbeschreibung und des Höhenprofils können die Eltern selbst entscheiden, ob sie die entsprechende Tour mit ihrem Kind/ihren Kindern wandern möchten.

EINKEHRMÖGLICHKEITEN

Die in den Tourenbeschreibungen erwähnten Gastronomiebetriebe sind als Einkehrmöglichkeiten zu verstehen, sie stellen keine Empfehlungen dar.

MEINE LIEBLINGSTOUR

Die Tour 7 ist sehr abwechslungsreich und vereint die charakteristischen Elemente des „Naturpark Schwäbisch-Fränkischer Wald“:

- die geheimnisvollen Höhlen, Grotten und bizarre Felsformationen,
- die idyllischen Bade- und Angelseen,
- die liebevoll restaurierten Mühlen,
- die malerischen Bachtäler.

Die Tour verläuft abwechselnd im Wald und im Freien. Mit schönen Aussichten, überwiegend auf unasphaltierten Fahrwegen und auf Waldpfaden.
Außerdem bietet die Tour auch viel Interessantes für Kinder.

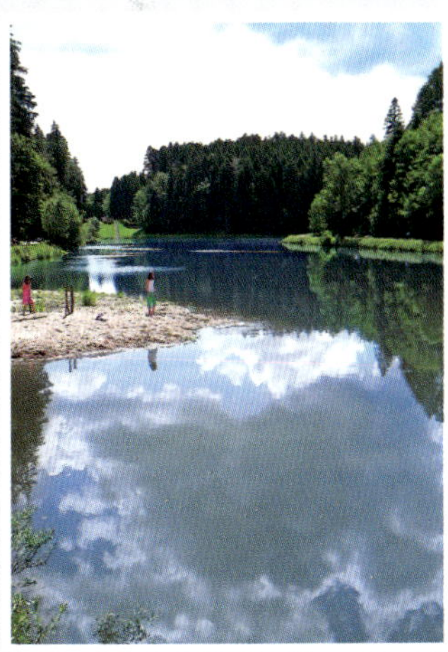

Der Hagerwaldsee.

MEINE HIGHLIGHTS

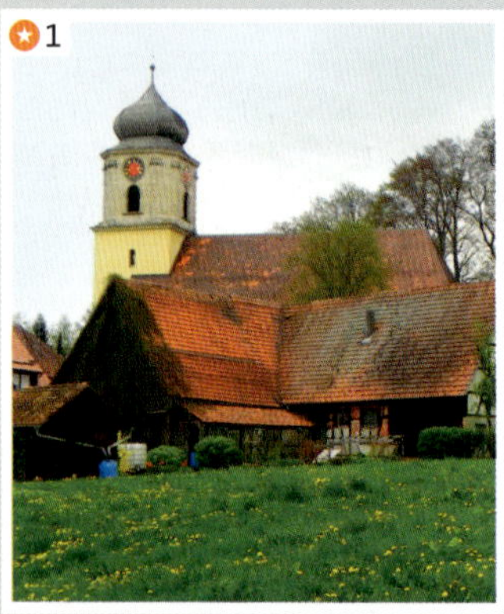

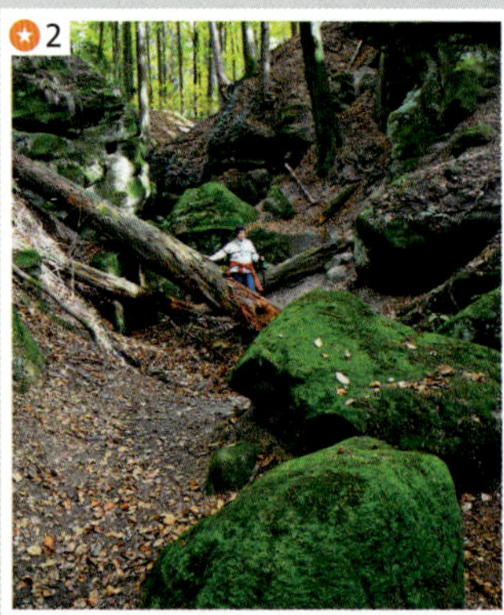

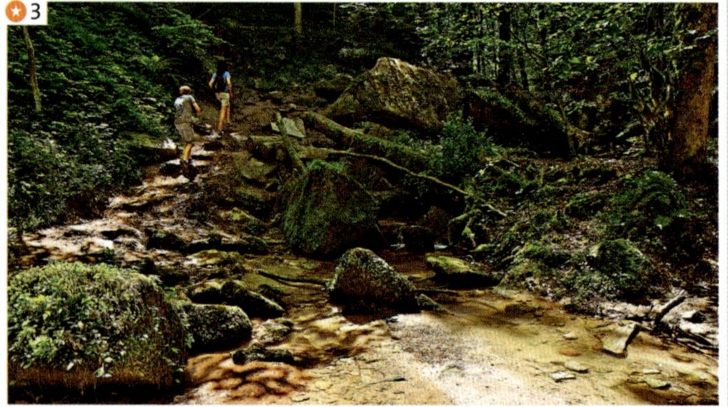

1: Die Wasserspiele in der Schelmenklinge, die Schillergrotte, der Hohle Stein, Schlösser und Kirche in Alfdorf, das Kloster Lorch und der Limes machen die äußerst abwechslungsreiche Tour attraktiv für Erwachsene und für Kinder mit Ausdauer.
→ Tour 2, Seite 21

2: Schöner Wald, Mettelbacher Sägmühle, Aussichten, Gallengrotte, Höfe und Weiler, Bade- und Angelsee Ebnisee: diese Tour bietet viele Attraktionen.
→ Tour 17, Seite 73

3: Abenteuerliche Schluchtenwanderung mit Wasserfällen und fast subtropischem Pflanzenbewuchs. Prächtige Fernsichten vom Gallenhof und zum Schluss die malerische Franzenklinge.
→ Tour 20, Seite 84

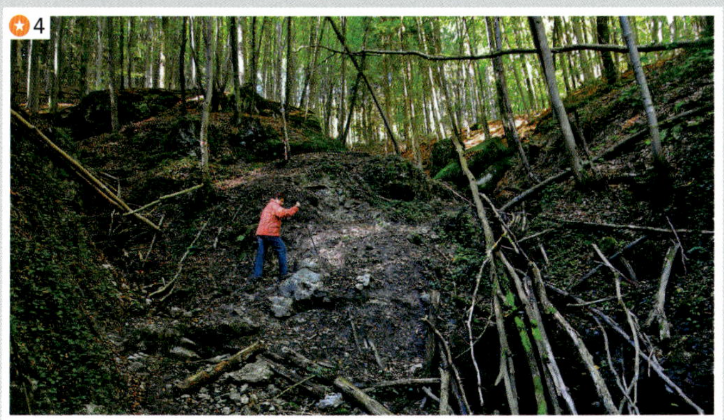

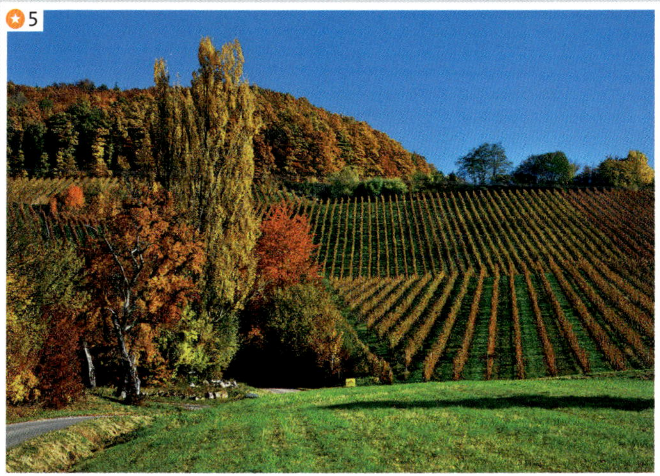

4: Wildromantische Hüttlenwaldschlucht, vom Juxkopf prachtvoller Panoramablick. Vom Höhenweg großartige Fernsicht in das Bottwartal bis zum Schwarzwald. Abschließend der Aussichtspunkt Stocksberg.
→ Tour 25, Seite 103

5: Diese Tour – zuerst aussichtsreich durch die Weinberge, dann in das Naturschutzgebiet „Viehweide" – ist ein Muss für die Herbstmonate, wenn die Natur förmlich vor Farben explodiert.
→ Tour 33, Seite 128

STEINENBERG – FORELLENSPRUNG – BURG WALDENSTEIN

Prächtige Aussichten, ein Wasserfall und eine Burg

  15 km 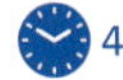 4:00 h  300 hm  300 hm  773

START | Steinenberg, Parkmöglichkeit in der Ortsmitte [GPS: UTM Zone 32 x: 540.400 m y: 5.412.300 m]
CHARAKTER | Auf Waldwegen zum Wasserfall Forellensprung, dann begleiten uns bis zur Burg Waldenstein weitreichende Aussichten auf den Welzheimer Wald. Überwiegend Waldwege.

Wir folgen der Markierung blauer Punkt und verlassen **Steinenberg** 01 durch die Obersteinenbergstraße, gehen am Wasserbehälter und an der Feldscheune rechts vorbei und überqueren den Tannbach. Nach Waldeintritt geht es auf Waldpfad ansteigend oberhalb der malerischen Burgsteigklinge zum **Forellensprung** 02, der Wasserfall stürzt hier einige Meter über eine Kalksteinbank ab. Hier überqueren wir den Bach, nehmen bei der Waldhütte den schmalen

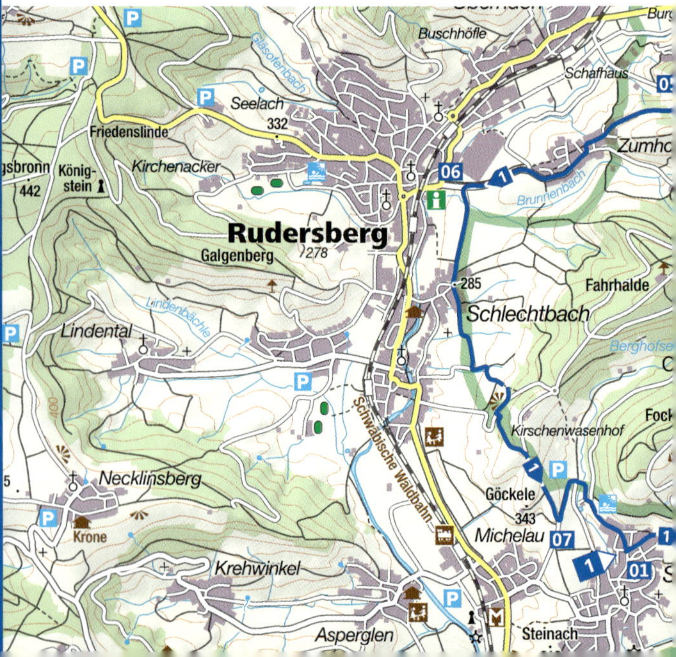

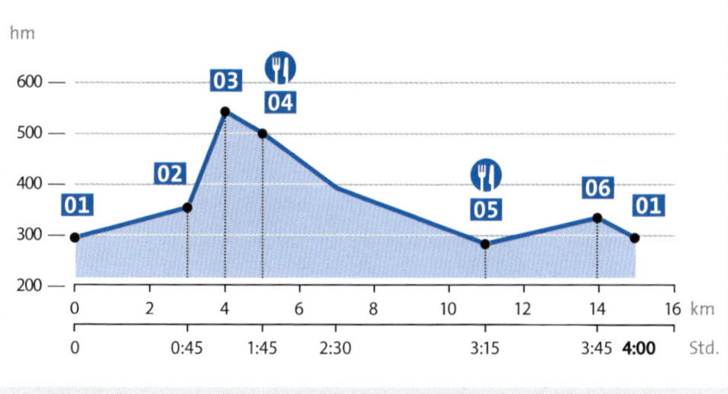

01 Steinenberg, 291 m; **02** Forellensprung, 350 m; **03** Langenberg, 539 m; **04** Waldgasthof Edelmannshof, 496 m; **05** Rudersberg, 279 m; **06** Streuobstwiesen, 330 m

Waldpfad und steigen links 20 Min. steil hoch. Achtung! Bei feuchter Witterung erschwert begehbar. Neben dem Pfad hat ein kunstsinniger Forstarbeiter für müde Wanderer aus einem Baum einen bequemen Ruhestuhl gesägt. Oben am Ortsrand von **Langenberg** **03** genießen wir eine prächtige Aussicht auf das Wieslauftal und die

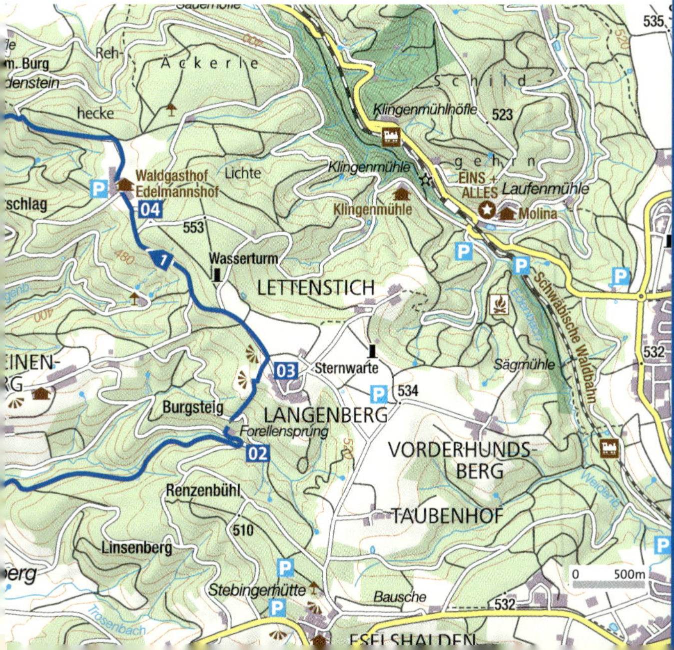

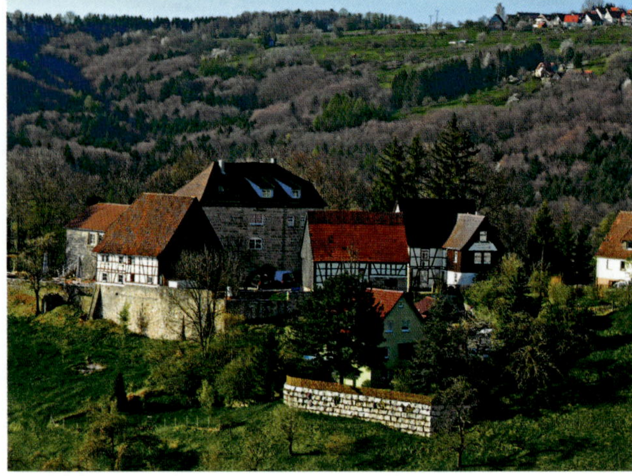

Burg Waldenstein (FVG Schwäbischer Wald).

Berglen. Wir gehen nicht ins Dorf, sondern nach links am Trauf entlang und erreichen nach 20 Min. den **Waldgasthof Edelmannshof** 04 (schöne Aussicht in den Welzheimer Wald). Geradaus hinunter zum Waldrand, dann nach links auf den Waldweg mit Markierung rotes Kreuz. Auf einem Hohlweg geht es in 15 Min. bergab zur **Burg** Waldenstein, zuletzt mit schönem Talblick. Weiter geführt mit dem roten Kreuz bergab durchwandern wir den Weiler Zumhof und haben weiterhin schöne Aussichten. Am Ortseingang von **Rudersberg** 05, gegenüber dem Firmengelände, biegen wir links in den Radweg nach Schlechtbach ein. Den Ort verlassen wir auf dem Heidackerweg (HW 10), gehen auf dem Asphaltweg ca. 750 m geradeaus weiter und biegen dann scharf links ab. Nach 150 m steigen wir aufwärts, kommen durch eine schöne Landschaft mit **Streuobstwiesen** 06 und dann markierungsgemäß links abwärts zum Ausgangspunkt **Steinenberg** 01 zurück.

Burg Waldenstein

Die Burg wurde um 1200 von den Herren von Waldenstein, vermutlich Staufer (die Außenmauern bestehen aus staufischem Buckelquadermauerwerk), erbaut. 1251 wurde der Besitz in einer Urkunde erwähnt. Später war die Burg im Besitz württembergischer Grafen, dann in privatem Besitz. 1535 war die Burg baufällig und brannte 1819 teilweise ab.

Klinge = schmale und tief eingeschnittene Bachschlucht.

LORCH – SCHELMENKLINGE – SCHILLERGROTTE – ALFDORF – HOHLER STEIN – LORCH

Kloster, Limes, Klingen, Grotten und Schlösser

  17 km  4:15 h  290 hm 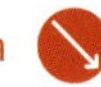 290 hm  773

START | Wanderparkplatz oberhalb Kloster Lorch
[GPS: UTM Zone 32 x: 551.700 m y: 5.405.440 m]
CHARAKTER | Die Wasserspiele in der Schelmenklinge, die Schillergrotte, der Hohle Stein, Schlösser und Kirche in Alfdorf, das Kloster Lorch und der Limes machen die äußerst abwechslungsreiche Tour attraktiv für Erwachsene und für Kinder mit Ausdauer. Überwiegend Waldwege, Waldpfade und unasphaltierte Fahrwege.

Vom **Wanderparkplatz** gehen wir links zum Kloster hinunter (**Kloster-Café** 01), gegenüber dem Limes-Wachturm folgen wir der Markierung roter Balken. Gut markiert (zusätzlicher Richtungsweiser Schelmenklinge) geht es am TSV-Heim vorbei leicht waldabwärts (hier bei der Gabelung dem „HW 3 Main-Neckar-Rhein-Weg" folgen) ins Götzenbachtal. Unten halten wir uns rechts und erreichen kurz darauf die **Schelmenklinge** 02. Hier haben Bastler eine Attraktion für Kinder geschaffen: Kleine Mühlen, Räder, Hammerwerke und Karussells drehen sich, getrieben durch das Bachwasser (ab 1. Mai bis Okt.). Dann geht es steil über

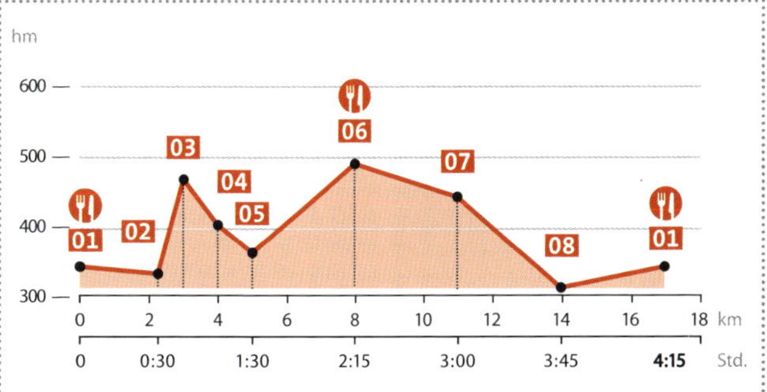

01 Kloster-Café, 340 m; 02 Schelmenklinge, 330 m; 03 Bruck, 465 m; 04 Schillergrotte, 400 m; 05 Mühlbach, 360 m; 06 Alfdorf, 487 m; 07 Hohler Stein, 440 m; 08 Brucker Sägmühle, 310 m

Treppen bergauf. Wir passieren mächtige Sandsteinfelsen und zum Schluss kommen wir an einem hohen, schmalen Wasserfall vorbei. Oben halten wir uns links, gehen über die Straße und durch **Bruck** 03 hindurch. Nach dem Weiler eröffnen sich nach rechts tolle Aussichten auf die Ostalb, links sehen wir Alfdorf, rechts das Remstal, den Schurwald, im Hintergrund die Schwäbische Alb. Gegenüber dem Wanderparkplatz führt uns der Weg leicht bergab. Nach einer Weile zeigt das Richtungsschild mit Markierung roter Balken/blauer Punkt rechts hinunter zu der wildromantischen **Schillergrotte** 04. Der Pfad stößt auf eine Weggabelung, es geht markierungslos nach rechts zu diesem Naturereignis, einer Sandsteinauswaschung, flankiert von riesigen moosbewachsenen Felsbrocken (benannt nach dem schwäbischen Dichterfürsten), Wasser rieselt herunter. Wieder züruck zur Wegegabel, nun mit Markierung blauem Punkt gera-

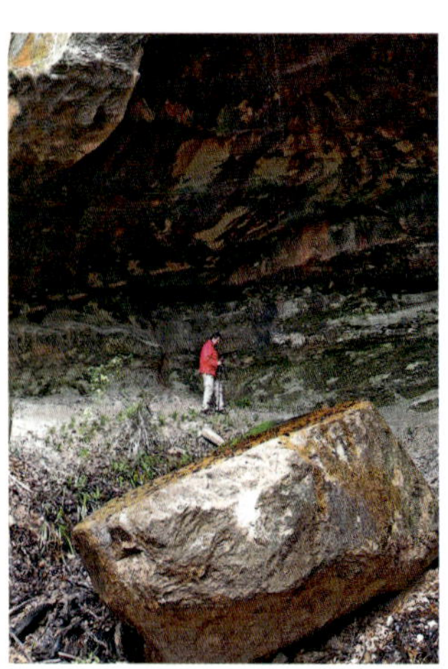

Grotte Hohler Stein.

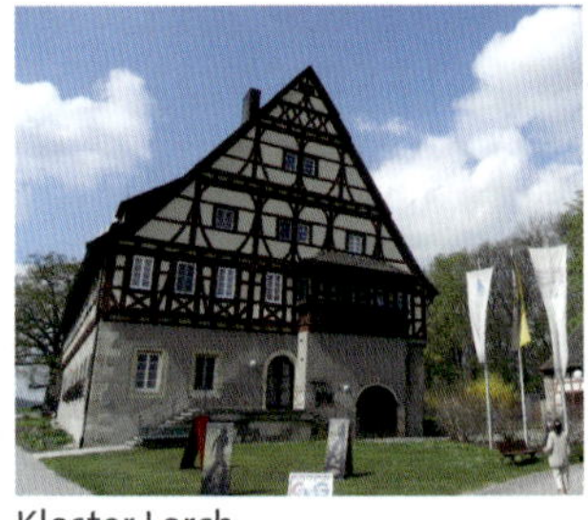

Kloster Lorch.

deaus. Bei einer weiteren Wegegabel mit Sitzgelegenheit halten wir uns geradeaus in Richtung Jakobsbrunnen. Es geht steil hinunter zum **Mühlbach** 05, den wir auf einer Holzbrücke überqueren. Drüben auf dem Mühlbachweg nach links, weiter mit blauem Punkt. Am Jakobsbrunnen vorbei und dann steil bergauf nach **Alfdorf** 06.

Hier leitet uns wieder die Markierung roter Balken an dem Oberen Schloss, an der sehenswerten barocken Stephanuskirche und letztlich an dem Alten Schloss vorbei. Auf dem Maierhofweg verlassen wir den Ort, biegen auf die Asphaltstraße nach Schöllenhof ein, die Hochebene bietet prächtige Aussichten, links der Hohenstaufen. Am Waldrand führt der Weg hinab zum **Hohlen Stein** 07, eine mächtige (ca. 8 m hoch, 6 m tief, 15 m breit), sehr fotogene Stubensandsteingrotte. Mit diesem bröseligen Sandstein wurden früher die Holzböden geputzt. Hinab zum Mühlbach, wir halten uns links auf dem Talweg in lichtem Wald und erreichen die **Brucker Sägmühle** 08. Wir wenden uns rechts, später verlassen wir das Schweizerbachtal markierungsgemäß nach rechts bergauf und erreichen unseren Ausgangspunkt **Wanderparkplatz** 01.

Kloster Lorch

Das ehemalige Benediktinerkloster wurde 1102 vom Staufer Herzog Friedrich I. gegründet und war das Hauskloster der Staufer. Interessante Gebäude im romanischen und hoch- u. spätgotischen Baustil und Kunstschätze können besichtigt werden. Auch Führungen. www.kloster-lorch.com, Tel.: 0 71 72/92 84 97.
Neben dem Kloster verlief der römische **Limes**. Steinreste eines Turmes, ein rekonstruierter hölzerner Wachturm und informative Schautafeln zeugen davon.

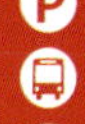

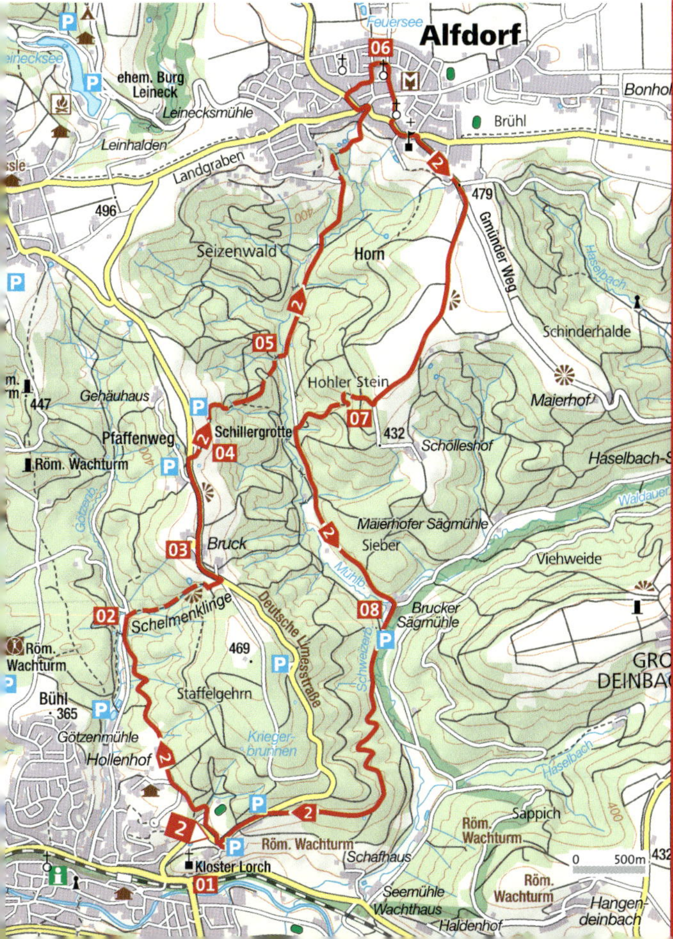

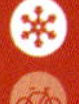

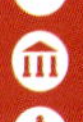

PFAHLBRONN – STRAUBEN – WALKERSBACH

Aussicht auf die drei Staufer-Kaiserberge

 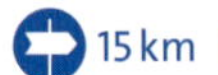 15 km 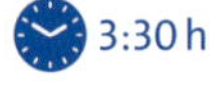 3:30 h 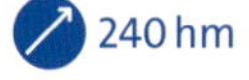 240 hm 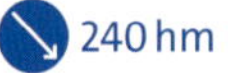 240 hm 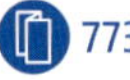 773

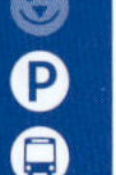

START | Pfahlbronn, Parkmöglichkeiten gegenüber vom ehemaligen „Rath-Haus"; Busverbindungen, www.efa-bw.de [GPS: UTM Zone 32 x: 550.210 m y: 5.409.790 m]
CHARAKTER | Auf Fahrsträßchen aussichtsreich vorbei an den drei Staufer-Kaiserbergen, später wandern wir überwiegend auf Wald-und Feldwegen. Es wechseln Wald, Wiesen, idyllisches Bachtal, Weiler und Höfe wieder mit Aussichten.

Von **Pfahlbronn** 01 wandern wir unmarkiert auf der Welzheimer Straße Richtung Welzheim bis kurz vor dem Ortsende und biegen links in die Friedhofstrasse ab. Auf diesem Fahrsträßchen bleiben wir immer geradeaus, rechts am Friedhof vorbei. Bald haben wir von der freien Hochfläche herrliche Aussichten auf die Alb mit den drei Kaiserbergen Hohenstaufen, Rechberg und Stuifen. Bei der folgenden Weggabel halten wir uns links und gehen steil hinab durch Wald und Wiesen. Nach Waldaustritt gehen wir rechts an dem Wasserbehälter vorbei, bald liegt liegt vor uns der Weiler **Strauben** 02, durch den wir hindurchgehen. Mit herrlichen Aussichten in die Landschaft mit Wald und Wiesen wandern wir hinab zum Weiler Schwefelhütte. Unten stoßen wir auf die

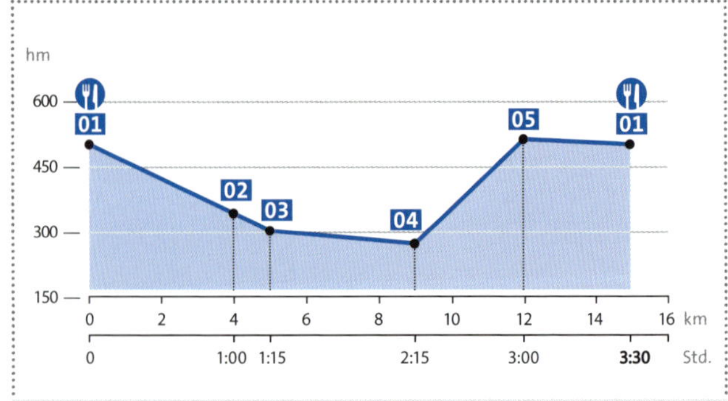

01 Pfahlbronn, Parkplatz, Gasthaus Rössle, 498 m; 02 Strauben, 340 m; 03 Kreisstraße K 3270, 300 m; 04 Walkersbach, 270 m; 05 Haghof, 510 m

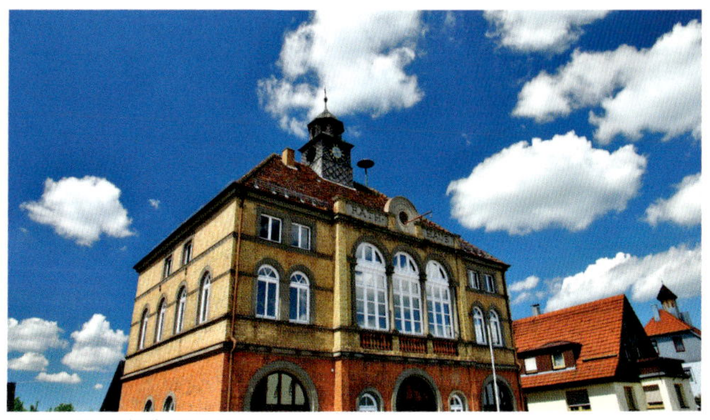

„Rath-Haus“ Pfahlbronn.

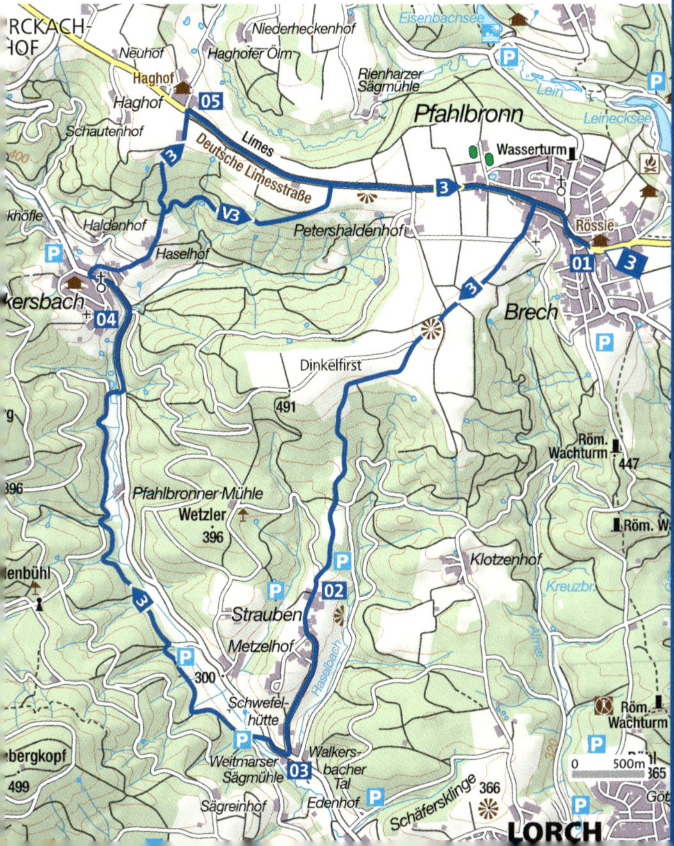

RCKACH-
HOF
Niederheckenhof
Eisenbachsee
Neuhof
Haghofer Ölm
Haghof
Haghof
05
Rienharzer
Sägmühle
Lein
Pfahlbronn
Leinecksee
Schautenhof
Limes
Deutsche Limesstraße
Wasserturm
3
V3
Haldenhof
Petershaldenhof
Rössle
Haselhof
01
ersbach
04
Brech
Dinkelfirst
491
Röm.
Wachturm
447
Pfahlbronner Mühle
Wetzler
396
Röm. W
Klotzenhof
Kreuzbr.
enbühl
Strauben
02
Metzelhof
Haselbach
Almer
300
Schwefel-
hütte
Röm.
Wachturm
bergkopf
499
Weitmarser
Sägmühle
03
Walkers-
bacher
Tal
0
500m
365
Sägreinhof
Edenhof
Schäfersklinge
366
LORCH

verkehrsarme **Straße K 3270** 03. Auf dieser gehen wir nach rechts Richtung Walkersbach, verlassen die Straße nach ca. 200 m und gehen links über die kleine Brücke. Nach der Brücke wenden wir uns nach rechts und schlendern auf dem „Walkersbachertraufweg" oberhalb des idyllischen Bachtales entlang. Dann geht es in den Wald, bei der folgenden Wegspinne halten wir uns halblinks, bleiben parallel zur Straße im Wald. Es folgt eine Wegkreuzung und wir wenden uns rechts auf dem „Heubergtraufweg". Bald sehen wir rechts im Tal die „Pfahlbronner Mühle", gehen weiter auf unserem Weg weiter, der später nach rechts zur Strassße abbiegt. Auf dieser wenden wir uns links und nach ein paar Minuten treten wir aus dem Wald und erreichen den Ortsbeginn von **Walkersbach** 04. Vor dem Feuerwehrhaus, mit dem spitzen Türmchen, gehen wir die Sonnenhalde bergauf, gekennzeichnet mit Wegziffer 3. Oben stoßen wir auf die Markierung blauer Strich und Richtungsschild „Haghof – Welzheim". Es geht nach links steil bergauf, später gehen wir durch den Haselhof, dann durch den Wald, nach Waldaustritt über die Felder zum **Haghof** 05. Wir treffen auf die Straße, wenden uns mit Markierung roter Strich nach rechts und kehren an der Straße und dem ehemaligen Limes-Wall entlang – mit nochmals schönen Aussichten auf die Albberge – zu unserem **Ausgangspunkt** 01 zurück.

Alternativ:
Nach dem Haselhof wenden wir uns sofort am Beginn des Waldes auf dem Forststräßchen nach rechts, zunächst geht es etwas bergab und dann stetig bergauf. Oben stoßen wir in der Nähe des Umspannwerkes auf die Straße, an der wir nach rechts entlang zu unserem Ausgangspunkt zurückkehren. Auch hier nochmals schöne Aussichten auf die Schwäbische Alb.

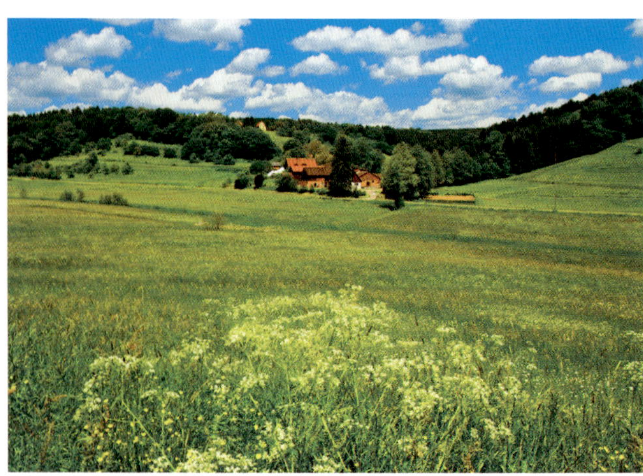

Walkersbacher Traufweg.

ALFDORF – BRUCKER SÄGMÜHLE – GROSSDEINBACH – HASELBACH

Von Alfdorf in das Mühlenbachtal und zum Haselbach

  13 km  3:30 h  305 hm  305 hm  773

START | Parkmöglichkeiten in der Stadtmitte von Alfdorf, [GPS: UTM Zone 32 x: 552.760 m y: 5.410.330 m]
CHARAKTER | Von Alfdorf im Wald hinunter in das Mühlbachtal, vorbei an der Brucker Sägmühle, dann hinauf nach Großdeinbach und zu den Kolomanuslinden, dann wieder im Wald über Waldau und hinunter nach Haselbach und hinauf nach Alfdorf. Überwiegend auf unasphaltierten Waldsträßchen/Fahrsträßchen..

In der Stadtmitte von **Alfdorf** 01 gehen wir auf der Durchgangsstraße Untere Schloßstraße zum Gebäude Nr. 6, dort führt ein Schotterweg steil hinunter. Über den Querweg und weiter hinunter, unten biegt der Weg nach rechts und dann an der Kläranlage links vorbei in den Wald. Mit **Markierung blauer Punkt** geht es weiter hinab in das Mühlbachtal, bald geht es eben am Bach entlang, der uns auf der rechten Seite begleitet. Später treten wir aus dem Wald und sehen die Häuseransammlung **Brucker Sägmühle** 02 vor uns liegen. Wir wenden uns markierungsgemäß nach links (Straßenschild „Haselbach") und gehen auf dem Sträßchen über eine Brücke. Wir wandern am Bach entlang durch Wiesen. Bald darauf, vor einer Brücke, führt uns die Markierung rechts hinauf (Richtungsschild „Großdeinbach") in den Wald. Oben, auf

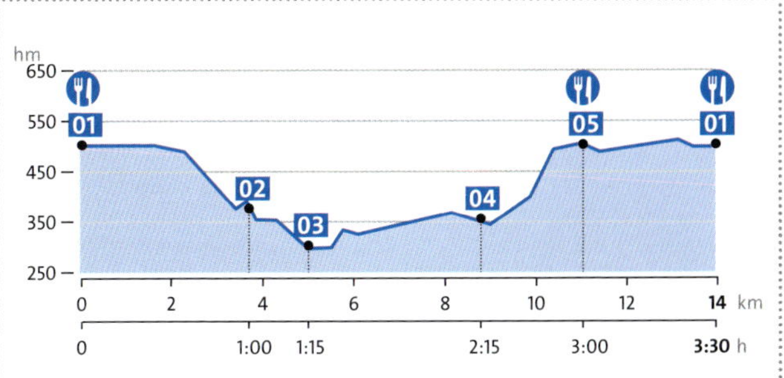

01 Parkplatz Stadtmitte Alfdorf, 485 m; 02 Brucker Sägmühle, 310 m; 03 Großdeinbach, 460 m; 04 Waldau, 450 m; 05 Haselbach, 310 m

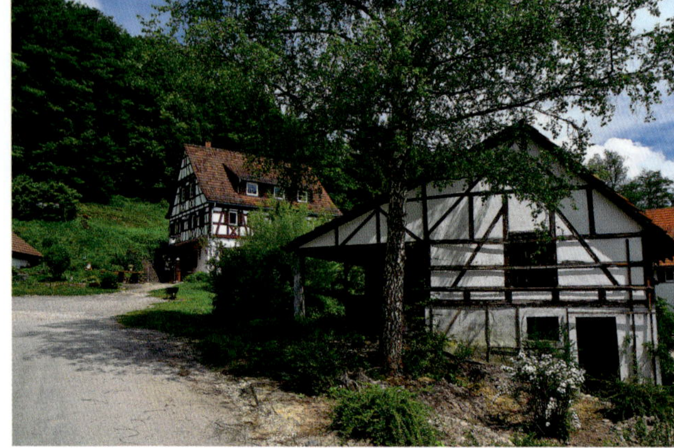

Die Brucker Sägmühle.

dem querenden Fahrsträßchen, wenden wir uns links und es geht wohlmarkiert durch den Wald. Bei einer Wegegabel halten wir uns rechts (Richtung „Großdeinbach"), es geht stetig bergauf. Oben treten wir aus dem Wald und wenden uns bei einer Wegespinne nach links. Eine Ruhebank lädt zur Rast ein, gegenüberliegend sehen wir die ersten Häuser von **Großdeinbach** **03**. Mit schönen Aussichten nach links in die Waldlandschaft schlendern wir den Glosweg entlang, bis wir zur querenden Albert-Schweitzer-Straße kommen. Diese nach links auf den Radweg, auf dem wir nach rechts gehen. Jetzt sehen wir unsere **Blaupunkt-Markierung** wieder. Es geht am Waldrand entlang bis zur Straße. **Abstecher**:

Ehemalige Burg Hohenwalden/Waldau

Ab 746, in der vorstaufischen Zeit, wurde hier ein „Burstel" vermutet – ein natürlicher oder künstlicher Erdhügel mit abgeflachter Kuppe. Dessen Ränder waren mit einem Wall oder Palisaden umfasst, hinter die sich die Menschen zum Schutz zurückziehen konnten. Erweitert zu einer Fliehburg wurde das „Burstel" von 927 bis 955. Von 1105 bis 1147 folgte dann der Ausbau durch den Staufer Herzog Friedrich II. von Schwaben (dem Vater von Barbarossa) zu einer verteidigungsfähigen Steinburg. Ab 1105 bewohnte Ritter Heinrich von Waldau, ein staufischer Vasalle, die Burg Hohenwalden (auch Burg Waldau genannt) am Schlossbuckel. Die Burg wurde 1525 im Bauernkrieg zerstört und wiederaufgebaut. Im 30-jährigen Krieg (1618–1648) verfiel die Burg, die Steine wurden für andere Bauwerke abgetragen. Heute ist von der Burg nichts mehr sichtbar.

Wenn wir zu dem Aussichtspunkt „Kolomanuslinden“ wollen, gehen wir ca. 200 m dieser Straße entlang nach rechts. Von der freistehenden Lindengruppe hat man einen sehr schönen Blick auf die 3 Kaiserberge Stuifen, Rechberg und Hohenstaufen. Wir kehren zurück zu unserem Ausgangspunkt, überqueren die Straße und es geht mit unserer **Markierung** weiter zum Weiler **Waldau** **04**. Bei der rechts stehenden Kapelle gehen wir – jetzt mit **Markierung rotes Kreuz** – auf der Straße „Am Schlossbuckel“ nach links. Gleich darauf weist die Markierung vor einem Anwesen (bei der Info-Tafel „Burg Waldau“) nach links hinunter in den Wald. Bald darauf biegt unser Weg nach links und nach geraumer Zeit treten wir aus dem Wald. Wir gehen auf der Straße nach rechts, über die Brücke und im Weiler **Haselbach** **05** auf der Pfersbacher Straße nach rechts (**Waldrestaurant „Mecki“**). Nun geht es wohlmarkiert am Haselbach entlang, zunächst über Wiesen, dann in den Wald, stetig bergauf bis zu unserem Ausgangspunkt in **Alfdorf** **01**.

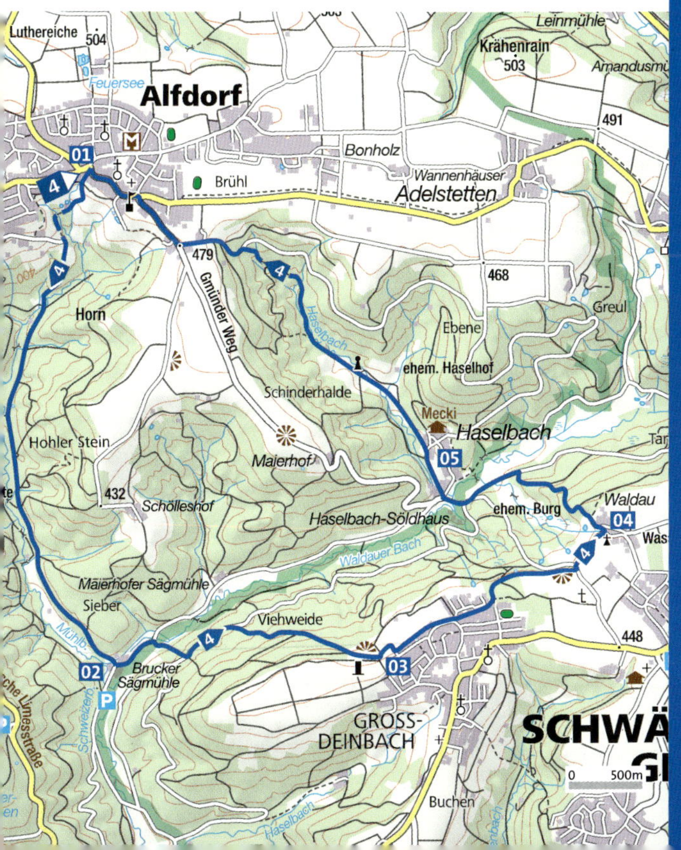

REICHENBACHSEE – HAFENTAL – HINTERSTEINENBERG – HÜTTENBÜHLSEE – KAPF - REICHENBACHSEE

Seen, idyllische Waldpfade, malerisches Mühltal

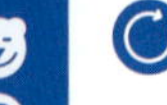   16 km  3:45 h 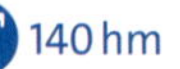 140 hm  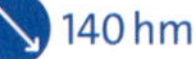 140 hm  773

START | Parkmöglichkeiten am Reichenbachsee [GPS: UTM Zone 32 x: 555.120 m y: 5.413.500 m]
CHARAKTER | Eine etwas längere, aber dennoch unstrapaziöse Tour. Abwechslungsreich an Seen und Mühlen vorbei, durch Wald, über aussichtsreiche Hochflächen und durch malerische Bachtäler. Überwiegend auf Fahrwegen, und Waldpfaden

Wir fahren von Spraitbach der Wegweisung gemäß hinunter zum Reichenbachsee, hier gibt es **Parkmöglichkeiten** 01. Die Wanderung beginnt am linken Seeufer mit der **Markierung blauer Strich**, die uns nach dem See in ein reizvolles Tal führt. Kurze Zeit später folgen wir der Markierung über den Bach nach rechts in einen ursprünglichen Nadelwald. Auf schönem Waldpfad geht es im idyllischen Bachtal über ein paar Holzbrücken bis zur einer Lichtung mit der einsam gelegenen Ölmühle. Außer dem Geschnatter von Federvieh stört kein Laut die Idylle. Am Gebäude halten wir uns links, der Pfad führt am Luitenbrünnele vorbei, dann geht es bergan. Oben stoßen wir auf ein Fahrsträsschen. Unmarkiert geht es nun links die-

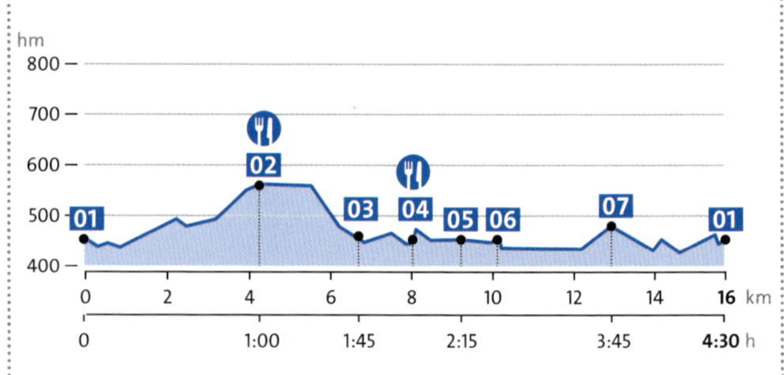

01 Reichenbachsee, 440 m; 02 Hintersteinenberg, 560 m; 03 Hummelgautsche Grillplatz, 480 m; 04 Hagerwaldsee, Gasthaus Hagerwaldsee, 445 m; 05 Klarahütte, 435 m; 06 Voggenbergmühle, 440 m; 07 Kapf, 500 m

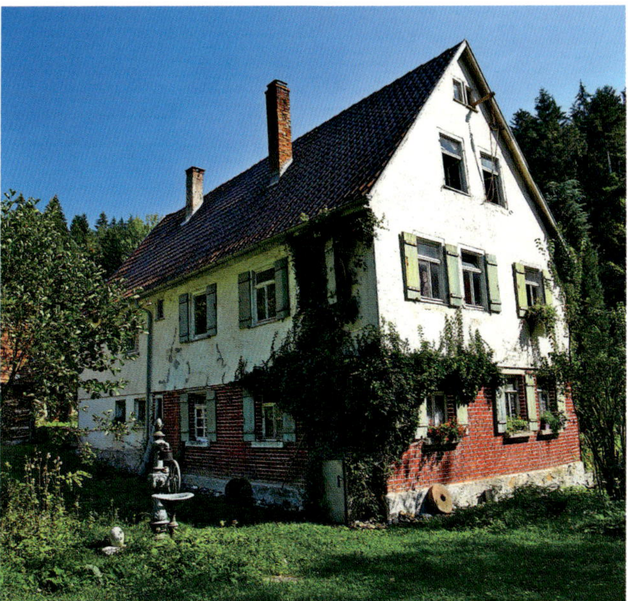

Ölmühle.

ses Sträßchen bergab, unten an der Wegkreuzung sehen wir das Holzschild mit dem Namen unseres Weges: „Hafentalweg". Wir gehen weiter geradeaus bergauf zum Hof Hafental, der sehr schön auf einer großen Wiesenlichtung liegt. Unser Weg führt weiter bergauf bis zum Dorf **Hintersteinenberg** **02**. Wir stoßen auf die Straße die nach Gschwend führt, die gehen wir ca. 200 m nach rechts. Jetzt sehen wir auf der linken Seite das Straßenschild nach Wahlenheim, dem verkehrsarmen Sträßchen folgen wir einige Hundert Meter. Von dieser Hochfläche haben wir nach links prächtige Aussichten auf die Schwäbische Alb, die „Drei Kaiserberge" Hohenstaufen, Stuifen und Rechberg prägen das Landschaftsbild. Die Staufer bauten auf zwei davon ihre Burgen, nur der Stuifen war nie bebaut. Wir erreichen den Abzweig zum Greuthöfle, hier gehen wir nach rechts um nach ca. 100 m wiederum dem Fahrsträßchen nach rechts zu folgen, am Holzmast sehen wir das blaue Richtungsschild „Hüttenbühlsee". Wir gehen dem Waldrand entlang, dann biegt das Sträßchen nach links in den Wald bergab. Wir lassen den ersten Wegabzweig links liegen und nehmen den zweiten, der uns nach links hinunter zum Vaihinghof bringt. Den Hof durchwandern wir, weiter unten in einer scharfen Rechtskurve gehen wir nach links, der Wegziffer 12 folgend. Unten im Tal besteht eine Rastmöglichkeit beim Grill- und Spielplatz der **Vaihinghofer Sägemühle** **03** (auch Hummelgautsche genannt, siehe Infokasten KOMPASS, Tour 7). Nach der Pause geht

Voggenbergmühle

Die Voggenbergmühle existierte möglicherweise schon seit dem 13. Jahrhundert, denn 1251 wird in diesem Gebiet eine „Ysenmuln" erwähnt. Anfang des 16. Jahrhunderts gehörten die Mühle und der Weiler Voggenberg zum Kloster Adelberg. Das Wasser der Rot trieben nun eine Säg- und eine Mahlmühle an. Der alte Mühlkanal wird heute noch zur Stromerzeugung und zum Betrieb der modernen, vollautomatischen Getreidemühle mit Pneumatikförderung genutzt. Im Neubau ist der Mühlenladen untergebracht. www.voggenbergmuehle.de.

Flüsschen Rot

Das Flüsschen Rot trieb und treibt mehrere Mühlen in dieser Gegend an. Östlich von Welzheim entsteht durch die Vereinigung von Schwarzer Rot und Finsterer Rot die Rot, die der Lein zufließt, sowie die Blinde Rot, die dem Kocher bei Abtsgmünd zufließt.

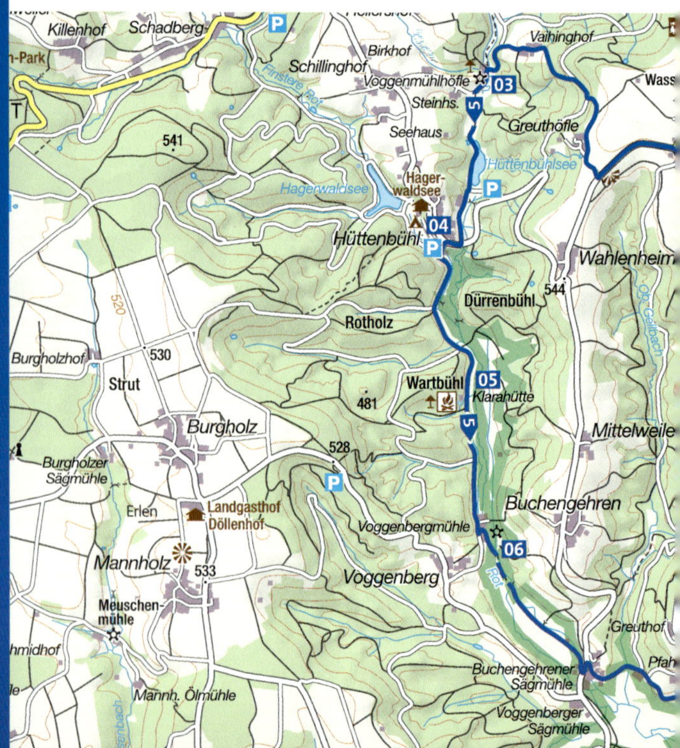

es auf dem Weg nach links weiter, dann nimmt uns die Markierung roter Strich und die Wegziffer 13 wiederum nach links zum nahegelegenen Hüttenbühlsee. Wir gehen an seinem rechten Ufer entlang und stoßen dann auf die Strasse, die wir nach rechts entlanggehen. Unserer Markierung folgend überqueren wir die Strasse, passieren links den **Hagerwaldsee-Parkplatz** 04 (Gasthaus Hagerwaldsee) und wandern dann nach links den „Rottalweg" entlang. Immer an der Rot entlang passieren wir die **Klarahütte** mit der **Grillstelle** 05 und erreichen dann die **Voggenbergmühle** 06. Am letzten Gebäude gehen wir nach links über das Flüsschen und wenden uns dann nach rechts auf einen Wiesenpfad. Jetzt folgt ein wunderschöner Abschnitt der Wanderung durch das malerische, breite Rottal, durch Wiesen immer am wildblumenbestandenen Ufer entlang. Wir erreichen den Weiler Buchengehrener Sägmühle, hier überqueren wir die Strasse.

Es geht geradeaus im Tal weiter, dann nach links bergauf zum Pfahlenhof. Hier geniessen wir schöne Talblicke, dann geht es und durch den Wald nach **Kapf** 07. Wir überqueren die Strasse, erreichen später den Weiler Tennhöfle, bergauf passieren wir die Wochenendhaussiedlung Ochsenbusch, hier weist die Markierung blauer Strich hinunter zu unserem Ausgangspunkt.

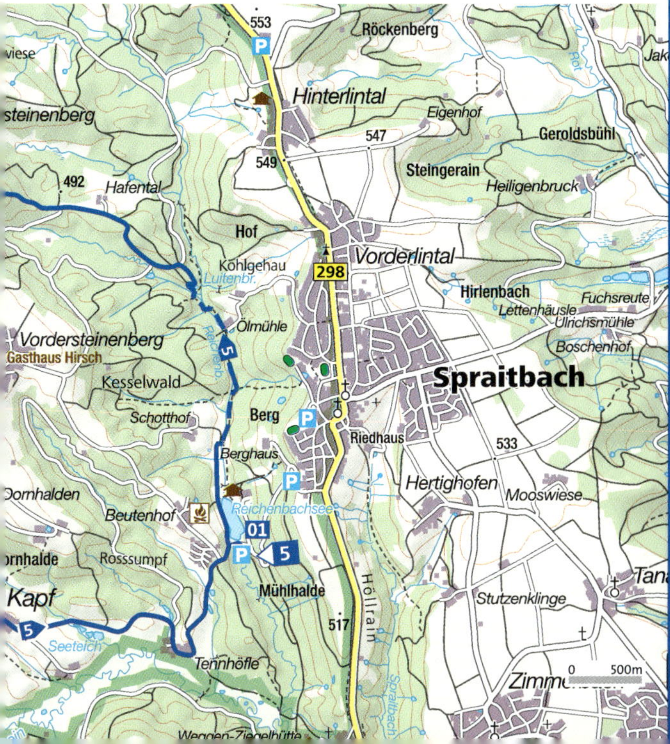

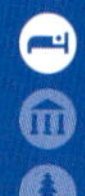

WELZHEIM – BURGHOLZ – MEUSCHENMÜHLE

Aussichtsreiche Wanderung zur fotogenen Meuschenmühle

 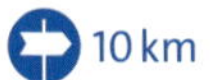 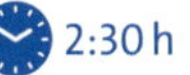 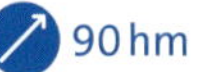  

10 km | 2:30 h | 90 hm | 90 hm | 773

START | Welzheim, Parkplatz Schützenhaus
[GPS: UTM Zone 32 x: 547.190 m y: 5.413.880 m]
CHARAKTER | Eine einfache Tour vom sehenswerten Welzheim am Segelfluggelände vorbei zur einsam gelegenen Meuschenmühle. Ständig mit freier Sicht, schattenlos. Überwiegend asphaltierte Fahrwege.

Vom Parkplatz an der **Gaststätte Schützenhaus** 01 aus folgen wir den Wegschildern „Eberwaldsweiler-Hagerwaldsee" einen kurzen Anstieg aufwärts. Kurz vor dem Hof halten wir uns rechts auf dem Asphaltweg. Nach kurzer Zeit verlassen wir diesen nach links und gehen parallel zur Straße dem Segelfluggelände entlang. Beim Vereinsheim der Segelflieger überqueren wir die Straße. Nun folgen wir der Markierung rotes Kreuz kurz geradeaus, dann links hinunter in das Eisenbachtal zur malerischen **Meuschenmühle** 02. Nach der Besichtigung geht es auf dem Fahrweg bergauf, nach der zweiten Kurve ca. 200 m vor der Straße nach links zu den Häusern von Mannholz. Markierungslos verlassen wir den Weiler nach links auf dem Mühlrainweg und dem Erlenweg und gehen über die freie Hochfläche. Nach der Senke folgen wir dem Querweg nach rechts zum **Landgasthaus Döllen-**

Welzheim

Die Römer bauten um 150 n. Chr. den Kastellort auf, 260 n. Chr. verließen sie ihn wieder. Unter den Hohenstaufer erhält Welzheim 1266 das Stadtrecht. Der berühmte Arzt und Dichter Justinus Kerner lebte von 1812 bis 1816 in Welzheim.

Archäologischer Park Ostkastell
Rienharzer Straße, Freilichtmuseum, ganzjährig zugänglich, Eintritt frei

Städtisches Museum mit römischer und geologischer Abteilung
Pfarrstraße 8, Öffnungszeiten: Sonntag 14.00–17.00 Uhr, www.museumwelzheim.de, Tel. 07182/8008-15.

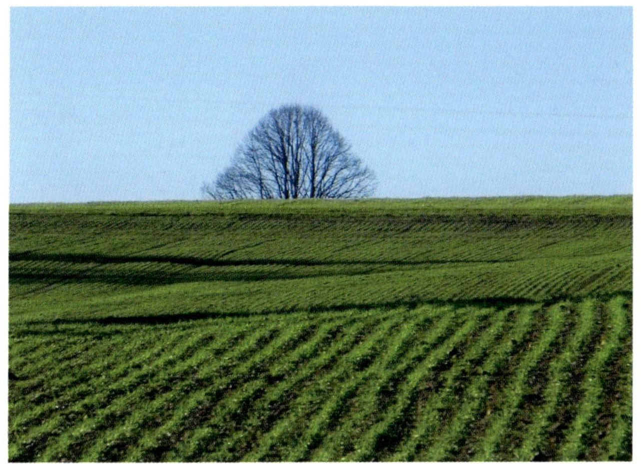

Beim Burgholzhof.

hof 03, dann geht es nach links auf dem Weg der Straße entlang nach **Burgholz** 04. Am Ortsende gehen wir nach rechts auf dem Burgholzhofweg. Kurz darauf bringt uns ein Asphalt- Querweg nach links hinunter zum Burgholzhof. Nun geht es geradeaus

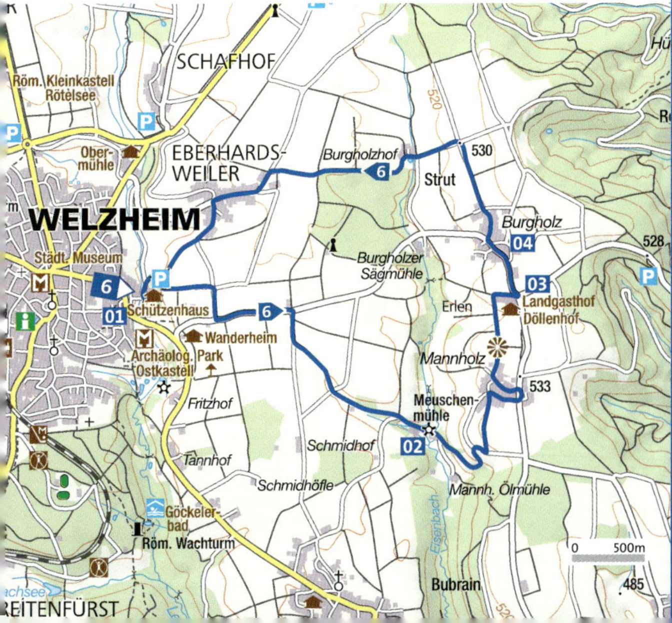

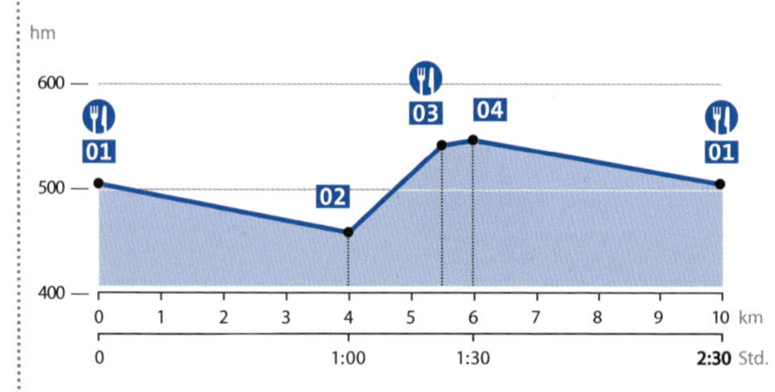

01 Welzheim, Gaststätte Schützenhaus, 503 m; 02 Meuschenmühle, 457 m; 03 Landgasthaus Döllenhof, 540 m; 04 Burgholz, 545 m

Richtung Welzheim, wir passieren den Sportplatz, durchwandern Eberhardsweiler und kommen auf dem anfangs beschriebenen Weg zurück zum Startpunkt **Gaststätte Schützenhaus** 01.

Meuschenmühle

Die Mühle ist wahrscheinlich im 13. Jh. entstanden. Das Fachwerkgebäude besitzt ein 7 m großes Wasserrad, das größte der Mühlen im Schwäbischen Wald. Die Getreidemühle wurde 1970 stillgelegt. Die Mühleneinrichtung aus der Zeit um 1900 ist mit ihren Mahlsteinen noch voll funktionsfähig

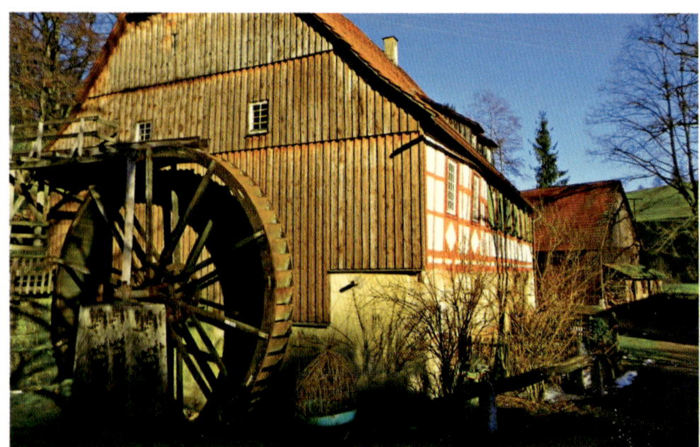

Die Meuschenmühle.

SCHADBERG – HAGERWALDSEE – MÜHLEN – HÄGELESKLINGE

Zwei Badeseen, vier Mühlen und wildromantische Klingen

  14 km  4:00 h  145 hm 145 hm  773

START | Schadberg, Waldwanderparkplatz
[GPS: UTM Zone 32 x: 550.200 m y: 5.417.050 m]
CHARAKTER | Diese sehr abwechslungsreiche Tour vereint die charakteristischen Elemente des „Naturpark Schwäbisch-Fränkischer Wald“: die geheimnisvollen Höhlen, Grotten und bizarre Felsformationen, die idyllischen Bade- und Angelseen, die liebevoll restaurierten Mühlen, die malerischen Bachtäler. Die Tour verläuft abwechselnd im Wald und im Freien. Mit schönen Aussichten, überwiegend auf unasphaltierten Fahrwegen und auf Waldpfaden. Außerdem bietet die Tour auch viel Interessantes für Kinder.

Der **Waldwanderparkplatz Schadberg** 01 liegt an der Straße von Welzheim nach Gschwend, ca. 300 m nach Schadberg an der rechten Straßenseite. Wir orientieren uns am Richtungsschild „Hagerwaldsee“ und gehen leicht bergab zum Rottalweg, der uns entlang des Flüßchens Blinde Rot führt. Der reizvolle Weg führt uns zum **Hagerwaldstausee**, den wir am rechten Ufer umwandern. Am Ende des Sees erreichen wir den Staudamm, hinter dem Damm liegt der Campingplatz mit der **Gaststätte Hagerwaldsee** 02.

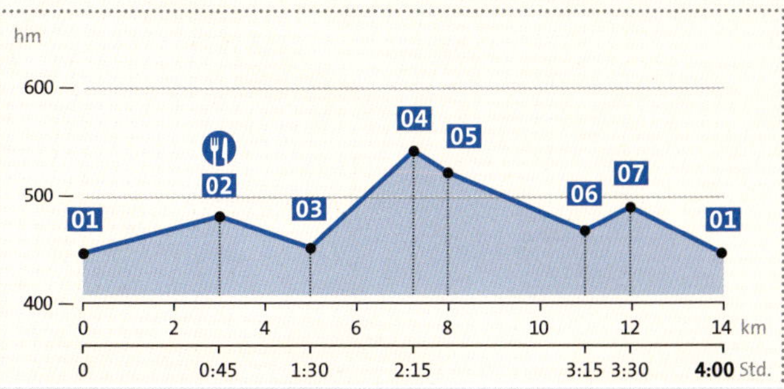

01 Waldwanderparkplatz Schadberg, 445 m; 02 Gaststätte Hagerwaldsee, 479 m; 03 Hummelgautsche, 450 m; 04 Ebersberg, 540 m; 05 Hägelesklinge, 520 m; 06 Rotbachhöfle, 466 m; 07 Strohhof, 488 m

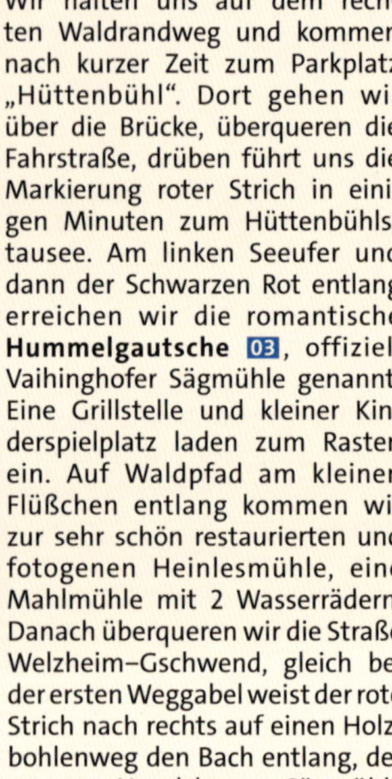

Wir halten uns auf dem rechten Waldrandweg und kommen nach kurzer Zeit zum Parkplatz „Hüttenbühl". Dort gehen wir über die Brücke, überqueren die Fahrstraße, drüben führt uns die Markierung roter Strich in einigen Minuten zum Hüttenbühlstausee. Am linken Seeufer und dann der Schwarzen Rot entlang erreichen wir die romantische **Hummelgautsche** 03, offiziell Vaihinghofer Sägmühle genannt. Eine Grillstelle und kleiner Kinderspielplatz laden zum Rasten ein. Auf Waldpfad am kleinen Flüßchen entlang kommen wir zur sehr schön restaurierten und fotogenen Heinlesmühle, eine Mahlmühle mit 2 Wasserrädern. Danach überqueren wir die Straße Welzheim–Gschwend, gleich bei der ersten Weggabel weist der rote Strich nach rechts auf einen Holzbohlenweg den Bach entlang, der uns zur Hundsberger Sägmühle bringt, heute ein holzverarbeitender Betrieb mit modernen Maschinen. Wir gehen dem Mühlenwegzeichen gemäß nach links über die Bohlen durch die Feuchtwiese zum Waldrand und folgen dann dem roten Strich bis zur Menzlesmühle, einem ebenfalls lohnenden Fotomotiv. Ca. 200 m talauf folgen wir der Markierung roter Punkt nach links in den Wald und hinauf nach **Ebersberg** 04.

Wir überqueren das Fahrsträßchen und kurz darauf folgen wir am Waldrand sofort dem roten Punkt nach links einem Waldpfad. Dieser führt uns hinab zur wildromantischen **Hägelesklinge** 05, ein imposantes Naturdenkmal mit riesigen pflanzenbewachsenen Felsblöcken aus Sandstein. Nach Besichtigung auf einem Rundweg kommen wir zur ebenfalls attraktiven Brunnenklinge. Danach kehren wir auf dem „Sackweg" ca. 50 m zurück, mit dem roten Punkt gehen wir links

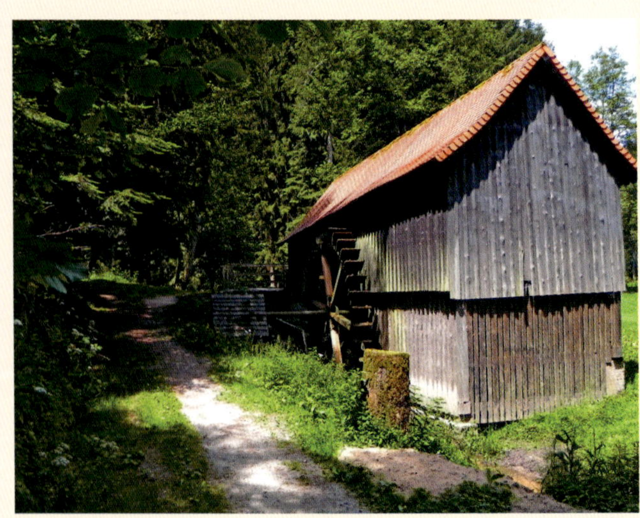

Hummelgautsche.

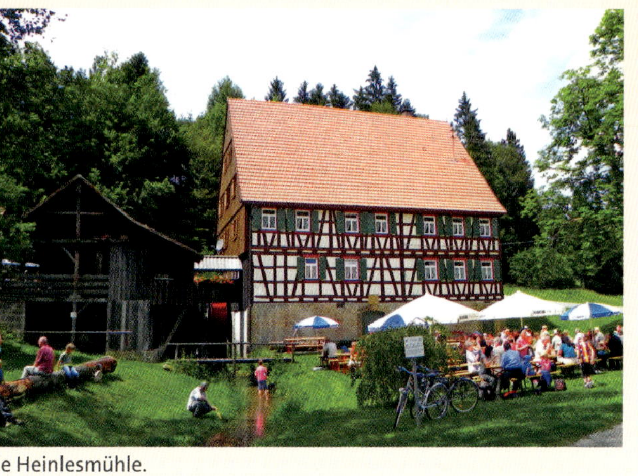

Die Heinlesmühle.

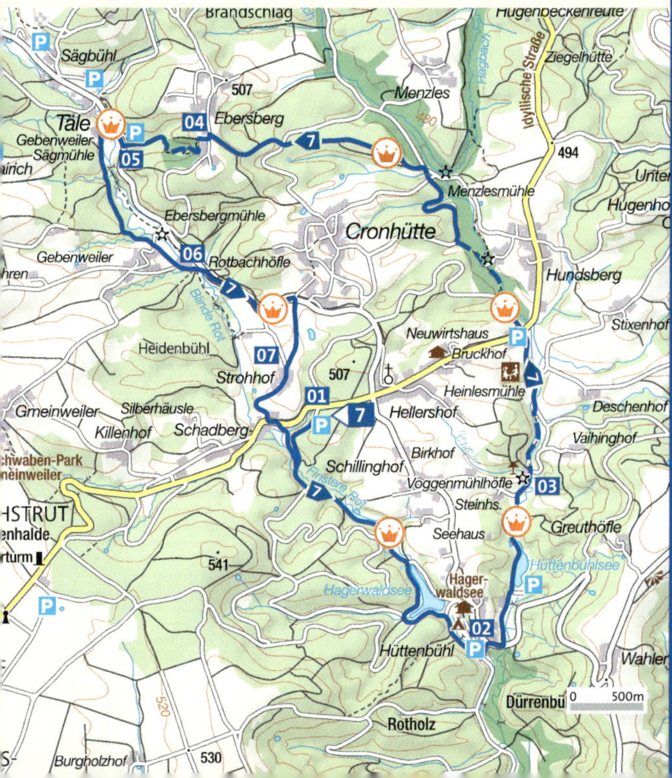

Brandschlag
Hugenbeckenreute
Sägbühl
507
Menzles
Hagbach
Idyllische Straße
Ziegelhütte
Täle
04
Ebersberg
7
480
Gebenweiler Sägmühle
05
494
Menzlesmühle
Ebersbergmühle
Cronhütte
Gebenweiler
06
Rotbachhöfle
Hundsberg
Blinde Rot
Stixenhof
Heidenbühl
07
Neuwirtshaus
Bruckhof
Strohhof
507
Heinlesmühle
Gmeinweiler
Silberhäusle
01
7
Hellershof
Deschenhof
Killenhof
Schadberg
Vaihinghof
Birkhof
Schillinghof
Voggenmühlhöfle
03
Finstere Rot
Steinhs.
Seehaus
Greuthöfle
Hüttenbühlsee
541
Hager-
waldsee
Hagerwaldsee
02
Hüttenbühl
0 500m
Rotholz
520
Burgholzhof
530

über Stufen abwärts ins Tal der Blinden Rot. Unten links, vor zur Straße, dort etwas rechts halten und dann über die Straße und die Brücke, mit Markierung blauem Balken und Schmetterlingsmarkierung geht es an zwei Höfen vorbei Richtung Ebersberger Mühle. Ca. 300 m nach dem zweiten Hof dem blauen Balken geradeaus folgen. An der links gelegenen Ebersbergmühle vorbei, vor zu dem **Rotbachhöfle** 06, wir überqueren hier die Straße und gehen rechts auf dem Gehweg bergan. Ein Richtungsweiser führt zu dem Weiler **Strohhof** 07, den wir durchqueren und kehren dann zu unserem Ausgangspunkt am **Waldwanderparkplatz Schadberg** 01 zurück.

Sehenswertes

Hagerwaldsee und Hüttenbühlsee: Beliebte Bade- und Angelseen. Die beiden Stauseen wurden als Hochwasserschutz angelegt.

Hummelgautsche (Vaihinghofer Sägmühle): Im 14 Jh. erstmals erwähnt. „Hummel" kommt von den in der Nähe weidenden Bullen („Hommel"), „Gautsche" ist von dem auf- und abbewegenden (gautschenden) Sägewerk der Mühle abgeleitet.

Heinlesmühle: Erstmals im 12. Jh. erwähnt. Bis zum 19. Jh. auch Schildwirtschaft (= bewirtete und beherbergte Gäste) und Schultheißerei (Bürgermeisteramt) für Vordersteinenberg. Am Pfingstsonntag und Pfingstmontag bewirtschaftet.

Hundsberger Sägmühle: Seit 1500 in Betrieb. Das Mühlrad war bis 1935 in Betrieb, 2005 wurde es ersetzt.

Menzlesmühle: Die aus dem 14. Jahrhundert stammende Mühle brannte 1721 ab und wurde anschließend wieder aufgebaut. Die Menzlesmühle war eine Säg- und Mahlmühle. Sie besaß vier Mühlräder. Heute existiert davon noch ein oberschlächtiges Wasserrad, das heißt, das Wasser wird von oben auf das Mühlrad geleitet. Es wurde 2004 erneuert.

Mühlentag: Jeden Pfingstmontag sind Heinlesmühle, Hundsberger Sägmühle und Menzlesmühle für Besucher geöffnet, der frühere Mühlbetrieb wird erklärt.

Hägelesklinge: Johannes Hägele aus Ebersberg flüchtete hierher vor einer Militärstrafe und versteckte sich lange Zeit hier. Riesige Felsblöcke, Nischen, kleine Grotten bilden eine bizarre Szenerie.

Brunnenklinge: Mächtige Sandsteingrotte, zwei Hausstockwerke hoch. Das die Felsen herabrieselnde Wasser sammelt sich an ihrem Grund zu einem kleinen Tümpel. Auch hier riesige moosbewachsene Felsblöcke.

KAISERSBACH – MÖNCHHOF – GMEINWEILER – AICHSTRUTER SEE

Ein Badesee, ein Freizeitpark und schöne Wälder

  15 km  3:30 h  125 hm  125 hm 773

START | Kaisersbach, Parkplätze am Orteingang beim Friedhof [GPS: UTM Zone 32 x: 546.530 m y: 5.419.730 m]
CHARAKTER | Bis Gmeinweiler geht es hauptsächlich durch Wald, dann erreichen wir die Highlights für Jung und Alt, den Schwabenpark und den Aichstruter Stausee. Zum Schluss wechseln sich Wald und schöne Aussichten ab.

Vom Parkplatz in **Kaisersbach** 01 gehen wir in die Straße auf der wir hergekommen sind (Welzheimer Straße), wenden uns hier mit der Markierung roter Punkt nach rechts und gehen in der Linkskurve geradeaus in die Lindenstraße (in der Dorfstraße das Gasthaus Zur Krone). Nach dem Ortsausgang geht es links zur Gemeindehalle und Sportplatz. Wir durchwandern die Ortsteile Ziegelhütte und Täle, unten im Tal nimmt uns die Markierung nach rechts. Über einen Fußweg, vorbei an einem Grillplatz (nur für chullandheim-Gäste), erreichen wir oben am Hang das Schullandheim Mönchhof. Zuerst geht es rechts, dann geradeaus mit Richtungsschild „Waldjugendzeltplatz“. Dort wenden wir uns nach rechts und gehen dann am Waldrand bergab. Am Querweg wieder rechts und bei der Wegspinne halten wir uns geradeaus. Unten im Tal des Wäschbachs pas-

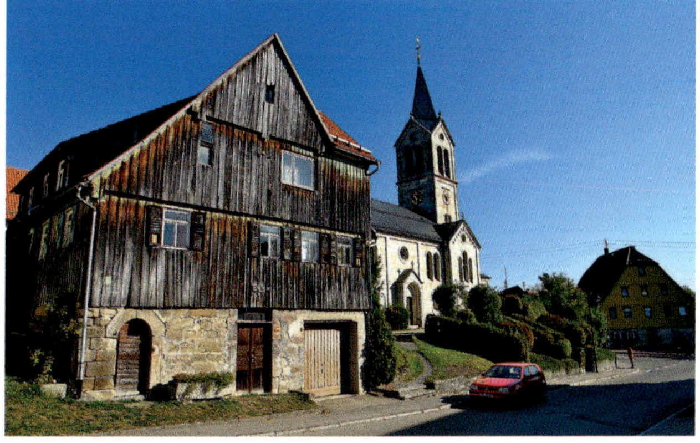

Kaisersbach.

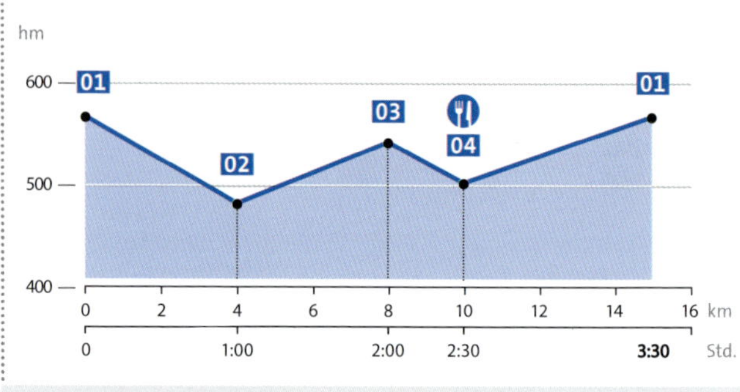

01 Kaisersbach, 565 m; 02 Täle, Grill- und Spielplatz, 480 m; 03 Gmeinweiler, 540 m; 04 Aichstruter Stausee, Gasthaus Seeblick, 500 m

sieren wir **Täle** 02, einen **Grill- und Spielplatz** mit Wassertretanlage. Das Richtungsschild „Aichstrut" weist mit Markierung blauer Strich über die Straße. Drüben geht es kurz geradeaus, dann nach links in den Wald, wir gehen auf einem Erddamm über dem Hohlweg hoch zum Fahrsträßchen. Hier rechts und dann geht es durch einen Hof hindurch auf einen schönen Waldweg. Bei der folgenden Weggabelung folgen wir der Markierung nach rechts. Wir halten uns immer geradeaus, dann auf dem querenden Fahrsträßchen links. An der Ebersbergmühle und Gehren vorbei und bei den Häusern des Rotbachhöfle nimmt uns die Markierung rechts bergauf. Vor **Gmeinweiler** 03 verlassen wir den Wald und bei herrlicher Rundumsicht in die Wiesen- und Waldlandschaft erreichen wir oben den Ort. Diesen durchwandern wir, am Ortsende geht es nach links zum Freizeitzentrum „**Schwabenpark**". Wir halten uns aber geradeaus bis zur Straße,

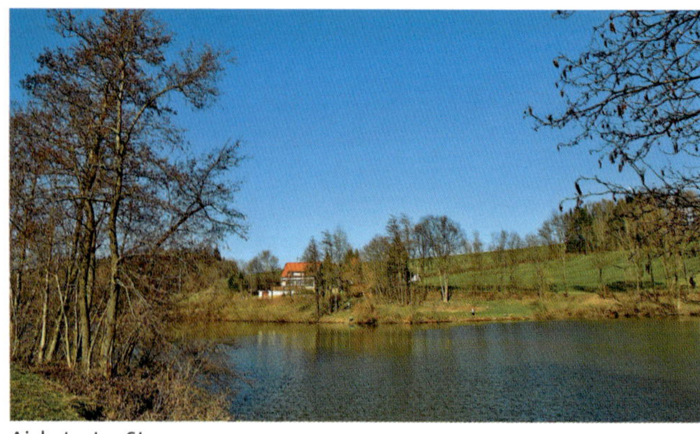

Aichstruter Stausee.

Aichstruter Stausee

Der 4 Hektar große See wurde vom Wasserverband Kocher-Lein 1959 als Rückhaltebecken der Lein angelegt, um gegen die ständig wiederkehrenden Hochwasser zu schützen. Der Aichstruter Stausee ist eines von elf Speicher- und Rückhaltebecken, die der Verband bis heute betreibt. Rund um den See findet man Grillstellen und schöne Liegewiesen.

dort nach links und nach wenigen Minuten erreichen wir Aichstrut. Gleich am Ortseingang überqueren wir die Straße und die Markierung führt uns auf der Fahrstraße mit schönen Aussichten hinunter zum **Aichstruter Stausse**. An diesem Badesee gibt es eine Grillstelle und das **Gasthaus Seeblick** **04**, ein idealer Platz zum Rasten. Dann gehen wir am Gasthaus hoch zum Quersträßchen, hier links auf den Waldweg, den Mainhardtholzweg. Nach einiger Zeit nimmt uns dieser, an der Abzweigung „Eulenhof" vorbei, wieder aus dem Wald hinaus in das schöne Leintal. Mit schöner Aussicht auf dieses Tal – rechts der Eulenhof, links oben Kaisersbach – passieren wir die Quelle des Flusses, den Leinursprung. Wir bleiben auf dem Weg, kurz vor der Straße wenden wir uns rechts, nach den Häusern links hinauf zur Straße und zurück zu unserem Ausgangspunkt in **Kaisersbach** **01**.

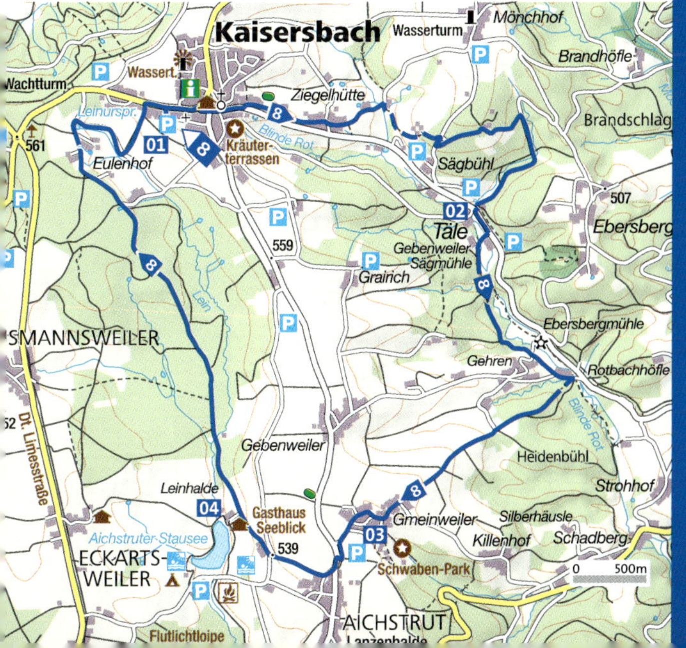

9

EBNISEE – GELDMACHERKLINGE – LAUFENMÜHLE – STRÜMPFELBACHTAL

Abwechslungsreiche Tour mit Badesee, einer Grotte und wildromantischer Schlucht

  15 km 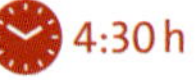 4:30 h  150 hm 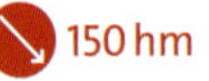 150 hm  773

START | Ebnisee, Parkmöglichkeit beim See [GPS: UTM Zone 32 x: 544.770 m y: 5.418.670 m]
CHARAKTER | Eine sehr abwechslungsreiche Tour im Wald vom Ebnisee bis zur eindrucksvollen Geldmacherklinge, dann zur Waldbahn, vorbei an einem Wasserfall in einen Bannwald. Durch das wildromantische Strümpfelbachtal (Achtung: hier festes Schuhwerk) und über freie Flächen zurück. Überwiegend Fahrwege, Waldpfade.

Wir starten die Wanderung beim kleinen **Parkplatz** 01 gegenüber dem **Ebnisee**. In der Nähe befindet sich das **Naturpark-Hotel**. Wir folgen der Markierung roter Strich, kurz darauf führt das blaue Kreuz (Holzbuckelweg) nach rechts. Nach einer Linkskurve weist das Richtungsschild „Hägerhof" nach rechts bergauf. Auf schmalem Waldpfad erreichen wir oben die Fahrstraße, auf der wir uns nach links (Hägerhof) wenden. Es geht zwischen Waldrand und Wiesen Richtung **Schmalenberg** 02. Kurz vor dem Weiler haben wir nach rechts eine prächtige Aussicht in die Hügel- und Waldlandschaft. Dann wenden wir uns beim Frei-

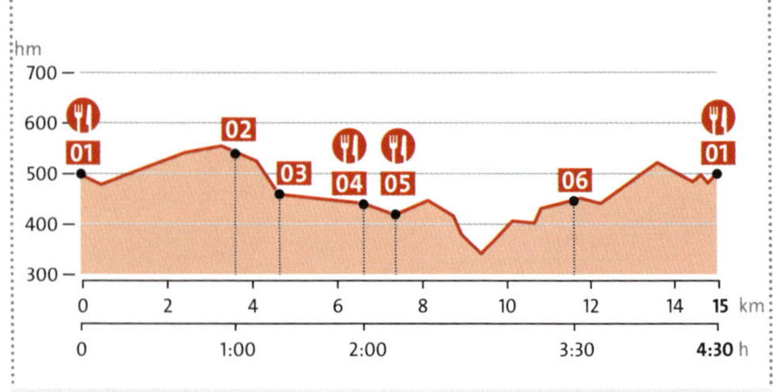

01 Parkplatz Ebnisee, Nähe Naturpark-Hotel, 470 m; 02 Schmalenberg, 545 m; 03 Geldmacherklinge, 470 m; 04 Laufenmühle, eins+alles/Café Molina, 410 m; 05 Klingenmühle, Antik Café und Biergarten, 410 m; 06 Strümpfelbachtal, 394 m

zeitheim „Hofgut Schmalenberg" nach links. Nach dem Waldeintritt bei der „Aspengehrenhütte" geht es markierungsgemäß auf einem Waldpfad bergab zur **Geldmacherklinge** 03. Nun ist Trittsicherheit gefordert: Wir gehen seilgesichert auf Stufen hinunter zur Grotte, durchqueren diese und gehen auf schmalem Pfad – aber an Sicherungsketten – hinauf zur Höhle, die in früheren Zeiten angeblich Falschmünzern (Geldmachern) als Unterschlupf gedient haben soll. Auf dem Waldpfad geht es nun abwärts zu einem Forstweg. Wir gehen nach links und dann nach rechts dem Flüßchen Wieslauf entlang Richtung **Laufenmühle**. Durch schönen Wald kommen wir zu

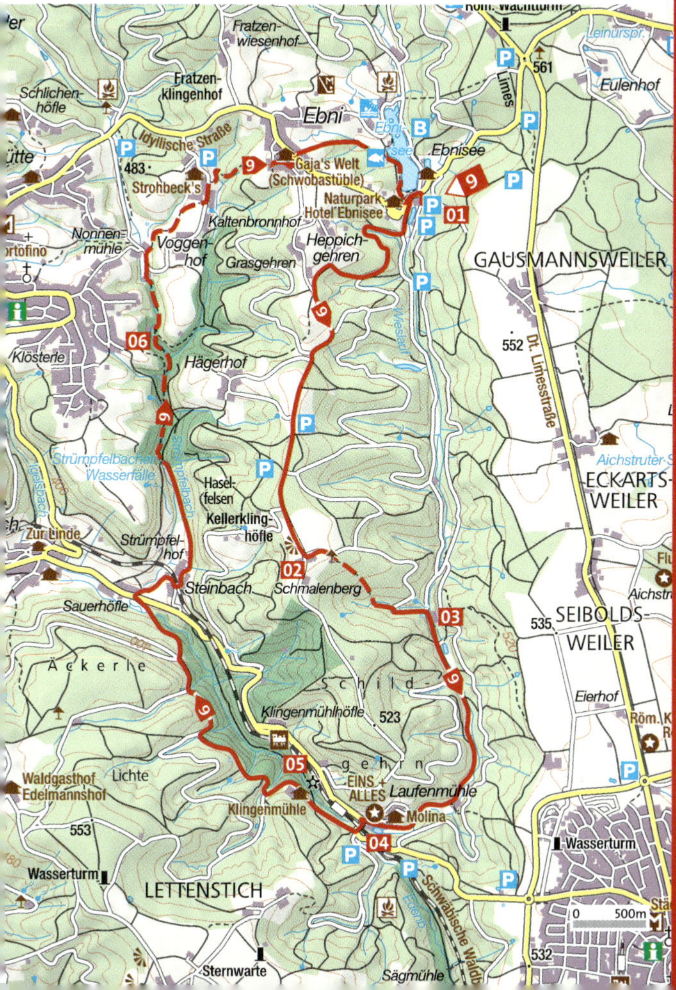

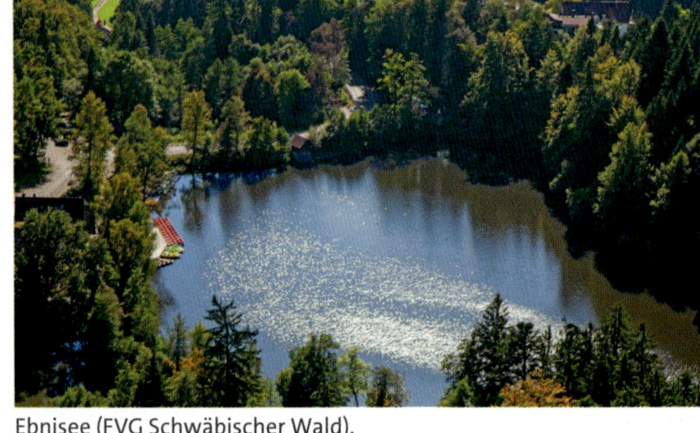

Ebnisee (FVG Schwäbischer Wald).

dieser früheren Mühle unterhalb des Viaduktes der Schwäbischen Waldbahn, heute nette Einkehrmöglichkeit bei **eins+alles/ Café Molina** 04. Das Restaurant Bahnhof Laufenmühle ist in dieser Waldbahn-Haltestation untergebracht. Wir überqueren die Straße und gehen unter dem Viadukt hindurch, gleich rechts können wir dann den Edenbach-Wasserfall besichtigen. Danach geht es mit der Markierung rotes Kreuz nach rechts weiter Richtung „Edelmannshof", an der Grillstelle vorbei in den Bannwald. Nach einiger

Sehenswertes

Laufenmühle: Heute eine Lebens-und Arbeitsstätte für behinderte Menschen. Der Aktionsplatz und Erlebnispfad ist für jedermann geöffnet, eine Attraktion für Kinder und Erwachsene.
www.eins-und-alles.de, Tel.: 07182/8007-77

Schwäbische Waldbahn: Die frühere Wieslaufbahn (1911 in Bertrieb genommen) verkehrt zwischen Schorndorf und Welzheim an bestimmten Fahrtagen mit Dampflokomotiven.
www.schwaebische-waldbahn.de, Tel. (07182) 800815.

Bannwald: Bannwald ist ein sich selbst überlassenes Waldreservat. Pflegemaßnahmen sind nicht erlaubt; anfallendes Holz darf nicht entnommen werden.

Geldmacherklinge: Diese imposante Klinge besteht aus Stubensandstein, die hufeisenförmigem Grotte misst ca. 14 m in der Breite, in der Höhe ca. 5 m und in der Tiefe ca. 7 m. Der Name rührt möglicherweise von Falschmünzern (Geldmachern) her, die in der Höhle ein Versteck gefunden haben sollen.

Zeit führt ein Stich-Pfad rechts hinab zur **Klingenmühle** 05 (**Antik Café und Biergarten**). Wir steigen auf dem Stich-Pfad wieder hoch zu unserem bisherigen Weg und wenden uns auf diesem nach rechts , wir wandern im urwaldähnlichen Wald geradeaus, dann geht es rechts mit den Richtungsweisern **Strümpfelbachtal /Wieslauf-Radweg** 06, die Rotkreuz-Markierung endet. Wir sind nun auf dem Burgholzweg, bei der nächsten Weggabelung gehen wir auf diesem rechts hinunter , überqueren die Wieslauf und gehen hinauf zur Straße. Wir wenden uns hier nach links, nach ein paar Metern überqueren wir die Straße, drüben beim Sauerhöfle folgen wir dem Schild „Unterer Steinbach". Hier mündet der Strümpfelbach in die Wieslauf, nun geht es am Bach entlang aufwärts, wir folgen der Wegweisung „Nonnenmühle, Strümpfelbachtal, Ebnisee". Oben, beim Strümpfelhof, überqueren wir die Bahngleise. Hier hat man einen tollen Blick auf das Bahnviadukt. Es geht durch die Häuseransammlung auf einem Waldweg bis zum Naturschutzgebiet Strümpfelbachtal. Über eine Brücke, dann folgen wir nach rechts der Markierung blauer Punkt. (Achtung: Hier ist festes Schuhwerk ist notwendig.) Am linken Bachufer entlang betreten wir eine wildromatische Szenerie: Steile Felswände, rauschender Bach, Wasserfälle, üppige Vegetation. Nach ca. 1 km über Waldpfade und Stege kommen wir an einem Haus vorbei zur abgebrannten Nonnenmühle. Rechts an der Mühle vorbei und jetzt wieder mit dem roten Kreuz geführt auf Waldpfad und über Wiesen hinauf zu einem Gehöft. Wir wandern nach links, bald darauf geht es rechts durch den Wald nach Ebni. Dort wenden wir uns auf der Breitäckerstraße nach links, überqueren die Durchgangs-Straße, durch Wiesen und später Wald spazieren wir hinunter zum See und zurück zu unserem **Ausgangspunkt** 01.

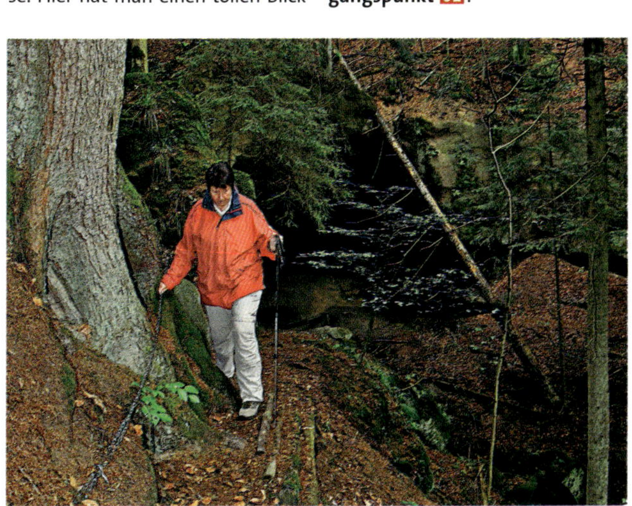

Geldmacherklinge.

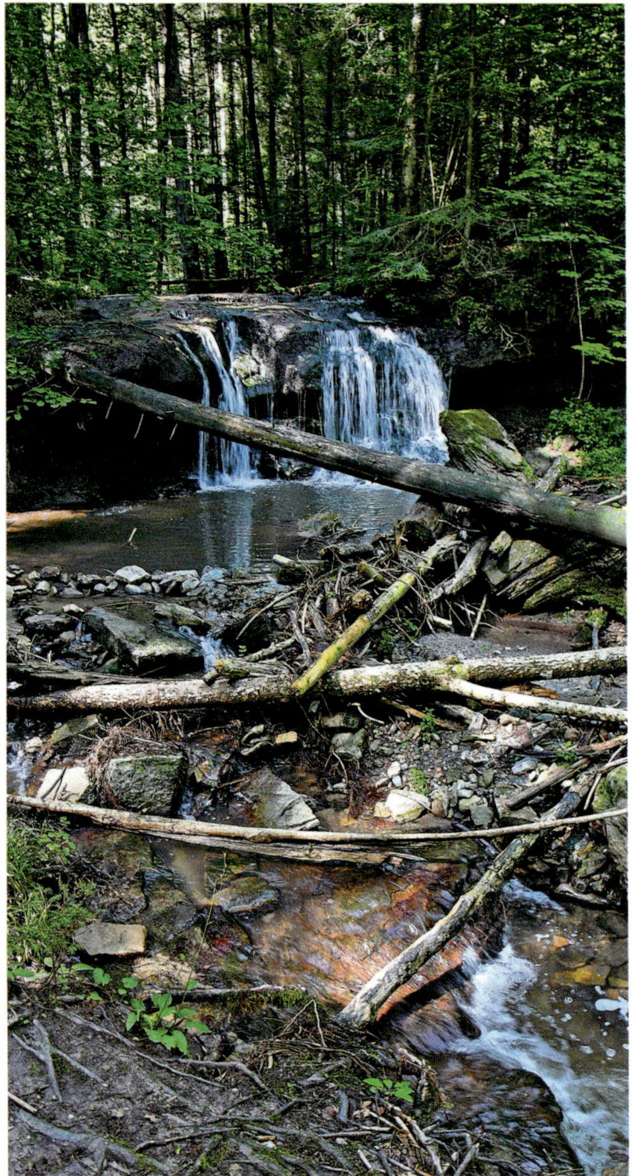

Strümpfelbachtal.

KLEINKASTELL RÖTELSEE – KÖNIGSEICHE – AICHSTRUTER SEE

Auf Römerspuren zum Badesee

  13 km  3:45 h  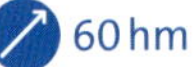 60 hm  60 hm   773

START | Parkplatz „Freizeitanlage Rötelsee" am nördlichen Ortsrand von Welzheim
[GPS: UTM Zone 32 x: 546.300 m y: 5.414.800 m]
CHARAKTER | Leichte Tour, anfangs auf befestigten Wirtschaftswegen, dann Waldwege/Waldpfade. Der Aichstruter Stausee lädt im Sommer zum Baden ein, sehenswert ist das römisches Kleinkastell und die Stadt Welzheim.

Unser Ausgangspunkt ist der **Parkplatz 01** am Kreisverkehr am nördlichen Ortsrand von Welzheim, gegenüber der **Freizeitanlage Rötelsee**. In Sichtweite liegt das Kleinkastell Rötelsee. Aus dem Parkplatz kommend führt unsere Tour nach rechts der Straße entlang zu dem bereits sichtbaren urigen Fischweiher. An dem gehen wir vorbei und wenden uns beim nächsten Weg nach rechts. Mit Wegziffer 3 wandern wir auf diesem Asphaltsträßchen entlang. Gegenüber von dem rechts liegenden Seiboldsweiler geht

Kleinkastell Rötelsee

Das 18,5 × 18,5 Meter große quadratische Kleinkastell wird von einem zwei Meter breiten Graben umgeben. Die Wehrmauern sind rund ein Meter breit. Das Tor besitzt keinen Turm.

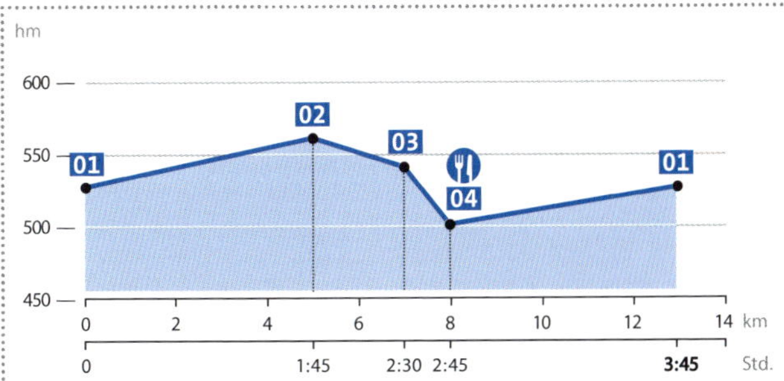

01 Parkplatz bei Freizeitanlage Rötelsee, 526 m; 02 Königseiche, 560 m; 03 bei Eckartsweiler, 540 m; 04 Aichstruter Stausee, Gasth. Seeblick, 500 m

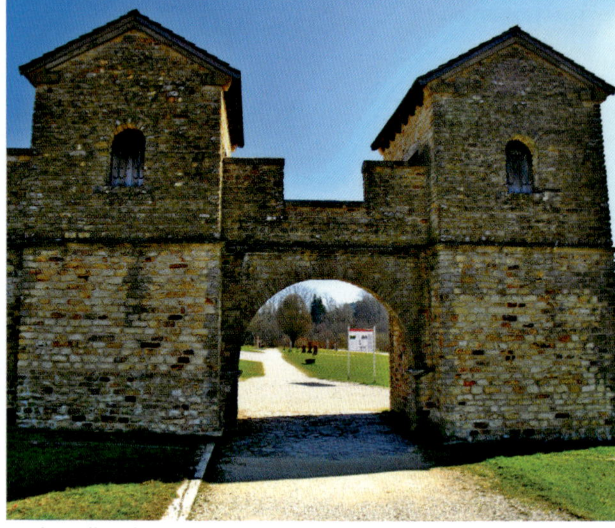

Ostkastell Welzheim.

es mit der Ziffer 3 scharf links in den Wald. Später wandern wir am Waldrand entlang, nach links schöne Blicke in die Berg- und Tallandschaft. Bei der folgenden Wegegabel halten wir uns links, der Radweg 9 führt am Waldrand entlang. Auch bei der nächsten Gabel halten wir uns links, weiter auf Radweg 9 und weiter am Waldrand entlang. Bei der nächsten Wegegabel gehen wir geradeaus in den Wald. Achtung! Nach ca. 200 m biegt ein unscheinbarer Waldpfad mit Markierungen „Reitweg-Zeichen“ und „Wanderzeichen G mit Vogelsymbol“ nach rechts. Es geht auf diesem Pfad nach oben, später weist uns das G-Zeichen nach rechts und bald darauf treten wir aus dem Wald. Vor uns steht die prächtige **Königs-eiche** 02, hier überqueren wir die Straße. Jetzt geht es mit der Markierung „Limesweg“ wieder in den Wald, gleich darauf auf schmalem Waldpfad nach rechts, dann links, dann wieder rechts. Wohlmarkiert werden wir mit dem Limesturm-Zeichen durch den Wald geführt. Wenn wir auf einen Querweg stoßen, wenden wir uns nach rechts zum Waldrand, es geht durch ein Tal und dann wieder in den Wald.

Auf folgendem Querweg nach rechts vor zum Waldrand. Kurz vor dem Waldaustritt führt uns die Markierung nach links auf einen Waldpfad. Nach einiger Zeit mündet dieser auf den Asphaltweg, der uns nach links Richtung **Eckartsweiler** 03 führt. Bei der Pferdekoppel wenden wir uns links zum bereits sichtbaren **Aichstruter Stausee** 04, Gasthaus Seeblick. Am Seeufer halten wir uns rechts, beim Kiosk links auf dem Dammweg entlang. Wir ignorieren den rechts weggehenden Limesweg und gehen geradeaus weiter. Am Ende des Dammwegs gehen wir scharf rechts auf der Straße einige Meter zurück und wenden uns dann mit Markierung Radweg 9/Mühlenweg-Zeichen nach links. Am Bach geht es jetzt zur Aichstruter Sägmühle. Geradeaus weiter, wir gehen unter der Straße hindurch, dann nach rechts dieser entlang. Dann weist uns das Richtungsschild „Kleinkastell Rötelsee“ nach rechts. Wir kommen durch die Häuseransammlung Obermühle, nun geht es parallel der Straße entlang, wir passieren das gegenüberliegende Kleinkastell und kehren zu unserem **Ausgangspunkt** **01** zurück.

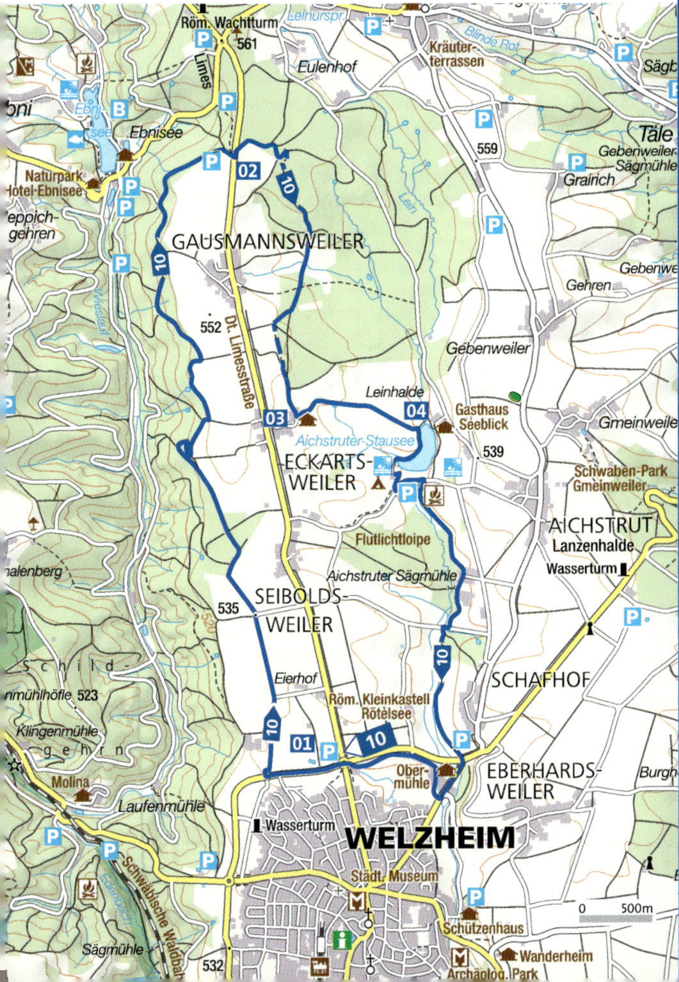

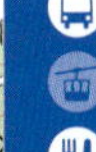

LAUFENMÜHLE – KESSELGROTTE – EDELMANNSHOF – KLINGENMÜHLE

Zu Grotte und Mühlen

 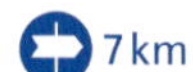  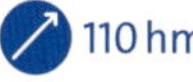 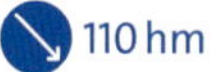  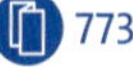

7 km | 2:45 h | 110 hm | 110 hm | 773

START | Parkplatz bei Viadukt bei der Laufenmühle. [GPS: UTM Zone 32 x: 544.380 m y: 5.414.460 m]
CHARAKTER | Im Wald zur Kesselgrotte, dann im Freien nach Lettenstich, an der Sternwarte vorbei, aussichtreiche Hochfläche bei Langenberg, zum Edelmannshof und im Wald zur Klingenmühle. Waldwege/ -pfade, Fahrsträßchen

Vom **Parkplatz** 01 gehen wir, von der Markierung blaues Kreuz geführt, den Waldweg hoch in „Richtung Kesselgrotte". Bei der folgenden Wegegabel halten wir uns rechts weiter bergan, bei der folgenden Kreuzung gehen wir auf dem Pfad geradeaus zur Grotte. Die **Kesselgrotte** 02 hat eine halbkreisförmige Form, von der Scheitelhöhe rieselt Wasser herunter. Die Höhle besteht aus so genanntem Stubensandstein, weil mit den weichen, bröseligen Gesteinskörnern in früheren Zeiten die Holzböden gescheuert wurden. Die Höhe beträgt ca. 8 m, die Breite ca. 10 m, und die Tiefe ca. 7 m. Wir gehen links in die Grotte hinein, an der Rückwand entlang und rechts auf schmalem Pfad hinauf zu einem Waldweg. Auf dem halten wir uns links, wandern durch die Häuseransammlung Lettenstich hindurch und hinauf zum Aussichtspunkt Lettenstich,

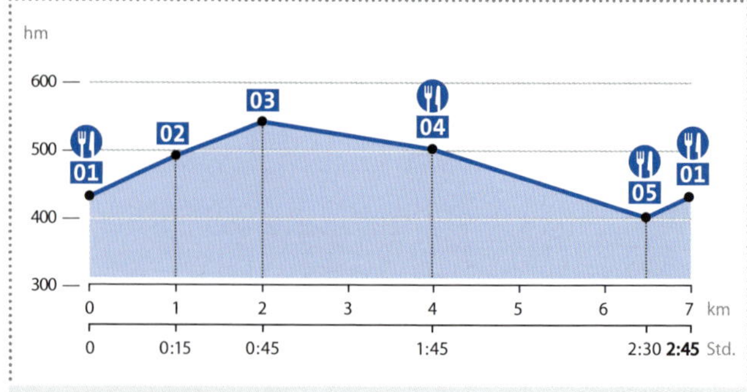

01 Parkplatz Viadukt / Laufenmühle, Café Molina, 430 m; 02 Kesselgrotte, 490 m; 03 Langenberg, 540 m; 04 Waldgasthof Edelmannshof, 500 m; 05 Klingenmühle, 400 m

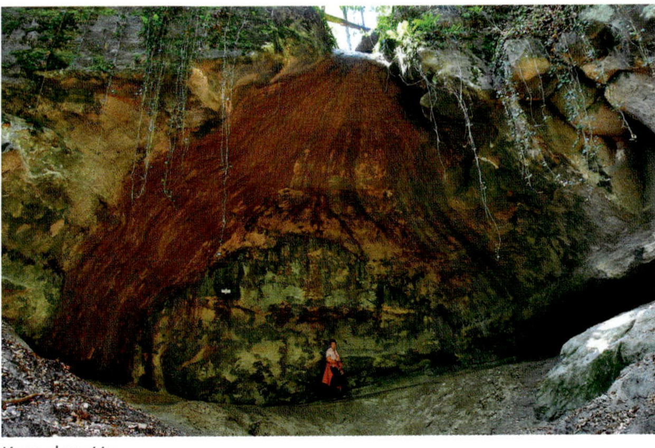
Kesselgrotte.

ab hier wechselt die Markierung zum blauen Punkt. Von hier haben wir einen schönen Blick in die umgebende Landschaft. Hier steht eine Tafel des Planetenwegs der Sternwarte Welzheim, deren drei Kuppeln wir gleich darauf links sehen. Die Sternwarte bietet interessante Besichtigungen und Führungen an (www.sternwarte-welzheim.de). Wir gehen kurz nach rechts in den Wald, nach Waldaustritt halten wir uns links und schlendern mit schönen Aussichten über die Hochfläche, dann biegen wir markierungsgemäß nach rechts. Bei den links liegenden Häusern von **Langenberg** 03 gehen wir auf dem Fahrsträßchen nach rechts. Beim hellen Wasser-

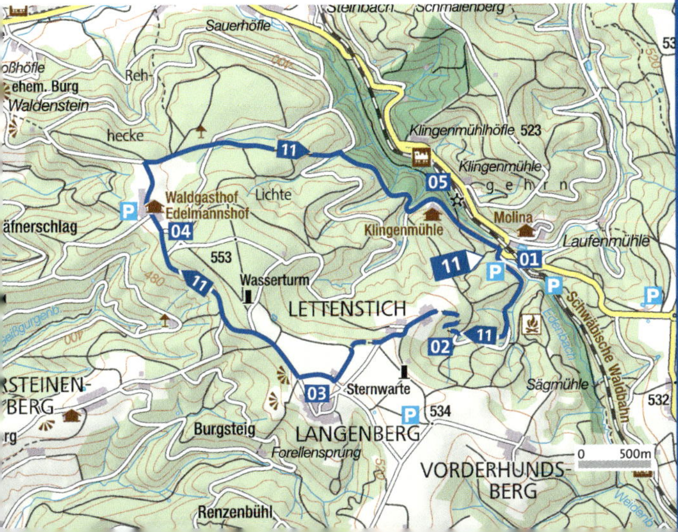

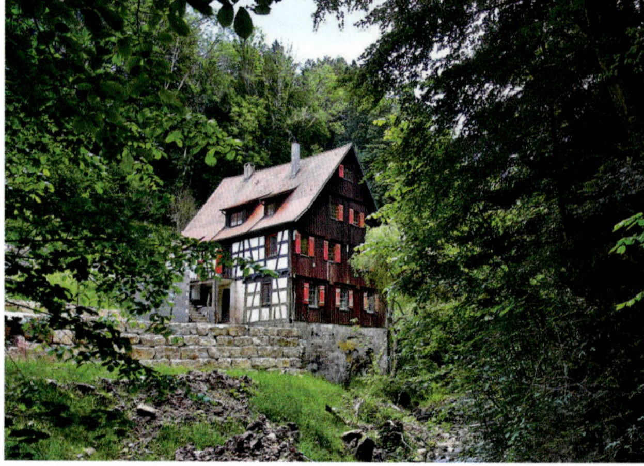

Die Klingenmühle.

turm gehen wir nach rechts auf den Waldweg und dann geradeaus am Turm vorbei (Gasleitungsweg). Es geht immer geradeaus durch den Wald, der Weg senkt sich hinunter zu einem Fahrsträßchen, nach Waldaustritt sehen wir die Häuser vom **Waldgasthof Edelmannshof** 04 vor uns. Wir gehen durch die Häuser hindurch, gehen über Wiesen bis zum Waldrand. Dort ändert sich die Markierung zum roten Kreuz, wir gehen nach rechts und dann in den Wald. Bei der folgenden Wegkreuzung, am Waldkindergarten „Kleine Trolle", gehen wir weiter geradeaus. Nun gehen wir in den Bannwald (ein Bannwald ist ein sich selbst überlassenes Waldreservat, Pflegemaßnahmen sind nicht erlaubt, anfallendes Holz darf nicht entnommen werden). Bei der folgenden Wegegabel gehen wir rechts auf den schmalen Waldpfad. Dieser bringt uns hinunter zu einem Querweg, auf dem kurz links. Kurz darauf geht es rechts hoch, dann sehen wir links den Abzweig zur **Klingenmühle** 05. Kurz vor unserem **Ausgangspunkt** 01 kommen wir an einem Grillplatz vorbei.

Klingenmühle

Ehemalige Mahl- und Sägemühle (erstmals erwähnt 1726), in einer tiefen Schlucht. Ein Steg führt über die Wieslauf hinüber zu Mühle und Wasserfall, ein Biergarten und Café laden zum Verweilen ein.

Die Klingenmühle war ein Lieblingsplatz des bekannten schwäbischen Dichters und Arztes Justinus Kerner während seiner Welzheimer Tätigkeit als Oberamtsarzt von 1812 bis 1815. Sie inspirierte ihn zu seinem Gedicht „Der Wanderer in der Sägmühle".

GSCHWEND – TEUFELSKANZEL – FRICKENHOFEN – GSCHWENDER MÜHLE

Aussichtsreiche Tour mit einem „teuflischen" Naturdenkmal

 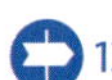 12 km  3:00 h  215 hm  215 hm 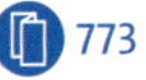 773

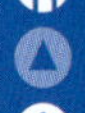

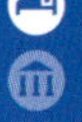

START | Gschwend, Parkplatz bei der Kirche in der Ortsmitte [GPS: UTM Zone 32 x: 554.460 m y: 5.420.410 m]
CHARAKTER | Von Gschwend zur Schlucht Teufelskanzel mit bizarren Felsformationen. Bis Mittelbronn geht es im Freien mit teilweise prächtigen Panoramablicken, dann wechseln Wald und freie Sichten. Überwiegend unasphaltierte Fahrsträßchen, Waldpfade.

Wir verlassen **Gschwend** 01 auf der Frickenhofener Straße, unsere Markierung ist das rote Kreuz. Nach ca. 1 km biegen wir halblinks in den Wald, nach ca. weiteren 700 m kreuzen wir ein Waldsträßchen und steigen steil hinauf zum **Hohen Nol** 02.

Dann geht es wieder hinunter zur Straße, wir gehen links und gelangen bald darauf mit schönen Aussichten nach **Rotenhar** 03. Am Ortsende wählen wir an der Kreuzung die Straße nach Sulzbach am Kocher. Nach ein paar Hundert Metern führt der Weg nach rechts hoch zum Naturdenkmal **Teufelskanzel** 04.

Das Richtungsschild führt uns links hinab zu einer tief eingeschnittenen Schlucht mit bizarren Felsformationen. Wir gehen durch die Schlucht und errei-

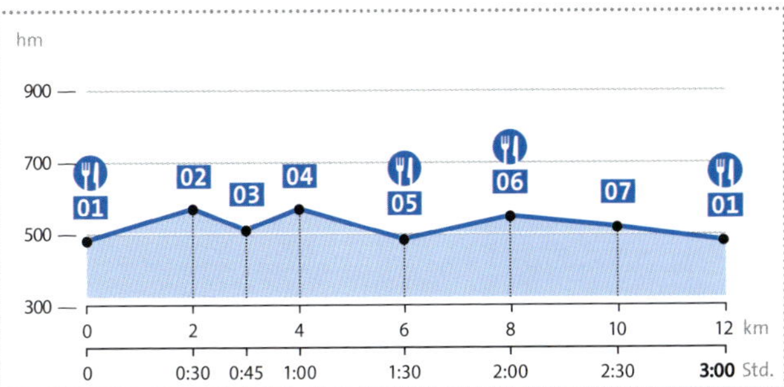

01 Gschwend, 476 m; 02 Hoher Nol, 565 m; 03 Rotenhar, 505 m; 04 Teufelskanzel, 565 m; 05 Frickenhofen, Landgasthof Sonne, 479 m; 06 Mittelbronn, Landgasthof Stern, 544 m; 07 Hirschbach, 514 m

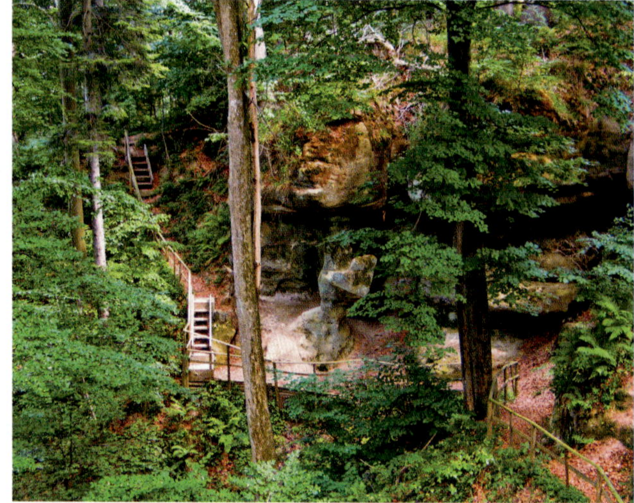

Teufelskanzel (Bernhard Drixler).

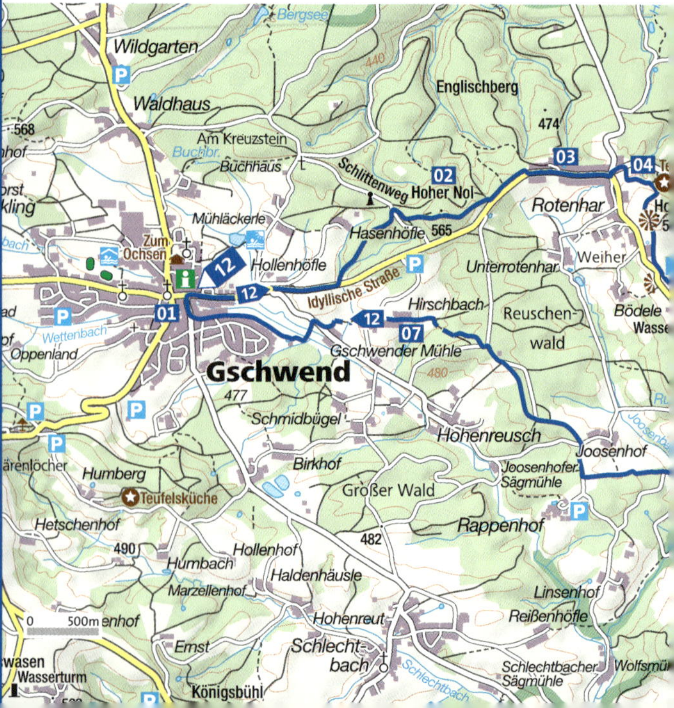

Teufelskanzel

Als Teufelskanzeln bezeichnet man Felspartien oder sonstige Punkte im Gelände, welche vermutlich in vorgeschichtlicher Zeit heidnische Kultstätten waren.

Als der heidnische Kultus nach Einführung des Christentums an solchen Stätten noch heimlich praktiziert wurde, brachte der Aberglaube diesen mit dem Teufel in Verbindung. Ab dem 12. Jahrhundert wurden per Dekret der katholischen Kirche in der Nähe von Teufelskanzeln vermehrt Kirchen gebaut, als Zeichen des Sieges über die heidnischen Bräuche.

chen dann die Anhöhe Hohentannen mit einem überwältigenden Rundblick.

Weiter dem roten Kreuz folgend biegen wir vor den ersten Häusern von **Frickenhofen** 05 (Landgasthof Sonne) links ab und gehen links am Friedhof vorbei. Vor dem Sportplatz wenden wir uns rechts und biegen nach ein paar Metern links auf den Weg ein, der entlang der Straße nach **Mittelbronn** 06 (Landgasthof Stern) führt.

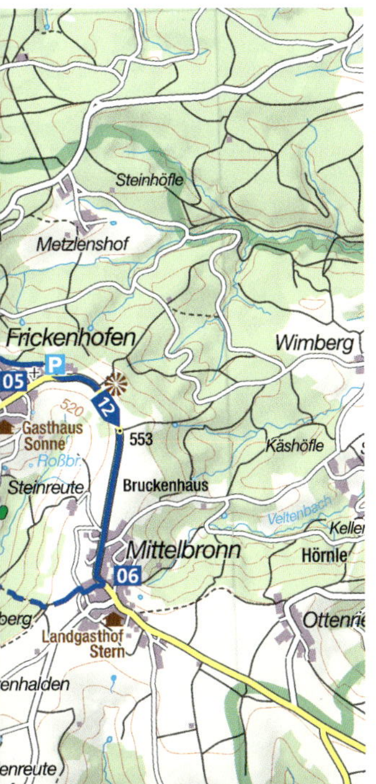

Am Ortseingang wechselt die Markierung zum roten Punkt, wir biegen nach rechts ab. Die Markierung bringt uns zum Wald, ein paar Meter nach dem Kruzifix gehen wir rechts ab. Durch den Wald geht es nun hinunter zum Tal, unten treffen wir auf ein Sträßchen dem wir nach links folgen. Bei der darauffolgenden Weggabelung halten wir uns rechts. An der einzeln stehenden Tanne nehmen wir den Weg links und halten uns immer an die Rotpunkt-Markierung. Wir durchwandern den Weiler **Hirschbach** 07 und bleiben dort auf der Fahrstraße (nicht der Markierung über die Wiese folgen).

Wir kommen unten auf die Straße, halten uns rechts an der Gschwender Mühle vorbei, wenden uns dann nach links auf die Kläranlage zu und gehen dann nach rechts auf einem Feldweg zurück nach **Gschwend** 01.

TÄFERROT – UTZSTETTEN – RUPPERTSHOFEN – DURLANGEN

Reizvolle Tour im Ostalbkreis

  21 km  5:00 h  170 hm 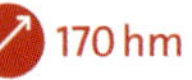  170 hm   773

START | Parkplatz Täferrot, Schulweg, Werner-Bruckmeier-Halle [GPS: UTM Zone 32 x: 561.510 m y: 5.411.100 m]
CHARAKTER | Lange, aber nicht besonders anstrengende Tour. Wald wechselt mit freien Sichten, es folgt der Hohle Stein, dann eine Hochebene mit Windrädern. Ruppertshofen, Tanau mit romanischer Kirche, Durlangen, mal im Wald, mal im Freien auf Hochflächen, im Endbereich ein Badesee. Überwiegend asphaltierte/unasphaltierte Fahrsträßchen, Waldwege/-pfade.

In Täferrot wenden wir uns vom **Parkplatz** 01 links in die Leinzeller Straße, Richtung „Utzstetten“. Nach einigen Minuten führt uns das Richtungsschild „Utzstetten blauer Punkt“ nach links steil hinauf in den Wald. Oben im Ort **Utzstetten** 02 halten wir uns am Trafohäuschen rechts. Auf der Hauptstraße wenden wir uns rechts „Richtung Eschach“ und nach ein paar Metern wieder links hinaus auf die Hochebene. Bei der folgenden Kreuzung rechts und wir bleiben bis zum bereits sichtbaren Haus auf dem Asphaltsträßchen. Nun geht's auf dem Feldweg links am Haus vorbei in den Wald. Dann halten wir uns auf dem querenden Forstweg links, später nochmals links. Bei der folgenden Wegkreuzung verlassen

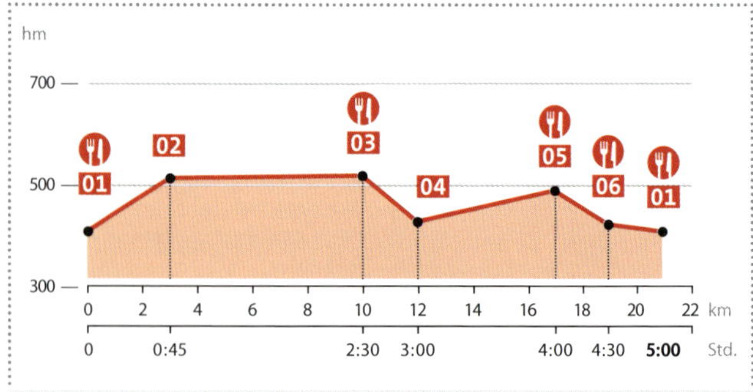

01 Parkplatz Täferrot, 406 m; 02 Utzstetten, 510 m; 03 Ruppertshofen, 515 m; 04 Hönig, 425 m; 05 Durlangen, 486 m; 06 Stausee Rehnenmühle, Gaststube Rehnenmühle, 420 m

wir unsere Blaupunkt-Markierung und gehen geradeaus „Richtung Vellbach". Nun sind wir in der Nähe des „Hohlen Stein", auch „Götzenloch" genannt. Ein Abstecher führt ca. 100 m rechts hinunter, dann links zu dieser kleinen Höhle. Am Ende der inzwischen rund 4 m tiefen Höhle entspringt eine kleine Quelle, die den weichen Sandstein erodiert und so für das Entstehen der Höhle verantwortlich ist. Bei der folgenden Kreuzung wandern wir links hinauf aus dem Wald. Wir durchschreiten einen Windpark mit 5 Windkrafträdern, es geht immer geradeaus auf die Hochebene. Hier haben wir weitreichende Sichten, links am Horizont sehen wir die „Drei Kaiserberge" der Ostalb: Hohenstaufen (Stammburg der Staufer),

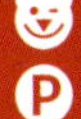

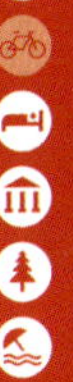

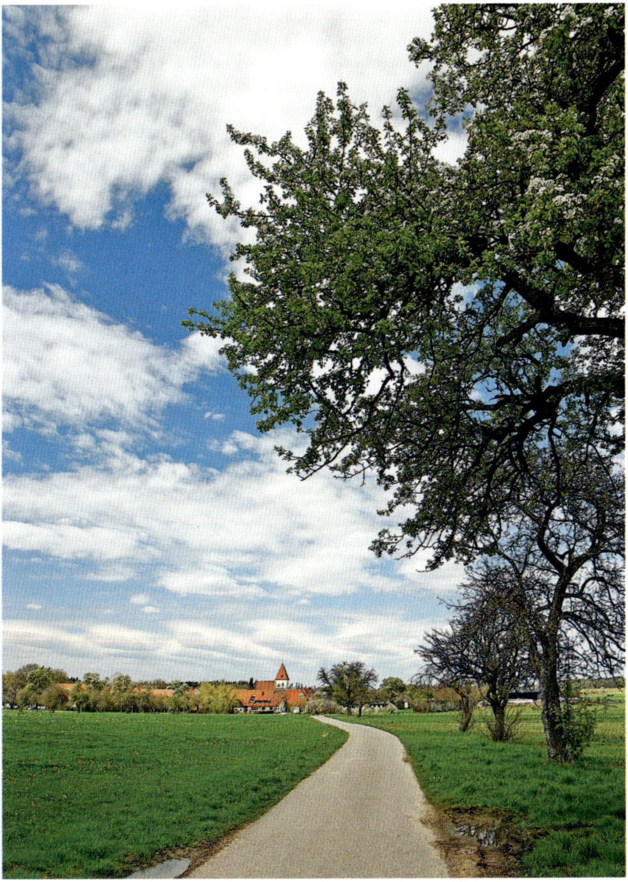

Tonolzbronn.

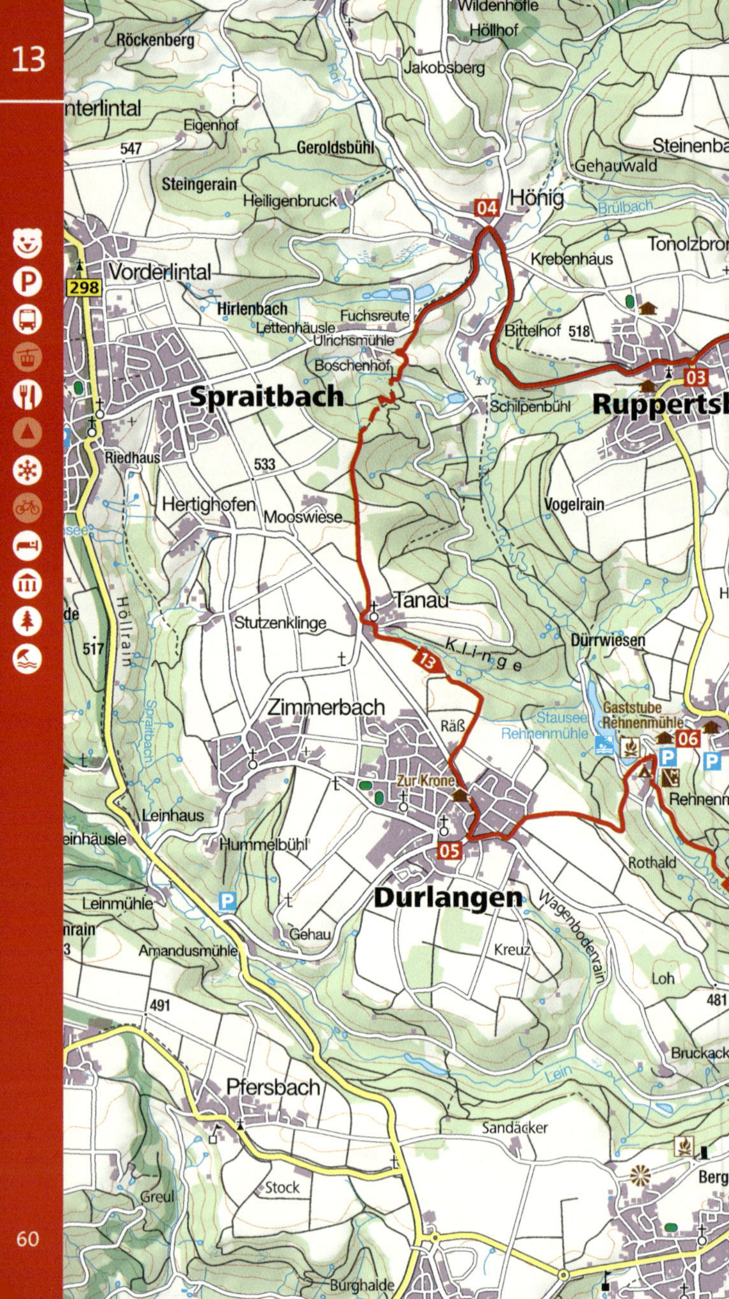

Wildenhöfle
Höllhof
Röckenberg
Jakobsberg
Röt
Hinterlintal
Eigenhof
547
Geroldsbühl
Steinenbach
Gehauwald
Steingerain
Heiligenbruck
04
Hönig
Brülbach
Tonolzbronn
Krebenhaus
Vorderlintal
298
Hirlenbach
Fuchsreute
Lettenhäusle
Ulrichsmühle
Bittelhof
518
Boschenhof
03
Spraitbach
Schilpenbühl
Ruppertshofen
Riedhaus
533
Hertighofen
Mooswiese
Vogelrain
Tanau
Stutzenklinge
Dürrwiesen
517
Höllrain
Klinge
13
Zimmerbach
Gaststube Rehnenmühle
Räß
Stausee Rehnenmühle
06
Spraitbach
Zur Krone
Rehnenmühle
Leinhaus
Leinhäusle
Hummelbühl
05
Rothald
Leinmühle
Durlangen
Wagenbodenrain
Gehau
Amandusmühle
Kreuz
Loh
491
481
Bruckacker
Pfersbach
Lein
Sandäcker
Berg
Stock
Greut
Burghalde

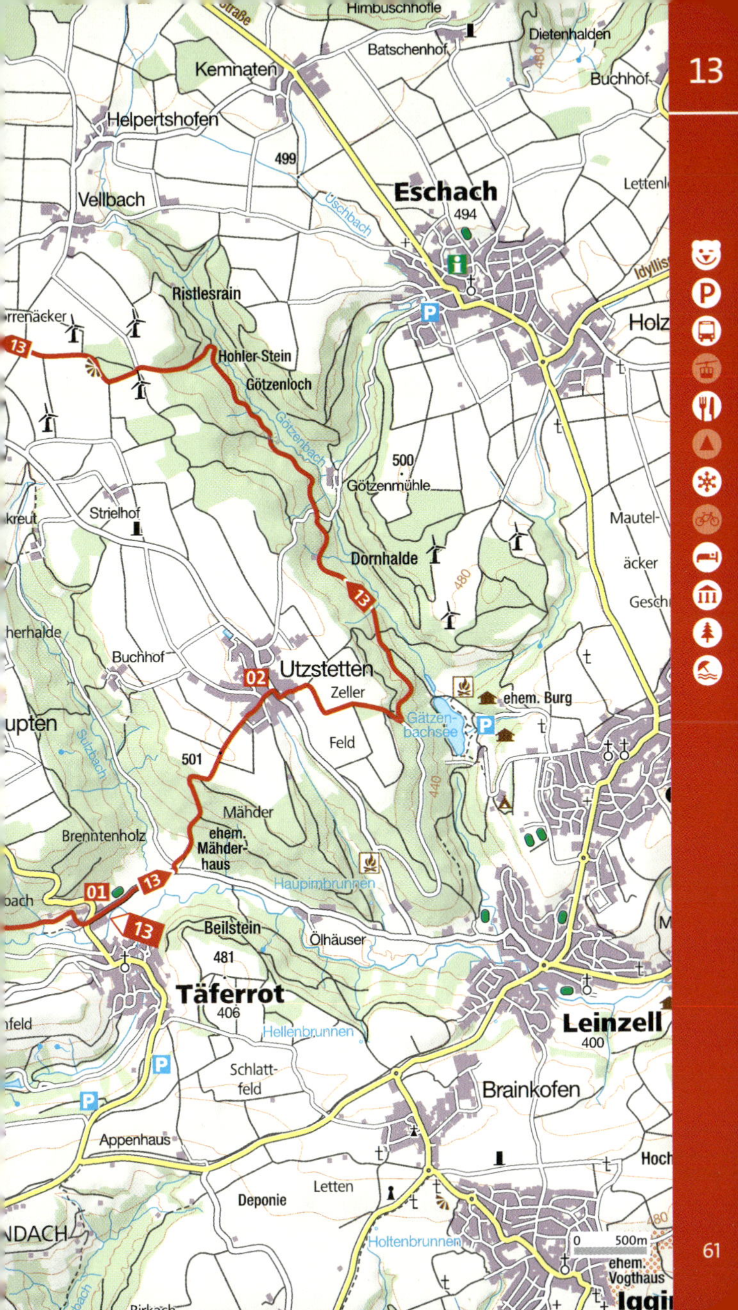
Himbuschhofle
Dietenhalden
Batschenhof
Kemnaten
Buchhof
Helpertshofen
499
Eschach
494
Vellbach
Üschbach
Ristlesrain
Hohler Stein
Götzenloch
Götzenbach
500
Götzenmühle
Strielhof
Dornhalde
480
Mautel-
äcker
Buchhof
Utzstetten
Zeller
Feld
ehem. Burg
Gätzen-
bachsee
501
Mähder
ehem.
Mähder-
haus
Brenntenholz
Sulzbach
440
Haupimbrunnen
Beilstein
Ölhäuser
481
Täferrot
406
Hellenbrunnen
Leinzell
400
Schlatt-
feld
Brainkofen
Appenhaus
Deponie
Letten
Holtenbrunnen
0 500m
ehem.
Vogthaus
Birkach
13
01
02

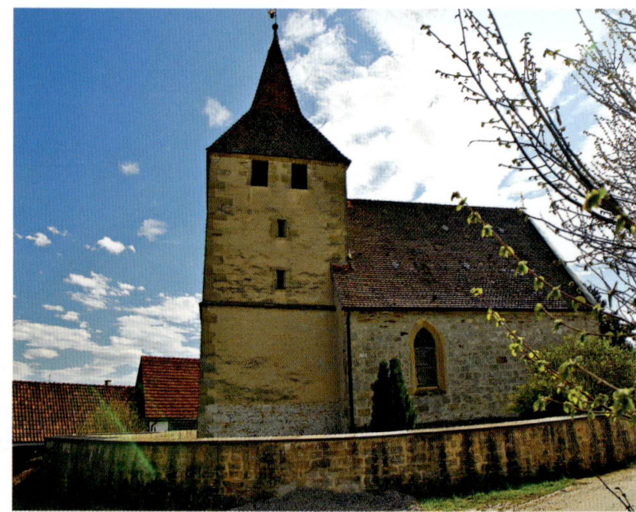

Romanische St.-Anna-Kirche Tanau.

Rechberg und Stuifen. Es geht zwischen Wassertum und Reiterhof hindurch nach **Ruppertshofen** 03. Auf der Hauptstraße halten wir uns rechts, passieren das Rathaus und wandern später bergab „Richtung Hönig". In **Hönig** 04 wenden wir uns an der Hauptstraße sofort nach links und wandern nun mit dem blauen Punkt, der uns aus dem Ort die Straße hinaufführt. Oben markierungsgemäß nach links und auf einem Feldweg zu einem schönen Kruzifix mit Ruhebank. Nach einer Rast halten wir uns links, gleich darauf führt unsere Markierung nach rechts unter einem Weidezaun hindurch. Auf Waldpfad geht es ein paar Höhenmeter hinunter zum Bach, drüben sofort rechts und nach 20 m links hinauf zum Forstweg. Dort geht es zuerst rechts und bald darauf links auf einem Waldpfad hinauf zum Waldrand. Nun gehen wir weiterhin markierungsgemäß nach links, an einer Feldscheuer vorbei, an einem Hochsitz wieder links und dann führt uns unser Weg nach Tanau. An der romanischen Kirche St. Anna gehen wir rechts vorbei, dann wenden wir uns links und bald darauf wieder rechts. Erst am Waldrand entlang, dann aussichtsreich auf freier Hochfläche erreichen wir **Durlangen** 05. Am Ortsanfang auf der Durchgangsstraße links, später wieder links „Richtung Stausee". Hier verlassen wir die Blaupunkt-Markierung und gehen geradeaus, dann wieder links „Richtung Stausee". Am Campingplatz beim **Stausee Rehnenmühle** können wir in der **Gaststube Rehnenmühle** 06 einkehren oder an einem der Grillplätze rasten. Vom Lokal aus gehen wir den Forstweg weiter hinunter, vor der kleinen Brücke links und durch einen schönen Wald immer am Flüßchen Rot entlang erreichen wir nach geraumer Zeit unseren Ausgangspunkt in **Täferrot** 01.

FRICKENHOFEN – STEINHÖFLE – WIMBERG – MITTELBRONN

Auf der Frickenhofer Höhe

  11 km  3:15 h  195 hm 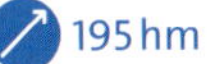 195 hm  773 

START | Frickenhofen, Parkmöglichkeiten in der Ortsmitte [GPS: UTM Zone 32 x: 558.450 m y: 5.420.090 m]
CHARAKTER | Die leichte Tour führt von Frickenhofen bis kurz vor Wimberg durch schönen Wald, dann im Freien bis Mittelbronn. Über Wiesen in den Wald und wieder zurück zum Ausgangspunkt. Überwiegend Waldsträßchen, Waldpfade.

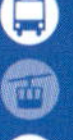    

Die Markierung blauer Punkt führt uns in **Frickenhofen** 01 links am Landgasthof „Sonne" vorbei zum Dorf hinaus. Am Waldrand wechselt die Markierung zum blauen Strich, der uns beim Waldeintritt auf einem Waldweg nach rechts hinunter leitet. Später folgt ein Wegkreuz, wir wandern auf einem schmalen Pfad weiter abwärts. Im **Tal** 02 überqueren wir ein Waldsträßchen, dann stoßen wir auf ein weiteres Waldsträßchen, dem wir nach rechts hinauf folgen. Wir halten uns an die Markierung, auf der Straße wenden wir uns rechts, gehen links am **Steinhöfle** 03 vorbei. Nach ca. 100 m biegen wir nach rechts Richtung Metzlenshof und gehen nach ca. 50 m nach links auf den „Metzlenswaldweg". Unsere bisherige Markierung endet nun, unten im Bachtal folgen wir

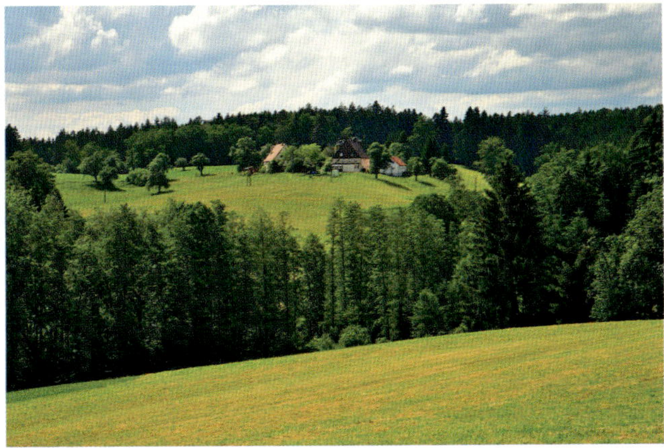

Joosenhof.

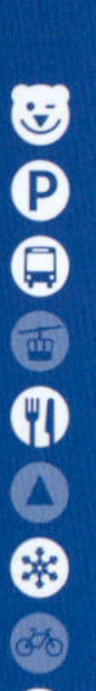

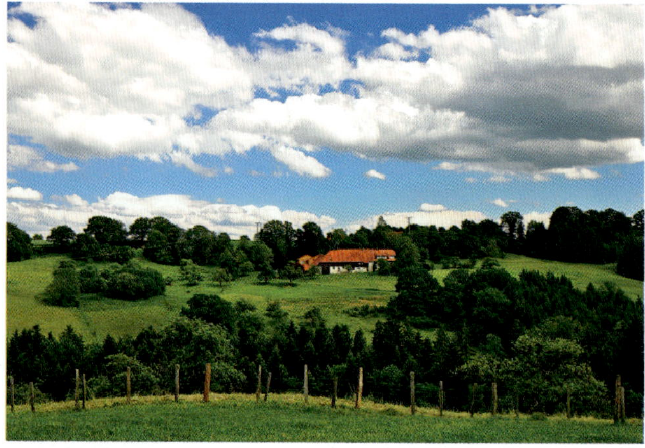

Bei Frickenhofen.

dem „Wimbachrundweg" nach links. Später macht dieser Weg eine Rechtskurve, hier halten wir uns links auf den „Benzwaldweg". Wir wandern durch schönen Wald, der Weg macht dann einen Rechtsknick, es geht hinauf zum Waldrand. Nach Waldaustritt geht es auf einem Fahrweg über die Wiesen, dann halten wir uns rechts auf dem Asphaltsträßchen hinunter nach **Wimberg** 04. Nun wandern wir auf dem Sträßchen Richtung Mittelbronn. Es geht rechts am Käshöfle vorbei, hier beginnt die Rotpunkt-Markierung. Nach dem Bruckenhaus geht es steil hinauf nach **Mittelbronn** 05 (Landgasthof Stern). Auf der Durchgangsstraße wenden wir uns links, nach einigen Metern geht es rechts markierungsgemäß in die „Steinäckerstraße". Dann gleich wieder links und bei den letzten Häusern rechts über eine Wiese. Am Waldrand steht ein Kruzifix, an dem vorbei hinunter in den Wald. Später nimmt uns ein Waldpfad rechts hinunter ins **Tal** 06, nach Waldaustritt geht es bergauf, wir halten uns rechts, kommen an einer einzeln stehenden Tanne vorbei, passieren den Sportplatz und kehren zu unserem **Ausgangsort** 01 zurück.

Friedrich Freiherr von Schmidt

Er war ein großer Sohn des Ortes. Hier 1825 als Sohn eines Pfarrers geboren, wurde er zu einem der bedeutendsten Architekten des 19. Jahrhunderts. Er war an 125 Sakral- und 40 Profanbauwerken beteiligt. Ein bedeutendes Bauwerk war das neugotische Wiener Rathaus; ein Schüler Schmidts erbaute das Parlament in Budapest. Das Gemeindehaus wurde als Andenken in „Friedrich Freiherr von Schmidt-Haus" umbenannt und vor dem Haus ein Denkmal für ihn aufgestellt. www.gschwend.de

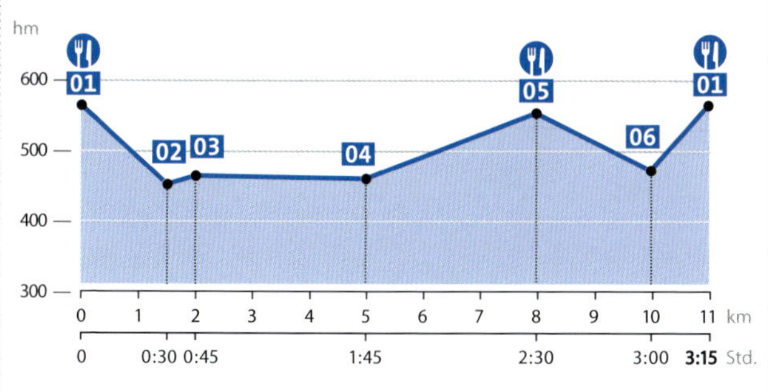

01 Frickenhofen, Parkplatz, Landgasthof Sonne, 562 m; 02 Tal, 450 m; 03 Steinhöfle, 462 m; 04 Wimberg, 458 m; 05 Mittelbronn, Landgasthof Stern, 551 m; 06 Tal, 470 m

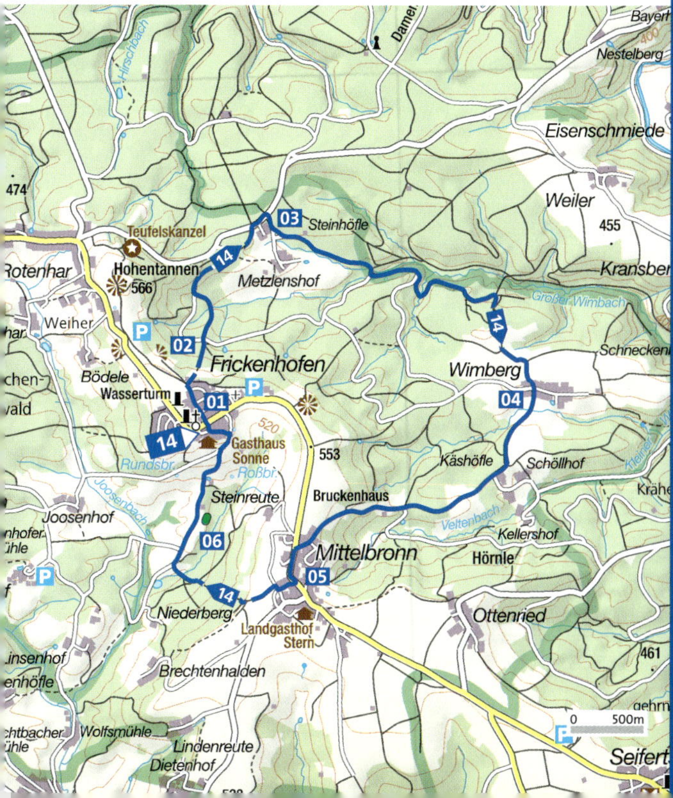

15

GSCHWEND – MENZLESMÜHLE – HAGBERGTURM

Über ein Mühlental zum Aussichtsturm

 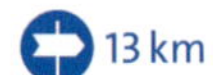 13 km 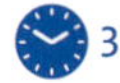 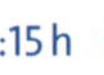 3:15 h 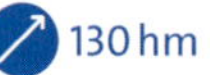 130 hm  130 hm 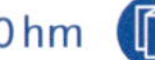  773

START | Gschwend, Parkplätze in Stadtmitte bei der Kirche [GPS: UTM Zone 32 x: 554.460 m y: 5.420.410 m]

CHARAKTER | Die Mühlen- und Aussichtstour führt von Gschwend in den Wald, dann in das Tal zur fotogenen Menzlesmühle, hinauf zur Hochfläche mit den Weilern Menzles und Brandhof mit Öl- und Sägemühle, zum Hagberg mit weitreichendem Rundumpanorama vom Aussichtsturm und zum Felgenhof. Überwiegend Fahrwege/Waldwege.

Vom Parkplatz in **Gschwend** 01 gehen wir in die Welzheimer Straße, gegenüber der Kirche links in das Brunnengässle. Die Markierung roter Punkt führt uns aufwärts, wir überqueren eine Straße, passieren dann den Friedhof, um dann nach rechts durch die Friedhofstraße den Ort zu verlassen. Wir bleiben auf dem Fahrsträßchen, dann geht es markierungsgemäß nach links in den Wald. Die gute Markierung bringt uns später bei einer Wegspinne nach halblinks in einen ursprünglichen Wald. Das Bächlein überqueren wir auf einer kleinen Holzbrücke, oben stoßen wir auf das Waldsträsschen, das links hinauf zur Strasse L1080 führt. An dieser markierungsgemäß nach links entlang und dann nach rechts überqueren. Auf dem Fahrsträsschen gehen wir bis zum Ende des Asphalts, dann auf einem Feldweg nach rechts

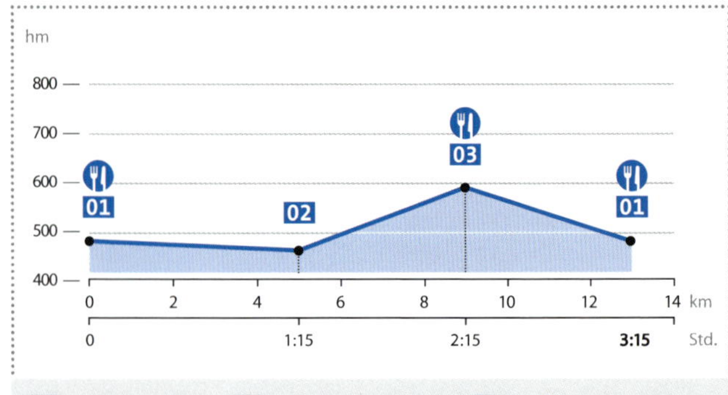

01 Gschwend, 476 m; 02 Menzlesmühle, 457 m; 03 Hagbergturm, 585 m

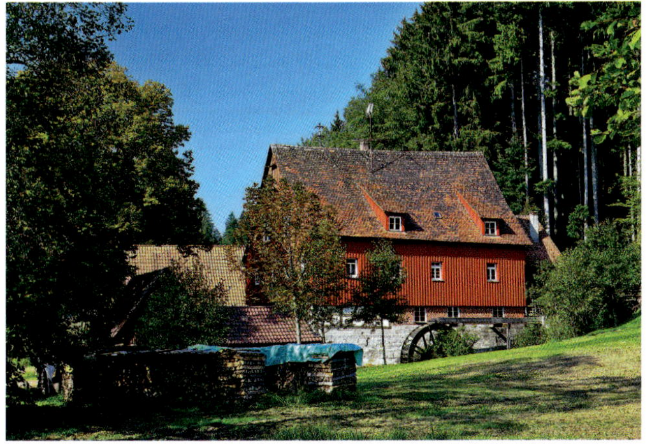

Menzlesmühle.

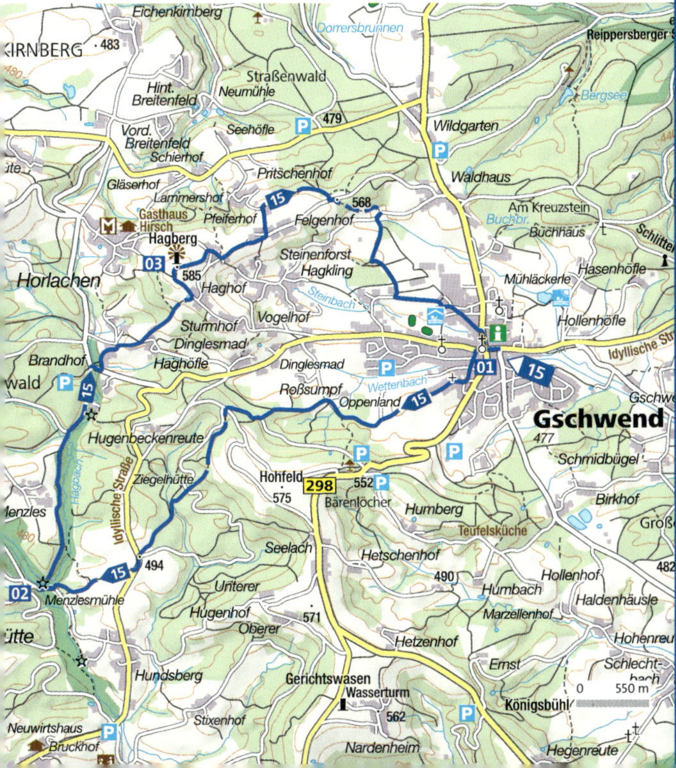

Hagbergturm

Auf 585 m Höhe steht dieser pagodenförmige Aussichtsturm auf dem Hagberg und ist 21 m hoch. Der „Ur-Turm" wurde 1901 erbaut, seit 1936 ist er im Besitz vom Schwäbischen Albverein .

1970 nahm der Turm durch einen Sturm schweren Schaden und konnte durch Geldmangel nicht wieder hergerichtet werden, 1973 wurde er wegen Sicherheitsmängeln geschlossen. Durch Zuschüsse und Spenden konnte der Turm wieder hergestellt werden und ist seit Juni 1980 in seiner heutigen Form wieder in Betrieb.

Aussichten: (nur die prägnanten Landschaften des Schwäbisch-Fränkischen Waldes und der Schwäbischen Alb).

Nach Westen: über den Welzheimer Wald, rechts davon der Murrhardter Wald, dahinter die Löwensteiner Berge, davon rechts der Mainhardter Wald. Nach Norden: Kochertal, Limpurger Berge. Nach Süden: Tal der Schwarzen Rot, dahinter der Albtrauf. Nach Osten: Rechberg, Hohenstaufen, Stuifen. Weiter westlich (je nach Sichtweite): Teck, Hohenneuffen, Achalm,Hohenzollern.

und am Waldrand entlang. Kurz darauf führt die Markierung „F" nach rechts auf einen Waldpfad. Diesen verlassen wir wieder im Tal bei der **Menzlesmühle** 02. Die aus dem 14. Jahrhundert stammende Mühle brannte 1721 ab und wurde anschließend wieder aufgebaut. Die Menzlesmühle war eine Säge- und Mahlmühle. Sie besaß vier Mühlräder. Heute existiert davon noch ein oberschlächtiges Wasserrad, das heißt, das Wasser wird von oben auf das Mühlrad geleitet. Es wurde 2004 erneuert. Nach Besichtigung (Informationstafel) dieser sehr schön renovierten, fotogenen Mühle mit ratterndem Wasserrad leitet uns jetzt die Markierung roter Strich rechts an der Mühle vorbei. Dann führt die Markierung „F" in den Wald. Bald darauf treten wir aus dem Wald und durchwandern auf einer Hochfläche den Weiler Menzles. Später passieren wir die rechts liegende Brandhofer Öl- und Sägemühle mit dem Mühlsee. Wie der Name schon sagt, wurden in dieser Mühle unter anderem aus Mohn, Bucheckern, Leinsamen und Walnüssen Öl gewonnen. Auf dem Sträßchen gehen wir rechts und gleich wieder nach links hinauf zur Häuseransammlung Brandhof. Oben wenden wir uns auf dem Sträßchen nach rechts, um sogleich nach links steil hinauf am Waldrand entlang zum Haghof zu gelangen.

Links sehen wir bereits den **Hagbergturm** 03. Für einen kleinen Obulus besteigt man über Holztreppen den Turm. Oben hat man eine fantastische Rundsicht, unter anderem die prägnanten „3 Kaiserberge" Hohenstaufen, Rechberg und Stuifen. In der warmen Jahreszeit ist der Turm bewirtschaftet. Nach dem Rasten und dem Genuss von Aussicht, Essen und Trinken halten wir uns an die Markierung blauer Strich. Beim Wasserhof geht es rechts das Sträßchen hinab, beim Felgenhof verlassen wir die Markierung und gehen durch den Weiler durch. Etwa 200 m nach den Häusern sehen wir rechts an einem Baum unsere jetzige Markierung blaues Kreuz, wir gehen einen Waldpfad hinab. Unten am Pumpwerk rechts, dann gleich links und sofort wieder rechts am Waldrand entlang. Dann über die Wiese, wir stoßen auf ein Fahrsträßchen, das uns zum Bauhof bringt. Dort wenden wir uns auf der Straße nach links, dann geht es rechts hinunter Richtung Stadtmitte zu unserem Ausgangspunkt in **Gschwend** 01 zurück.

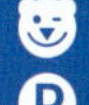

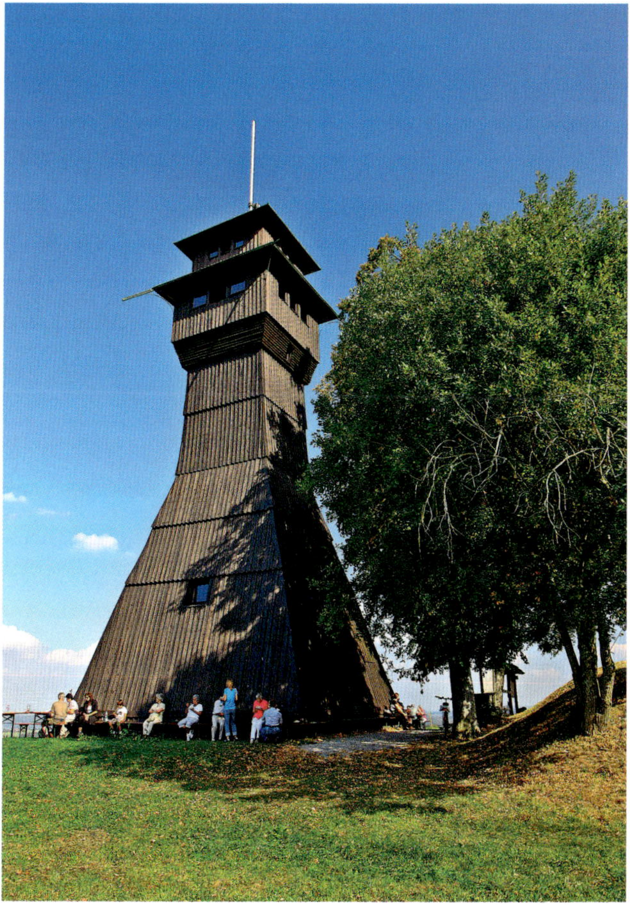

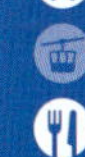

Der Hagbergturm.

16

DÄFERN – SCHLOSS EBERSBERG – WALDENWEILER – ALTHÜTTE

Schloss und Anhöhe mit prachtvollen Aussichten

  14 km  3:30 h  240 hm 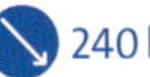 240 hm   773

START | Parkmöglichkeiten in der Ortsmitte von Däfern [GPS: UTM Zone 32 x: 539.180 m y: 5.419.530 m]
CHARAKTER | : Die sehr aussichtsreiche Tour führt von Däfern hoch zum Schloss Ebersberg (herrliche Fernsichten auf große Teile des Schwäbisch-Fränkischen Walds), nach Waldenweiler, dann hinab ins Tal zum Weiler Schöllhütte. Nach Althütte erreichen wir den Aussichtshügel Haube, auch hier haben wir phantastische, sehr weitreichende Rundumsichten. Dann geht es immer mit schönen Aussichten hinunter nach Mannenberg und Lutzenberg. Überwiegend asphaltierte Fahrwege, Waldpfade.

Däfern 01 ist ein Teilort der Gemeinde Auenwald (Landgasthof Waldhorn). Wir verlassen den Ort auf der Blumackerstraße bergauf, halten uns zunächst links und steigen bei der Hausnummer 19 nach rechts weiter bergan. Durch Streuobstwiesen mit schönen Blicken zurück ins Tal erreichen wir die Fahrstraße nach Waldenweiler, die wir überqueren. Weiter den Fußweg hochgehen, wir erreichen den **Spiel- und Grillplatz** 02 unterhalb des **Schlosses Ebersberg**. Das Schloss liegt sehr reizvoll auf dem Höhenrücken, durch ein kleines Holztor geht man auf den „Aussichtsbalkon" der Anlage. Hier hat man eine herrliche Fernsicht in die Backnanger Bucht, eine Ebene, die von den Löwensteiner Berge im Norden, dem Murrhardter Wald im Nordosten, dem Welzheimer Wald im Osten und den Berglen im Südosten begrenzt wird. Geführt von der Markierung blaues Kreuz gehen wir zurück über den Spielplatz, weiter auf einem Gehweg entlang der Straße nach Waldenweiler. Unterwegs haben wir weiterhin schöne Blicke ins Tal. Dann stoßen wir auf die rechts abgehende, verkehrsfreie Schlosswaldstraße und folgen dieser in den Wald nach **Waldenweiler** 03. Vor dem Ort, nach Waldaustritt, folgen wir der Markierung roter Strich. Am Ortseingang halten wir uns rechts und beim Gasthaus Rössle gehen wir rechts an der Straße nach Althütte entlang. Kurz darauf zeigt das Straßenschild nach links in Richtung Weiler **Schlichenhöfle**, wir kommen an dem kleinen Bühlsee vorbei, hier lädt am Ufer eine Bank zur Rast ein. Wir erreichen die Häuseransammlung.Am **Landgasthof Birkenhof** 04 geht es bergab ins Tal und hinauf zum Weiler Schöllhütte. Hier halten wir uns rechts an der Straße entlang, gehen dann nach links in die Straße Rathausplatz und vor bis zum Ortskern von **Althütte** 05. Hier halten wir uns links und biegen vor der Kirche rechts in die Theodor-Heuss-Straße

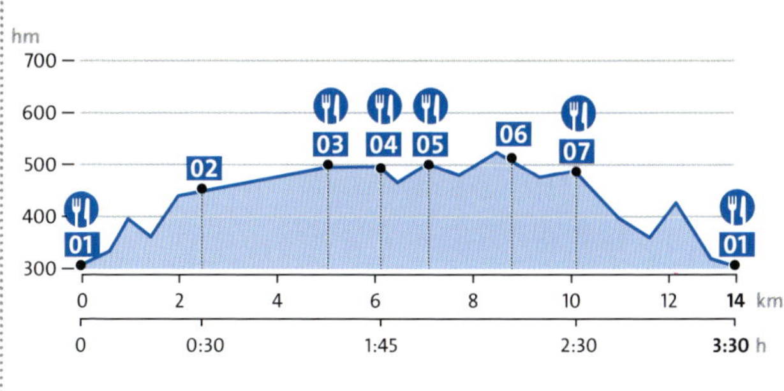

01 Däfern, Landgasthof Waldhorn, 302 m; 02 Schloss Ebersberg, Spiel- und Grillplatz, 462 m; 03 Waldenweiler, 487 m; 04 Schlichenhöfle, Landgasthof Birkenhof, 480 m; 05 Althütte, 497 m; 06 Haube, 536 m; 07 Lutzenberg, Gasthaus Schöne Aussicht, 468 m

ein. Später führt uns die Markierung rotes Kreuz rechts an Wiesen vorbei hinunter ins Tal, über eine Holzbrücke und dann hinauf zum Aussichtspunkt **Haube** 06. Hier hat man eine phantastische Rundumsicht in die tiefer liegenden Landschaften bis zum weit entfernten Horizont. Wir gehen weiter bergab, nun geführt von der Markierung roter Strich. Wir überqueren das Sträßchen nach Althütte,

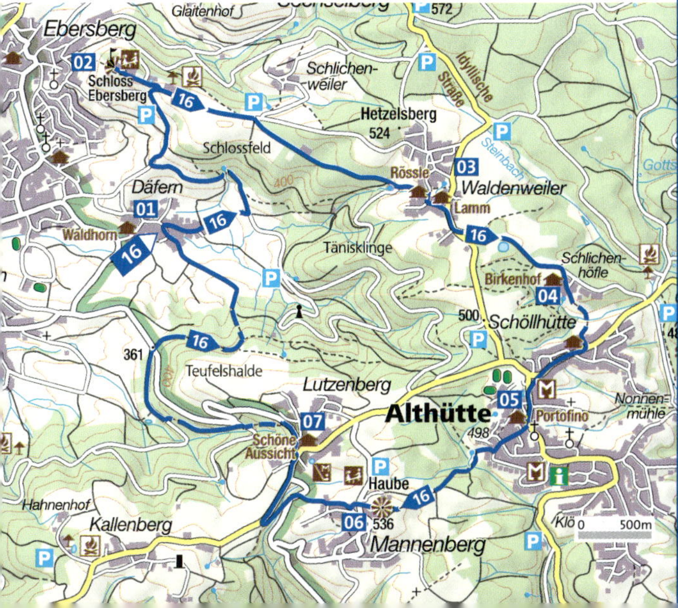

Schloss Ebersberg

Früher war das Schloss eine Burg der Hohenstaufer. Zu Beginn des 12. Jahrhunderts wurde mit dem Bau begonnen, 1226 zum ersten Mal erwähnt. Die Herren von Ebersberg waren im Mittelalter Förderer des Klosters Adelberg und des Stiftes Backnang. Die Familie starb im 15. Jahrhundert aus, das Rittergut wechselte daraufhin häufig den Besitzer. 1714 brannte die Burg ab und etwa um 1720 wurde das Schloss Ebersberg vom Kloster Schöntal (Jagst) erbaut.

Heute ist es eine Bildungs- und Begegnungsstätte der Deutschen Pfadfinderschaft St. Georg, Diözese Rottenburg-Stuttgart. www.dpsg-schloss-ebersberg.de

ca. 50 Meter nach dem Transformatorenhäuschen geht es rechts, nach weiteren 200 Metern erreichen wir am Ortsausgang die Straße., die wir überqueren. Hier führt uns die Markierung über einen schmalen Pfad hinab in das Wäldchen zu einem Bachbrückle, dann hinauf zur Straße. Auf dem Gehweg nach rechts hinauf nach **Lutzenberg.** Kurz vor dem **Gasthaus Schöne Aussicht** **07**, gehen wir links, an der Straße nach Backnang ca. 200 m bergab. Gegenüber dem letzten, rechtsstehenden Haus ein paar Treppenstufen hinab in die Schlucht. über einen Querweg, wir folgen weiter der Markierung abwärts. Nach geraumer Zeit wendet sich die Markierung nach links abwärts. Ein schmaler Waldpfad führt hinunter zu einem breiten Fahrsträßchen. Auf diesem wandern wir rechts bis zu einem Parkplatz an der K 1908, diese überqueren wir.

Ein Schild („Däfern, 1,6 km“) führt in den Wald hinein. Später geht es aussichtsreich über Wiesen, mit letzten Blicken auf Ebersberg erreichen wir Ausgangspunkt **Däfern** **01**.

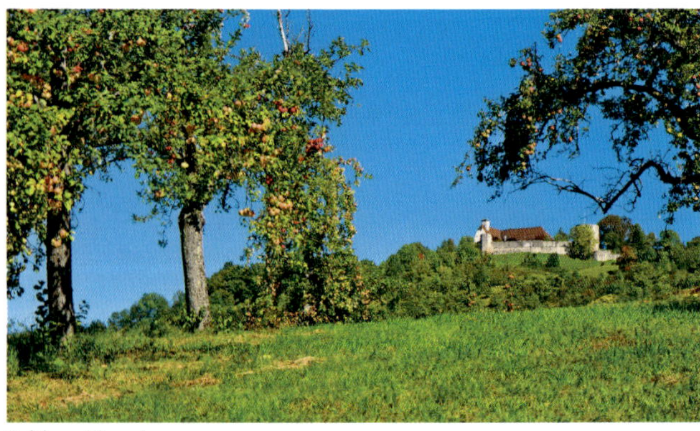

Schloss Ebersberg.

GÖCKELHOF – WEIDENHOF – GALLENGROTTE – EBNISEE

Abwechslungsreiche Tour zu Grotte und See

  18 km  5:30 h  270 hm  270 hm  773

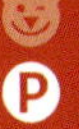
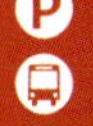
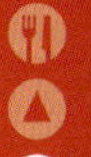

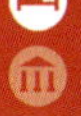

START | Göckelhof, Parkplätze am „Sanatorium Waldfrieden" [GPS: UTM Zone 32 x: 547.020 m y: 5.423.690 m]
CHARAKTER | Diese sehr abwechslungsreiche Tour (Wald, Mühle, Grotte, Höfe und Weiler, Bade- und Angelsee) beginnt am Göckelhof, geht vorbei an der Mettelberger Sägmühle, mit Aussichten hinauf zum Weidenhof auf einer Hochebene, dann im Wald hinunter zur überaus fotogenen Gallengrotte in einer Bachklinge (Abstecher zum Ebnisee möglich). Später wandern wir im Wald hinauf nach Kaisersbach und zum Mönchhof und schließlich im Wald hinunter zum Treibsee. Überwiegend Waldwege, Fahrwege.

▶ Vom Parkplatz am **Göckelhof** 01 gehen wir zur Landstraße, hier rechts mit der Markierung blauer Strich der Straße entlang. Beim Richtungsschild „Mettelberger Sägmühle" geht es links hinunter zur Schlossmühle (1728 erbaut). Bei der Weggabelung bleiben wir rechts, gehen links an der Mettelberger Sägmühle vorbei, beim letzten Gebäude sehen wir das Richtungsschild „Weidenhof". Wir steigen im Wald hinauf zur Hochebene, stoßen oben auf das Fahrsträßchen und gehen weiter Richtung „Weidenhof". Dann

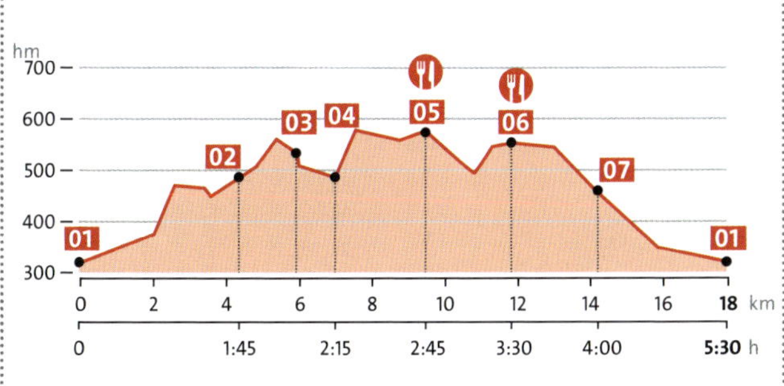

01 Göckelhof, 330 m; 02 Weidenhof, 480 m; 03 Gallengrotte, 520 m; 04 Gallenhöfle, 485 m; 05 Kaisersbach, 565 m; 06 Mönchhof, 530 m; 07 Treibsee, Grillplatz, 427 m

durchwandern wir den Weiler Weidenbach und gehen durch ein schönes Tal geradeaus hoch bis zu einem großen Baum auf der linken Seite. Die Markierung führt uns über einen Wiesenweg rechts hinauf zum **Weidenhof** 02. Wir gehen nach links durch die Häuseransammlung, am Ortsende haben wir schöne Ausblicke in die umliegende Landschaft. In der darauffolgenden Rechtskurve wenden wir uns markierungsgemäß in den Wald. Wir überqueren ein Forststräßchen und kommen dann zur Landstraße. Auf dieser nach links, beim „P-Schild 200 m" geht es nach rechts auf schmalem Waldpfad hinunter zum Naturdenkmal **Gallengrotte** 03. Der Name stammt vermutlich von der grünfarbenen Schlacke, die bei der Glasproduktion anfiel. Die Glashütten aus der Umgebung entsorgten in früheren Jahrhunderten hier diese Rückstände. Die wildromantische Bachklinge und die grottenartigen Felsformationen gehören zu den malerischsten und fotogensten im Schwäbischen Wald. Ca. 7 m hohe Felsen, mächtige moosbewachsene Steinblöcke, Nischen und Kanzeln. Nachdem wir das grandiose Naturschauspiel genossen haben, setzen wir unseren Weg fort bis zu einem querenden Forstweg. Hier halten wir uns links mit Markierung roter Strich.

Abstecher: Weiter mit rotem Strich in ca. 30 Minuten um den Ebnisee herum.

Wir passieren das **Gallenhöfle** 04, ca. 200 m weiter weist uns der rote Punkt nach links auf einen Waldpfad bergauf. Wir halten uns an die Markierung und erreichen dann die Landstraße, die wir über-

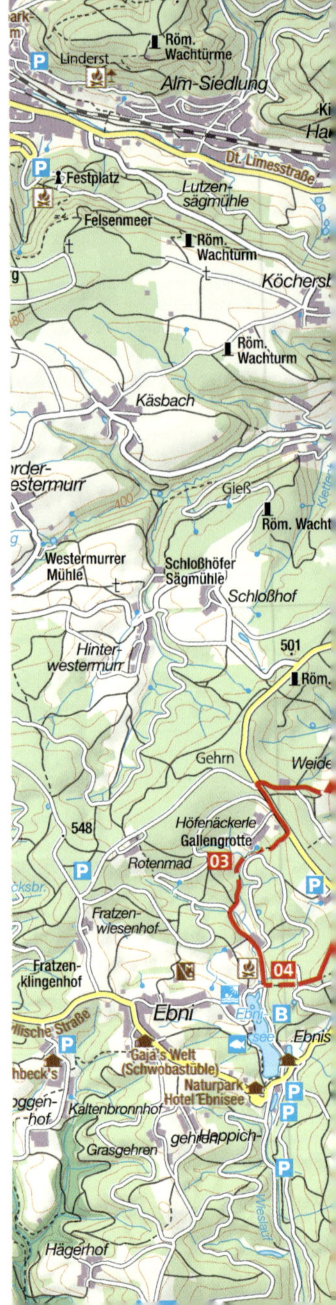

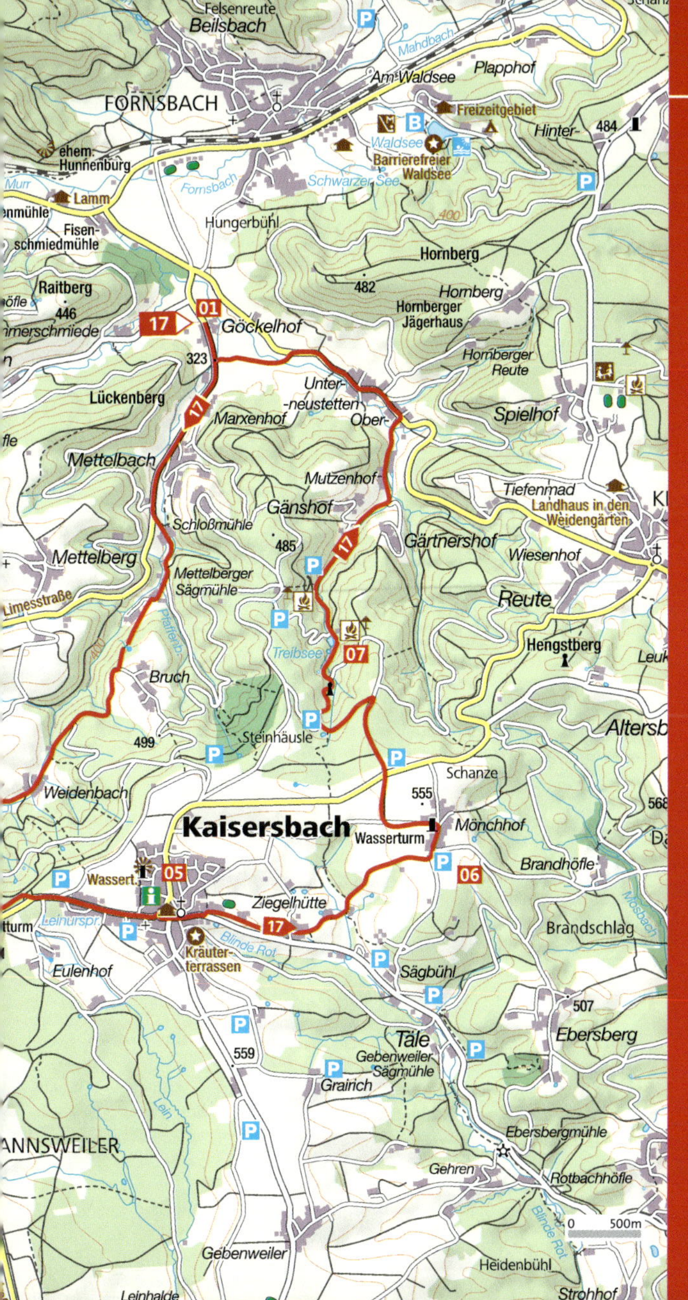
Felsenreute
Beilsbach
FORNSBACH
Mahdbach
Am Waldsee
Plapphof
Freizeitgebiet
Waldsee
Barrierefreier Waldsee
Hinter-
484
ehem. Hunnenburg
Murr
Lamm
Fornsbach
Schwarzer See
Hungerbühl
Fisen-schmiedmühle
Raitberg
446
Hornberg
482
Hornberg
Hornberger Jägerhaus
Göckelhof
323
Hornberger Reute
Lückenberg
Unter-neustetten
Ober-
Marxenhof
Spielhof
Mettelbach
Mutzenhof
Tiefenmad
Landhaus in den Weidengärten
Gänshof
Schloßmühle
485
Gärtnershof
Wiesenhof
Mettelberg
Mettelberger Sägmühle
Reute
Limesstraße
Treibsee
Hengstberg
Bruch
Steinhäusle
499
Altersb
Schanze
555
Weidenbach
Kaisersbach
Wasserturm
Mönchhof
Brandhöfle
Wassert.
Ziegelhütte
Leinurspr.
Blinde Rot
Kräuter-terrassen
Brandschlag
Eulenhof
Sägbühl
507
Täle
Ebersberg
559
Gebenweiler Sägmühle
Grairich
ANNSWEILER
Ebersbergmühle
Gehren
Rotbachhöfle
Gebenweiler
Heidenbühl
Strohhof
Leinhalde
0 500m
01
05
06
07
17

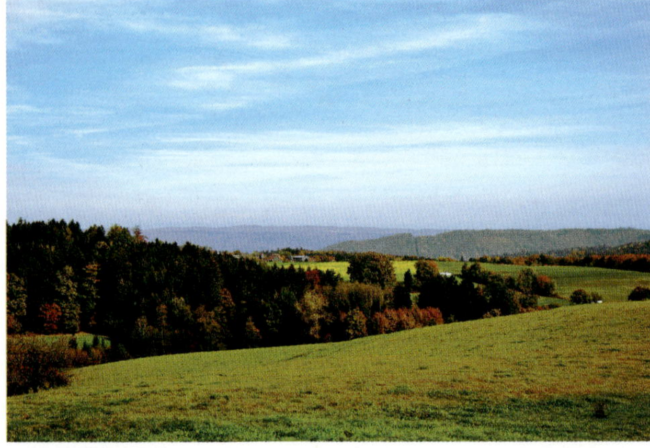

Beim Weidenhof.

queren. Drüben nimmt uns ein Waldweg auf, rechts sehen wir die Überreste eines Limesturmes mit Infotafel. Später stoßen wir auf die Landstraße, linksgehend erreichen wir **Kaisersbach** 05.

In der Ortsmitte wandern wir auf der Lindenstraße weiter, durch den Ortsteil Ziegelhütte hinab ins Tal. Hier gehen wir unmarkiert links an den Gebäuden vorbei auf den „Radweg nach Welzheim".

Dieser führt uns über Wiesen und Felder hinauf nach **Mönchhof** 06. Jetzt ist unsere Markierung der blaue Strich, dieser führt uns am Wasserturm vorbei nach links auf das freie Feld. Etwa 200 m

Schlittenweg Nestelberg zum Ebnisee

Der Grund für den stark steigenden Holzbedarf waren die Schloss-Neubauten in Stuttgart und Ludwigsburg (Schloss Solitude, Residenzschloss Ludwigsburg, Lustschloss Favorite, Seeschloss Monrepos). Wirtschaftlichster Transportweg war zu dieser Zeit der Wasserweg. Hierfür wurde 1745/46 die Wieslauf durch Anstauen des Ebnisees als Schwellsee flößbar gemacht. Jeden Winter konnte so auf der Wieslauf ungefähr sechs Tage lang Holz geflößt werden. Um Holzanlieferungen aus einem weiteren Gebiet um den Ebnisee zu ermöglichen, entstanden damals viele Schlittenwege im Schwäbischen Wald. Deren längster war der 26 km lange Schlittenweg von Nestelberg (oberhalb Sulzbach am Kocher) an Kaisersbach vorbei innerhalb von 5 Stunden zum See. Die Schlitten wurden von einem Pferd oder zwei Ochsen gezogen. Die Holzstämme wurden hier zu Flößen zusammengefügt, über die Wieslauf in die Rems und dann in den Neckar nach Ludwigsburg und Stuttgart geflößt.

nach Ortsende schlagen wir nach rechts auf den Feldweg ein, überqueren die Landstraße und im Wald leiten uns die Richtungsschilder „**Treibsee**" hinunter zum Weiher. Wir gehen an der Blockhütte mit **Grillplatz** **07** vorbei, dann geradeaus abwärts durch die Gänsklinge. Bei der folgenden Kreuzung halten wir uns links. Dann erreichen wir die Straße nach Oberneustetten, auf der gehen wir links. In Unterneustetten verlassen wir die Blaustrichmarkierung und wandern weiter geradeaus der Landstraße entlang. Ca. 300 m nach dem Ort zweigt links ein Fahrsträßchen mit dem Zeichen „K" ab. Durch ein schönes Tal erreichen wir kurze Zeit später unseren Ausgangspunkt **Göckelhof** **01**.

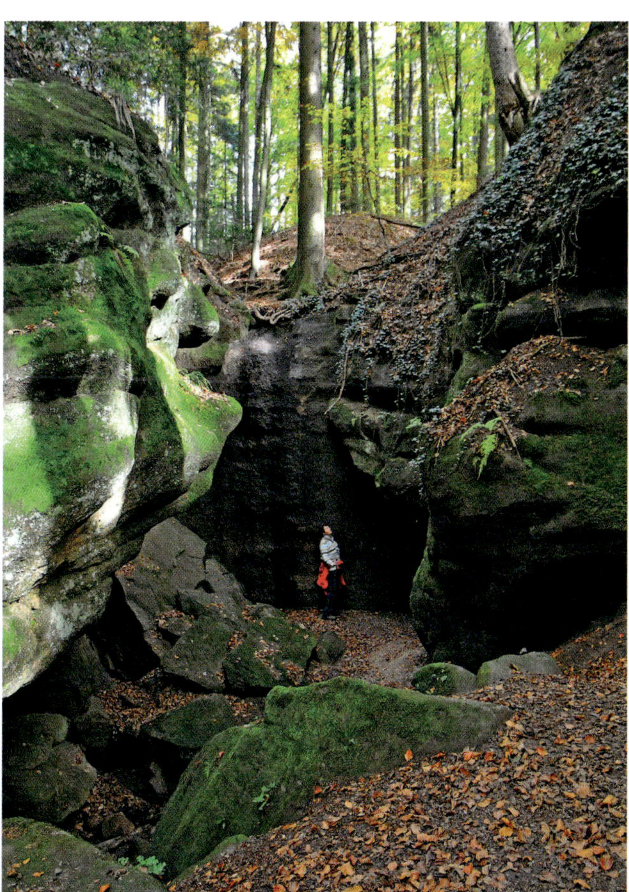

Die Gallengrotte.

18

OBERBRÜDEN – HÖRSCHBACH-WASSERFALL – TRAILHOF – TIEFENTAL

Zum „Hinteren Wasserfall“ in der Hörschbachschlucht

 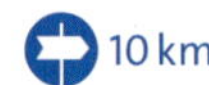 10 km  3:00 h 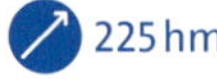 225 hm  225 hm  773

START | Oberbrüden, Parkmöglichkeiten Ortsmitte
[GPS: UTM Zone 32 x: 536.930 m y: 5.422.460 m]
CHARAKTER | Wir starten in Oberbrüden, es geht hinauf in den Wald. Dann durch das Trailhöfle und zu dem imposanten Naturschauspiel der Hörschbachwasserfälle. Danach hinauf aus dem Wald, zum Trailhof und mit Aussichten hinunter zum Wiesental. Überwiegend Waldwege, Waldpfade

In der **Ortsmitte von Oberbrüde** 01 wandern wir in der Steinbacher Straße zur Bürgerwaldstraße, hier wenden wir uns nach rechts und kurz darauf nach links in die Heslachhöfer Straße. Wir folgen unserer Markierung blauer Punkt und dem Richtungsschild „Heslachhof“ wieder nach rechts. Nach ca. 10 Minuten durchwandern wir den Weiler, gehen über eine kleine Brücke und bald darauf gehen wir nach links in die „Schlegelsbergstraße“. Diese nimmt uns hinauf zum Waldrand. Dort halten wir uns rechts und passieren eine Schranke. Wir bleiben auf diesem Weg bis zu einer Linkskurve, hier führt uns die Blaupunkt-Markierung nach rechts auf einen Waldpfad, der durch einen urigen Wald führt. Rechts unter uns plätschert und rauscht der Bach. Oben treten wir aus dem Wald, auf der Straße geht es makierungsgemäß kurz nach links, dann rechts durch

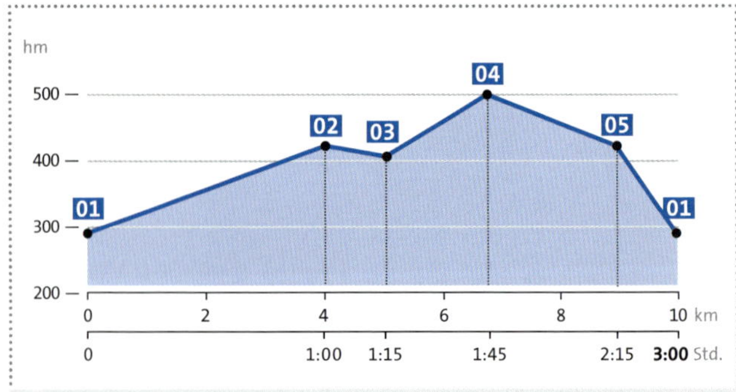

01 Oberbrüden, Parkplatz an der Kirche, 288 m; 02 Trailhöfle, 420 m; 03 Hinterer Wasserfall, 404 m; 04 Trailhof, 497 m; 05 Tiefental, 420 m

Oberbrüden

Das Weissacher Tal, in dem Oberbrüden liegt, war die Region, aus der sich die Truppen der Kastelle des Limes mit Lebensmitteln versorgten. Nach der Vertreibung der Römer im Jahre 259 n. Chr. und nach der Völkerwanderung besiedelten Alamannen das Gebiet.

Die Peterskirche in Oberbrüden, die an der Südwestecke des heutigen Friedhofs stand, wurde wahrscheinlich in der 2. Hälfte des 8. Jahrhunderts erbaut. Und ist somit eine der ältesten Kirchen in der Region. Die erste urkundliche Nennung des Ortes erfolgte am 11. April 1245 durch Papst Innocenz IV.

das **Trailhöfle** 02. Wir durchwandern die Häuseransammlung, am Waldrand zeigt ein Schild nach links. Wir bleiben auf diesem Weg, nach einer Rechtskurve zeigt ein Schild „Zu den Wasserfällen“ nach rechts. Immer dem blauen Punkt folgend, geht es auf einem Waldpfad – zuletzt auf einem Hohlweg – hinunter zum „Hinteren Wasserfall“. Auf diesem Waldpfad erreichen wir den **Hinteren Wasserfall** 03. Am oberen Ende dieses Falls befindet sich ein Staubecken, das mit einer Klappe entleert werden kann. So stürzt der Hörschbach auch bei Niedrigwasser in mehreren Kaskaden sehr eindrucksvoll 12 m in die Tiefe. Wer Zeit hat, der kann noch in der Hörschbachschlucht in Richtung „Vorderer Wasserfall“ wandern (siehe Tour

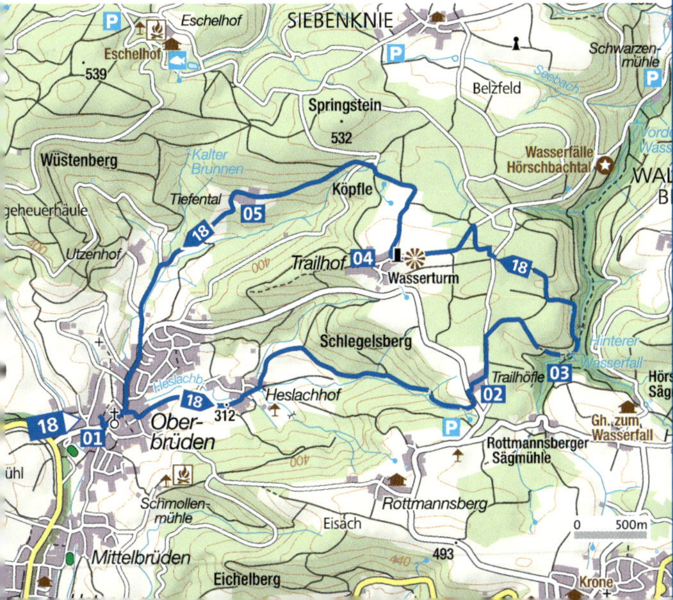

20). Nachdem wir dieses imposante Naturschaupiel genossen haben, folgen wir nun dem linken Weg bergauf, Markierung roter Strich/GFW/Eschelhof. Oben geht es nach rechts weiter (Richtung „Waldeck" Siebenknie), kurz nach dem Brunnen steigen wir auf einem Trampelpfad scharf links bergauf. Oben, bei der Weggabel, weist unsere Markierung nach rechts. Immer dem roten Strich folgen, der Pfad führt uns mit einigen Richtungsänderungen durch den Wald zu einem Fahrweg. Dieser wird überquert, nach ein paar Metern (bei einer Bank), geht es auf einem Pfad nach rechts weiter durch den Wald. Zum Schluss biegt dieser nach rechts hinunter zur Fahrstraße. Auf dieser schlendern wir markierungslos links bergauf zum nahen **Trailhof** 04. Gleich am Ortsanfang, beim holzverkleideten Wasserturm, bringt uns die Straße rechts hinunter ins Wiesental, dann nach links am Waldrand entlang. Im Wald führt unsere Rotstrich-Markierung nach links auf einen Waldweg, dann gehen wir auf der „Springsteinstraße" und später auf dem „Tiefentalweg" zum Hof **Tiefental** 05. Ab hier führt ein Asphaltsträßchen durch das hübsche Tal zurück zu unserem **Ausgangspunkt** 01.

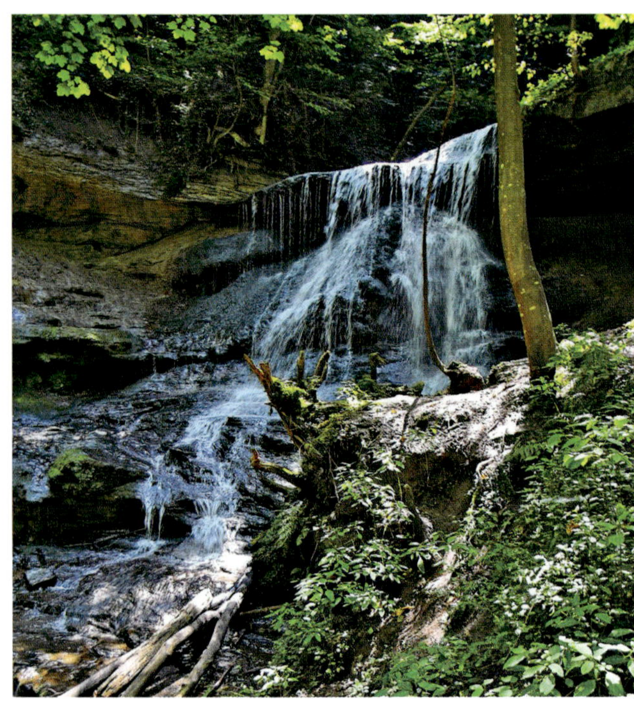

Hinterer Wasserfall.

MURRHARDT – TRAUZENBACHTAL – TRAUZENBACH – HINTERMURRHÄRLE

Uriges Bachtal, stille Wälder, schöne Landschaftsbilder

  12 km  3:30 h 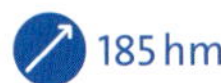 185 hm 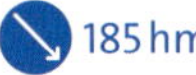 185 hm  773

START | Murrhardt, Parkplatz bei den Sportplätzen
[GPS: UTM Zone 32 x: 542.640 m y: 5.426.500 m]
CHARAKTER | Im Wald in das wildromantische Trauzenbachtal und zur Hördter Mühle, dann aus dem Wald und hinauf zum Dorf Trauze-bach. Bei Frankenweiler auf eine Hochebene und bei Murrhärle wiederum auf eine aussichtsreiche Hochfläche. Bis Trauzenbach Waldwege/Waldpfade, dann überwiegend Fahrwege.

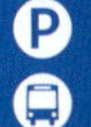

Vom Parkplatz in **Murrhardt** 01 gehen wir mit Markierung blaues Kreuz auf dem Trimmpfad am Sportgelände entlang. Bei der ersten Gabelung wählen wir markierungsgemäß den rechten Weg. Wir kommen zu dem Fratzenbrunnen. Seinen Namen hat dieser Brunnen von den Quellgeistern, von denen man annahm, dass sie die Schüttung der Quellen beeinflussen könnten. Da man sich diese Geister mit fratzenhaften Gesichtern vorstellte, kam diese Quelle und der in Stein eingefasste Teich zu seinem Namen. Unsere gute Markierung führt uns dann über den linken der beiden Wege, bei der nächsten Gabelung über den rechten. Wir sind im wildromantischen Trauzenbachtal. Neben uns rauscht der Bach mit kleinen Wasserfällen, üppiger Pflanzenwelt, moosbewachsene Baumstämme, urige Waldpfade. Wir halten uns weiter an unsere Blaukreuzmarkierung, die uns später nach rechts mit

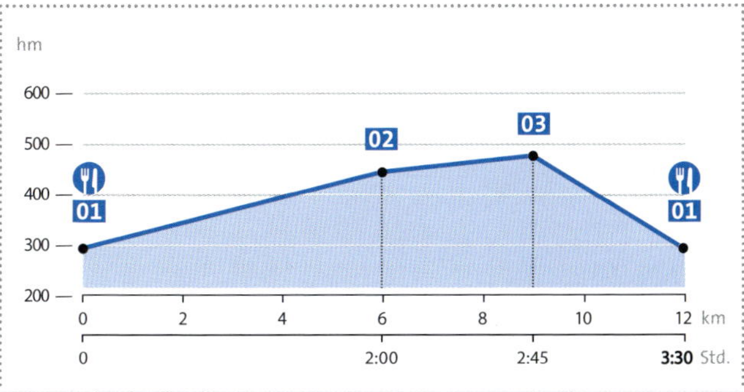

01 Murrhardt, 290 m; 02 Trauzenbach, 441 m; 03 Hintermurrhärle, 473 m

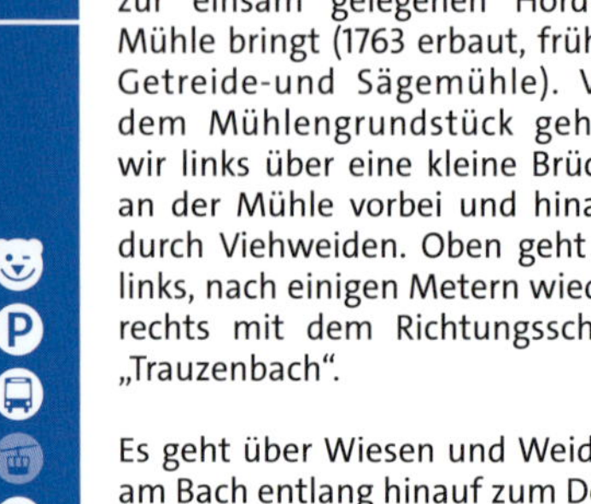

Richtungsschild „Wachholderhof" zur einsam gelegenen Hördter Mühle bringt (1763 erbaut, früher Getreide-und Sägemühle). Vor dem Mühlengrundstück gehen wir links über eine kleine Brücke an der Mühle vorbei und hinauf durch Viehweiden. Oben geht es links, nach einigen Metern wieder rechts mit dem Richtungsschild „Trauzenbach".

Es geht über Wiesen und Weiden am Bach entlang hinauf zum Dorf **Trauzenbach** 02. Im Ort gehen wir links an unserer jetzigen Markierung blauer Punkt, „Hohenbrach". Wir überqueren die Landstraße, gehen aus dem Dorf hinaus, gehen unter den Stromleitungen durch und stoßen auf eine Straßengabel. Hier gehen wir, jetzt mit Markierung blauer Strich, nach links. Von einer Ruhebank haben wir eine prächtige Aussicht auf das Umland. Wir folgen dann dem Richtungsschild Hintermurrhärle/Murrhardt sofort wieder nach links. Es geht hinunter ins Tal, unten weist uns das Richtungsschild „Frankenweiler" nach rechts. Am Ende dieser Häuseransammlung gehen wir rechts an dem heckenumzäunten Weiher vorbei bergauf. Achtung! Vor Waldeintritt geht es markierungsgemäß links auf einen Waldpfad und kurz darauf auf einem Wiesenweg den Waldrand entlang. Einige Meter nach einem Hochsitz zeigt das Zeichen dann nach rechts und führt uns hinauf auf die Hochebene.

Mit schönen Aussichten geht es eben weiter in den Wald, in diesem steil bergab zur Landstraße. Auf dieser rechts und dann verläuft unser Weg links der Straße, zuerst über Wiesen, dann wird ein Fahrweg daraus. Wir passieren Kieselhof, halten uns immer geradeaus. Vor **Hintermurrhärle** 03 überqueren wir die Landstraße, gehen dann links. Im Dorf

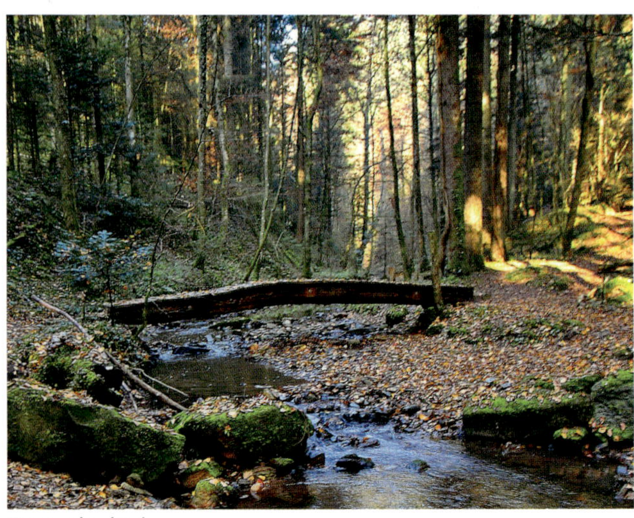

Trauzenbachtal.

rechts auf der Durchgangsstraße und markierungsgemäß Richtung „Murrhardt“. Wir schlendern über die aussichtsreiche Hochfläche, bei einer Gabelung halten wir uns links und kommen in das bereits sichtbare Hoffeld. Wir durchwandern den Weiler, in einer Rechtskurve verlassen wir die Markierung und gehen geradeaus in den Wald. Links hinab, vor einem Hochsitz wenden wir uns wieder links. Auf diesem Weg bleiben wir bis zur Landstraße, auf der wir rechts gehen. Bei der ersten Möglichkeit geht es links das asphaltierte Fahrsträßchen hinab. Unten stoßen wir wieder auf unsere Blaukreuzmarkierung, die uns zurück zu unserem **Ausgangspunkt** 01 bringt.

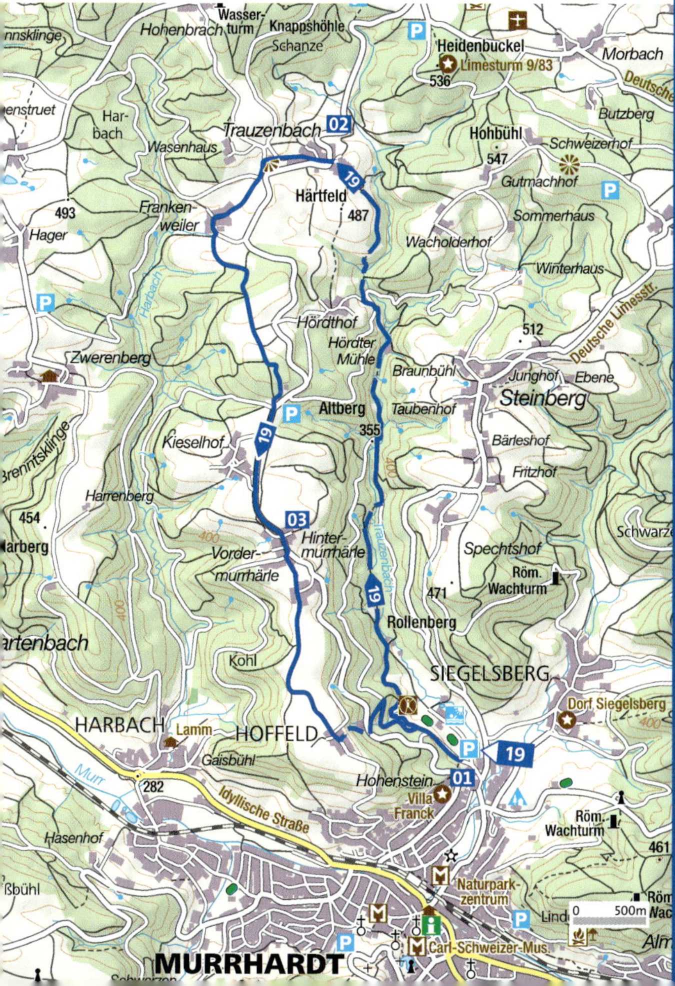

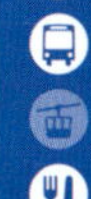

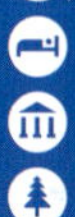

MURRHARDT – HÖRSCHBACHWASSERFÄLLE – SECHSELBERG

Abenteuerliche Schluchtenwanderung und schöne Fernsichten

  13 km  4:30 h  275 hm 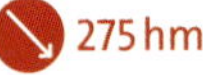 275 hm  773

START | Murrhardt, Parkplatz Stadthalle, Nägelestraße
[GPS: UTM Zone 32 x: 542.000 m y: 5.425.490 m]
CHARAKTER | Von Murrhardt in den Wald zum Vorderen Wasserfall und dann auf dem Naturpfad in der urigen Schlucht durch ein imposantes Naturschauspiel mit Bach, fast subtropischem Pflanzenbewuchs und dem Hinteren Wasserfall. Später geht es hinauf aus dem Wald, nun ab Gallenhof mit herrlichen Aussichten, dann wieder in den Wald und zurück in der wildromantischen Franzenklinge, der kleineren Schwester der Hörschbachschlucht.

In **Murrhardt** 01 gehen wir vom Parkplatz links durch die Blumstraße bis zur Fritz-Ehrmann-Straße (Markierung blauer Punkt), steigen dann links die Großgartenstrasse hoch, der in einer Rechtskurve zum Höhenweg wird. An Wohnhäusern entlang, bei der Wegegabel geradeaus auf den Schotter-/Wiesenweg, der dann zum Waldpfad wird. Auf diesem dann rechts hinunter zum Fahrsträßchen. Dieses gehen wir links, an den Ställen des Reit- und Fahrvereins Murrhardt vorbei,

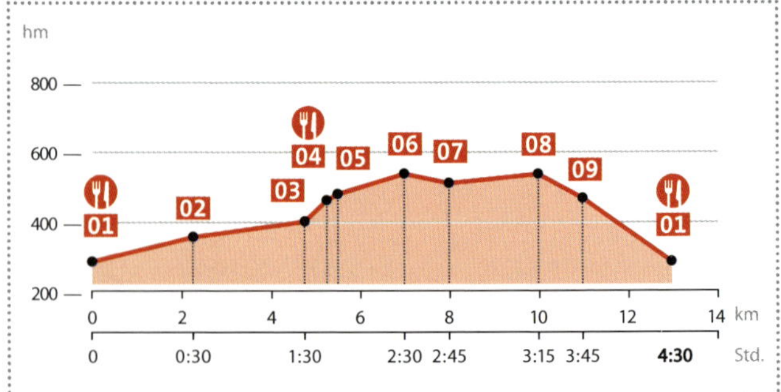

01 Murrhardt, 290 m; 02 Vorderer Wasserfall, 360 m; 03 Hinterer Wasserfall, 404 m; 04 Gasthaus Wasserfall, 464 m; 05 Hörschhof, 482 m; 06 Sechselberg, Gallenhof, 540 m; 07 Landesstraße L 1119, 513 m; 08 Hoblersberg, 539 m; 09 Franzenklinge, 470 m

passieren die links aufwärtsführende Straße nach „Waltersberg“ und biegen nach insgesamt ca. 300 m links in den Wald beim Richtungsschild „Hörschbachwasserfälle“. Dann rechts hinunter zum **Vorderen Wasserfall** 02, hier überqueren wir den Hörschbach und setzen unseren Weg auf dem Bachweg fort.

Achtung! Bei feuchter Witterung kann dieser Weg erschwert begehbar sein, dann hier rechts hi-

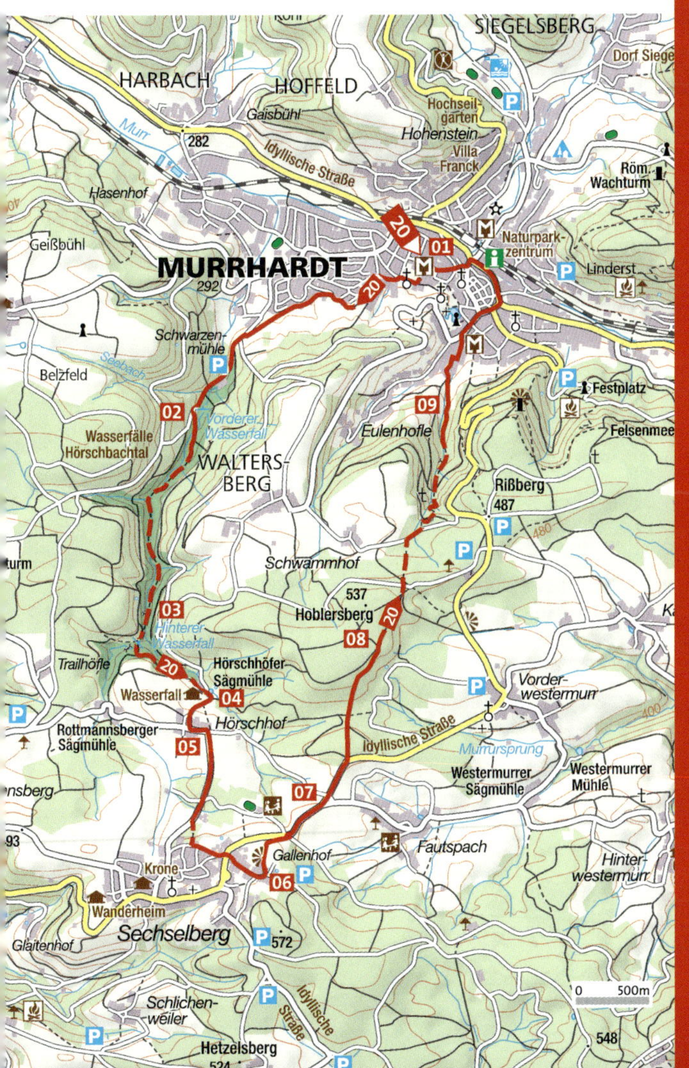

nauf zum Hangweg, der oberhalb der Schlucht zum **Hinteren Wasserfall** 03 führt.

Der abenteuerliche und erlebnisreiche Bachweg führt uns durch die ca. 2 km lange Schlucht des Hörschbachs. Große, moosbewachsene Felsbrocken und umgestürzte Bäume liegen im Wasser, die hohe Luftfeuchtigkeit lässt unzählige Pflanzenarten üppig wachsen, seltene Vögel sind hier zu Hause.

Holzstege führen hin und her über den Bach, manchmal sind es auch nur Trittsteine durch das Wasser, an manchen Stellen machen wir unseren eigenen Weg, Trittsicherheit ist erforderlich. Ein eindrucksvolles Naturerlebnis. Am Ende der Schlucht stürzt der Hintere Wasserfall in mehreren

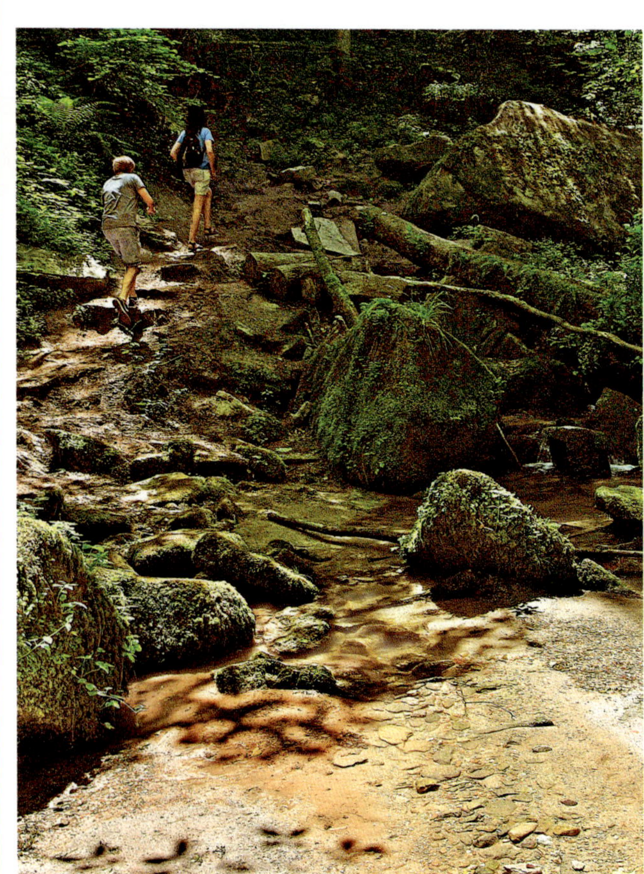

Hörschbachschlucht.

Kaskaden 12 m in die Tiefe. Am oberen Ende dieses Falls befindet sich ein Staubecken, das mit einer Klappe entleert werden kann. So stürzt der **Hörschbach** auch bei Niedrigwasser in mehreren Kaskaden sehr eindrucksvoll 12 m in die Tiefe.

Ca. 100 m nach dem 3. Steg weist der rote Strich an einem Baum nach links, wir steigen steile Stufen zum Waldrand hoch. Oben wenden wir uns links und gelangen zur „Hörschhofer Sägmühle", heute **Gasthaus Wasserfall** 04.

Anschließend durchwandern wir den **Hörschhof** 05 und biegen dann nach rechts ab auf das Sträßchen nach Sechselberg. Ca. 200 m nach dem EC-Freizeitcenter führt uns der rote Strich links hinauf durch ein kurzes Waldstück, oben geht es nach links, überqueren die Landstraße L 1119 und kommen zum **Gallenhof** 06. Dort eine tolle Fernsicht auf Teile der Schwäbischen Alb, den Lemberg und den Hohenasperg. Vor dem Haus Nr. 7 gehen wir jetzt mit dem blauen Strich links vor zum Wiesenhang. Auch hier schöne Aussichten nach Westen, Norden und Osten. Hinunter zur **Landstraße L 1119** 07, hier wenden wir uns rechts und wandern an der Strasse entlang. Nach etwa 300 m markierungsgemäß nach links in den Wald. **Achtung!** Nach etwa 30 m mit Blaustrichmarkierung nach rechts, bei der 1. Weggabelung halten wir uns links.

Weiter führt der Weg gut markiert durch Nadelwald über den **Hoblersberg** 08. Wir überqueren ein Strässchen. Mit Markierung links, dann sofort rechts Richtung „Franzenklinge" hinab durch den Wald. Wir treffen auf eine Fahrstraße, diese kurz rechts, dann links steil hinunter. Unten treffen wir auf einen Forstweg, den queren wir und steigen wieder steil ab in der schmalen, wildromantischen **Franzenklinge** 09. Sie ist das kleinere Gegenstück der Hörschbachschlucht, es geht mit üppigem Pflanzenbewuchs am Bach entlang nach **Murrhardt** 01 zurück.

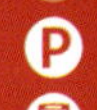
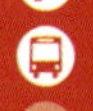

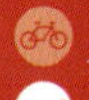
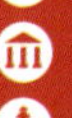

Murrhardt

161 n. Chr. entstand die Römersiedlung Vicus Murrensis (Dorf an der Murr), eine Kastellsiedlung am Limes.

788 wird Murrhardt erstmals urkundlich erwähnt, gotische Walterichskirche (1489), spätromanische Walterichskapelle, mittelalterlicher Marktplatz.

Carl-Schweizer-Museum:
Ausstellungsstücke vom Limes, Grabungsstücke zur Stadt- und Regionalgeschichte, zoologische Sammlung, z. B. ausgestopfte Tiere. (www.carl-schweizer-museum.de)

Oberhalb von Murrhardt die Villa Franck, Jugendstilvilla mit Parkanlage, Kulturveranstaltungen. (www.villa-franck.de)

FICHTENBERG – MORDKLINGE – KIRCHENKIRNBERG

Landschaftliche Vielfalt und hübsche Dörfer

  15 km  3:45 h  180 hm  180 hm 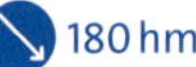  773

START | Fichtenberg, Parkmöglichkeiten in der Tälestraße (Gewerbegebiet Hirschäcker)
[GPS: UTM Zone 32 x: 552.280 m y: 5.425.960 m]
CHARAKTER | Von Fichtenberg hinauf nach Langert, im Wald zur Mordklinge, einer beeindruckenden Schlucht. Dann hinauf ins Freie nach Kirchenkirnberg, später nach Horlachen in schöner Landschaft. Überwiegend Wald- und Feldwege, verkehrsarme Fahrsträßchen.

▶ In **Fichtenberg** 01 parken wir in der Tälestraße (Gewerbegebiet Hirschäcker). Unsere Wanderung beginnt in der Dappachstraße (von der L 1066 über die kleine Brücke, dann erste Straße rechts).Wir gehen markierungslos durch ein Wohngebiet, an einem Senioren-Hotel vorbei und folgen dann dem verkehrsarmen Fahrsträßchen hinauf nach **Langert** 02. Am Ende dieses Weilers halten wir uns an der Wegspinne links, auf der Straße „Wasserhäuser" wandern wir, ab jetzt mit Markierung roter Punkt, in Richtung „Hornberg", an der Häuseransammlung und dem weißen Wasserturm von Langert vorbei. Nach Waldeintritt geht es auf einem Waldpfad markierungsgemäß rechts und kurz da-

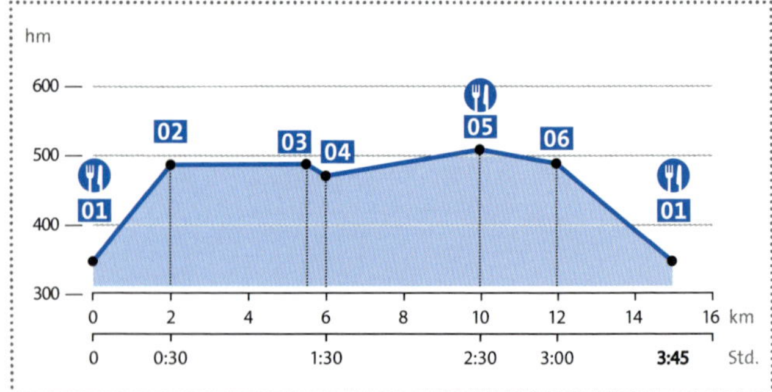

01 Fichtenberg, 345 m; 02 Langert, 484 m; 03 Mordklinge, 485 m; 04 Spielhof 468 m; 05 Horlachen, Gasthaus Hirsch, 506 m; 06 Eichenkirnberg, 486 m

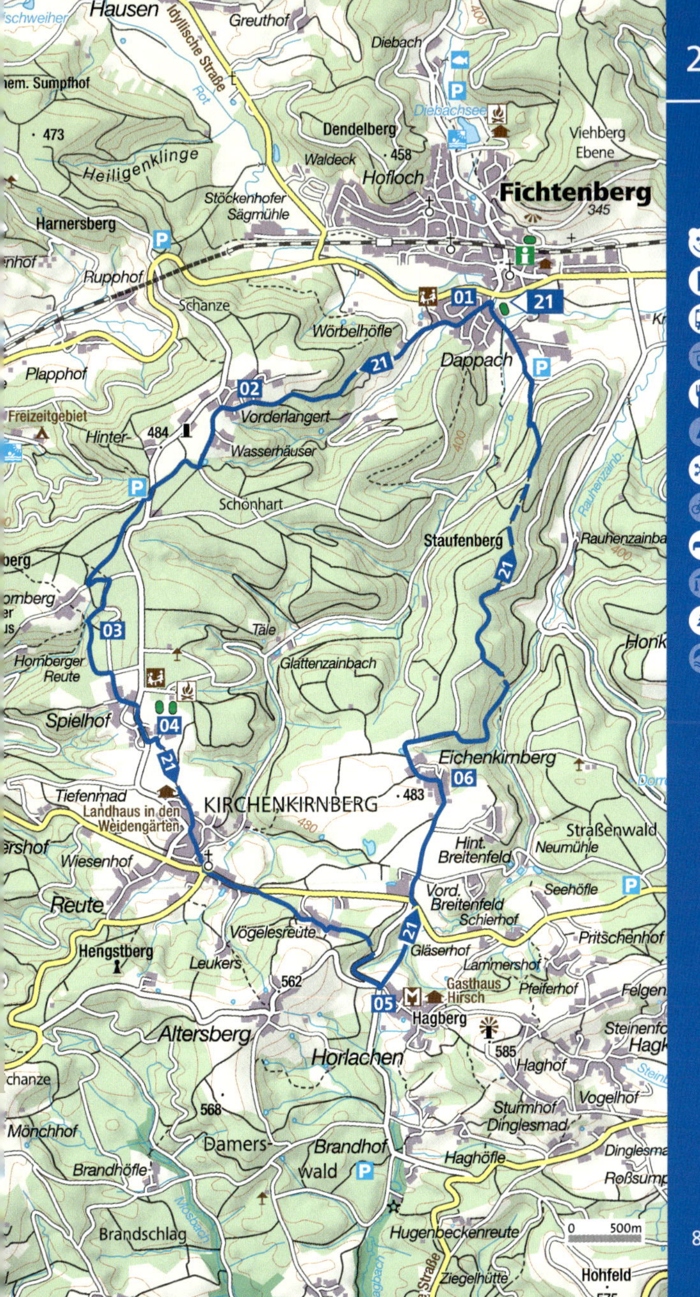
Hausen
Greuthof
Idyllische Straße
Diebach
Diebachsee
hem. Sumpfhof
Dendelberg
Viehberg
Ebene
Waldeck
Hofloch
Fichtenberg
Heiligenklinge
Stöckenhofer
Sägmühle
Harnersberg
Rupphof
Schanze
Wörbelhöfle
Dappach
Plapphof
Freizeitgebiet
Hinter-
Vorderlangert
Wasserhäuser
Schönhart
Staufenberg
Rauhenzainbach
Homberger
Reute
Täle
Glattenzainbach
Spielhof
Eichenkirnberg
Tiefenmad
Landhaus in den
Weidengärten
KIRCHENKIRNBERG
Straßenwald
Neumühle
Wiesenhof
Hint.
Breitenfeld
Vord.
Breitenfeld
Seehöfle
Schierhof
Reute
Vögelesreute
Pritschenhof
Hengstberg
Leukers
Gläserhof
Lammershof
Gasthaus
Hirsch
Pfeiferhof
Hagberg
Altersberg
Horlachen
Haghof
Vogelhof
Mönchhof
Sturmhof
Dinglesmad
Damers-
wald
Brandhof
Haghöfle
Brandhöfle
Brandschlag
Hugenbeckenreute
Ziegelhütte
Hohfeld
0 500m

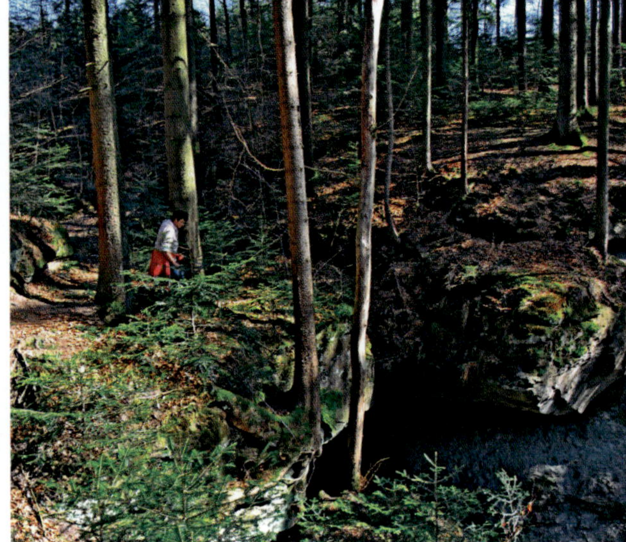

Mordklinge.

rauf auf einem Wiesenweg nach links zur Straße. Hier halten wir uns links, gleich darauf zeigt das Richtungschild „Hornberg“ nach rechts. Auf schönem Waldpfad überqueren wir das Fahrsträßchen nach Hornberg und gehen links an dem Weiler vorbei. Durch das Naturschutzgebiet Hornberger Reute kommen wir zur **Mordklinge** 03, einer imposanten Naturschönheit mit tiefer Schlucht, Felsüberhängen, überall rieselt Wasser.

Unser Weg führt am Klingenrand entlang und hinauf Richtung **Spielhof** 04. Unsere Rotpunktmarkierung weist vor zur Straße, an der wir entlang nach rechts gehen. Bei den ersten Häusern von Kirchenkirnberg wenden wir uns links in den Feldweg und gleich darauf rechts in den Ortskern. Wir verlassen den Ort auf der Gschwender Straße, dann geht es auf einem Waldweg rechts hinauf zum Weiler Vögelesreute. Wir wandern durch den Weiler und den Wald, wir stoßen auf die Straße, auf der wir rechts gehend nach **Horlachen** 05 kommen. Hier besteht die Möglichkeit einer Einkehr ins Gasthaus Hirsch. Wir setzen unsere Wandertour fort und biegen am Ortseingang – nun geführt mit Markierung roter Strich – nach links ab. Nach ein paar Minuten kommen wir zur Straße, gehen nach links und an der Gärtnerei nach rechts zur Straße nach **Eichenkirnberg** 06.

Wir durchwandern das Dorf und einige Minuten später führt uns die Rotstrichmarkierung nach rechts am Wald entlang. Die lückenlose Markierung leitet uns in schönem Nadelwald über den Staufenberg und zurück zu unserem Ausgangspunkt in **Fichtenberg** 01.

MURRHARDT – VORDERWESTERMURR HINTERWESTERMURR – FELSENMEER

Urige Wälder und ein Meer aus Felsen

 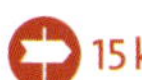 15 km  4:30 h  310 hm  310 hm 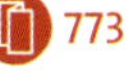 773

START | Murrhardt, Parkplatz in der Murrhardter Gartenstraße [GPS: UTM Zone 32 x: 542.000 m y: 5.425.490 m]
CHARAKTER | Von Murrhardt hinauf zur wildromantischen Franzenklinge und weiter zum Parkplatz „Riesberg". Dann wechseln Abschnitte im Wald mit Strecken im aussichtsreichen Freien bei Vorderwestermurr, später kommen wir nach Hinterwestermurr und an einer alten Sägemühle vorbei. Den Abschluss bildet das Felsenmeer , mit seinen riesigen Steinblöcken, zwischen denen wir hindurchwandern. Überwiegend Waldpfade/Waldwege.

Unsere Tour beginnt am **Parkplatz in der Murrhardter Gartenstraße** 01. Vom Parkplatz wenden wir uns in der Gartenstraße nach links, überqueren die Friedenstraße und gehen dann nach links in den Franzenklingenweg. Immer geradeaus, bei den letzten Häusern wandern wir halblinks. Kurz darauf stoßen wir auf einen Querweg, dem wir nach rechts folgen. Jetzt geht es immer mit üppigem Pflanzenbewuchs am Großkeebach entlang. Wir wandern stetig bergauf und erreichen die schmale, wildromantische Franzenklinge. Dann in Serpentinen steil hinauf, es wird ein Forstweg überquert und weiter oben stoßen wir auf ein Fahrsträßchen, auf

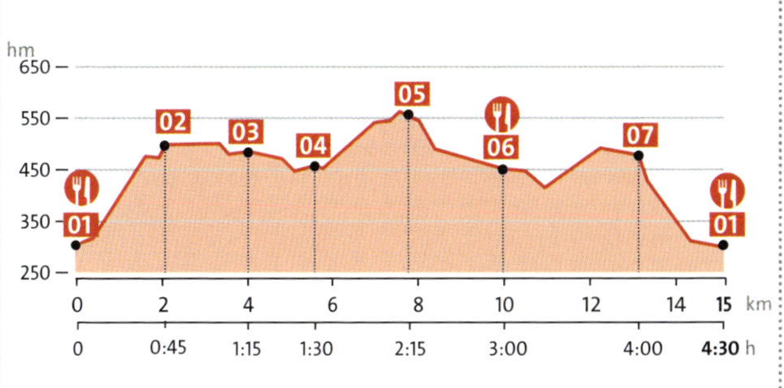

01 Murrhardt, 290 m; 02 Parkplatz Rißberg, 490 m; 03 Vorderwestermurr, 455 m; 04 Westermurrer Sägmühle, 380 m; 05 Rotenmad, 540 m; 06 Hinterwestermurr, 375 m; 07 Felsenmeer, 490 m

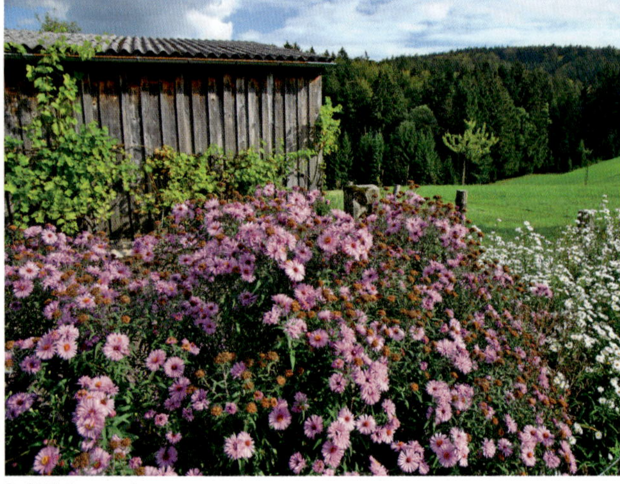

Bei Hinterwestermurr.

dem nach links. Auf der folgenden Landesstraße nach rechts, in der Rechtskurve links den markierten Waldpfad nehmen, wir kommen zum **Parkplatz Rißberg** 02. Hier queren wir die Straße, der „Hoblersbergweg“ bringt uns kurz danach zu einer Hütte, unser Waldweg biegt hier links weg und einige Zeit später sind wir auf der Straße. Wir treten nun aus dem Wald und wandern unmarkiert, mit schönen Aussichten in die Landschaft, nach rechts über Wiesen zum bereits sichtbaren **Vorderwestermurr** 03. Im Ort folgen wir der Straße bis zur Rechtskurve, hier gehen wir geradeaus, gleich darauf rechts den Fußweg zum Murr-Ursprung hinunter. Diese Quelle schüttet nur 2 Liter in der Sekunde aus, entwickelt sich zu einem Bach, um nach ca. 55 Kilometer bei der Stadt Murr (nahe Marbach) als Fluss in den Neckar zu münden. Nach Besichtigung der Quelle gehen wir weiter vor zur Straße, folgen dieser nach rechts hinunter ins Murrtal, überqueren den Bach und bei der **Westermurrer Sägmühle** 04 (beherbergt heute ein Autohaus) wenden wir uns auf der Straße nach links, Richtung Hinterwestermurr. In der Linkskurve treten wir nach rechts, nun wieder mit Markierung, in den Wald ein. Nach einiger Zeit überqueren wir den „Roßwiesenweg“ und gehen weiter markiert nach links den Waldpfad bergauf. Oben treffen wir auf ein Waldsträßchen. Auf diesem halten wir uns links in Richtung Rotenmad. Kurz darauf geht es mit Markierung blauer Strich links auf einen Waldpfad. Wir erreichen wenig später die Häuseransammlung **Rotenmad** 05, ein Bibel-u. Freizeitzentrum einer christlichen Vereinigung. Gegenüber den Häusern zeigt die Markierung blaues Kreuz nach links, der Waldweg senkt sich in ein Bachtal.

Wir treten wieder aus dem Wald, halten uns rechts und bald darauf erreichen wir **Hinterwestermurr** 06. Auf der Dorfstraße hinunter, die Straße überqueren und auf schönem Waldweg hinunter, wenig später sehen wir rechts im Hintergrund die Schloßhöfer Sägmühle (1586) liegen. Wir gehen weiter geradeaus am Freibad vorbei, unser Weg senkt sich weiter hinunter in das Murrtal. Jetzt geht es feucht-sumpfig mit üppiger, urwaldartiger Vegetation dem Gewässer entlang. Dann sehen wir in diesem sehr ursprünglichen Ambiente links eine Holzbrücke, mit dieser überqueren wir den Bach

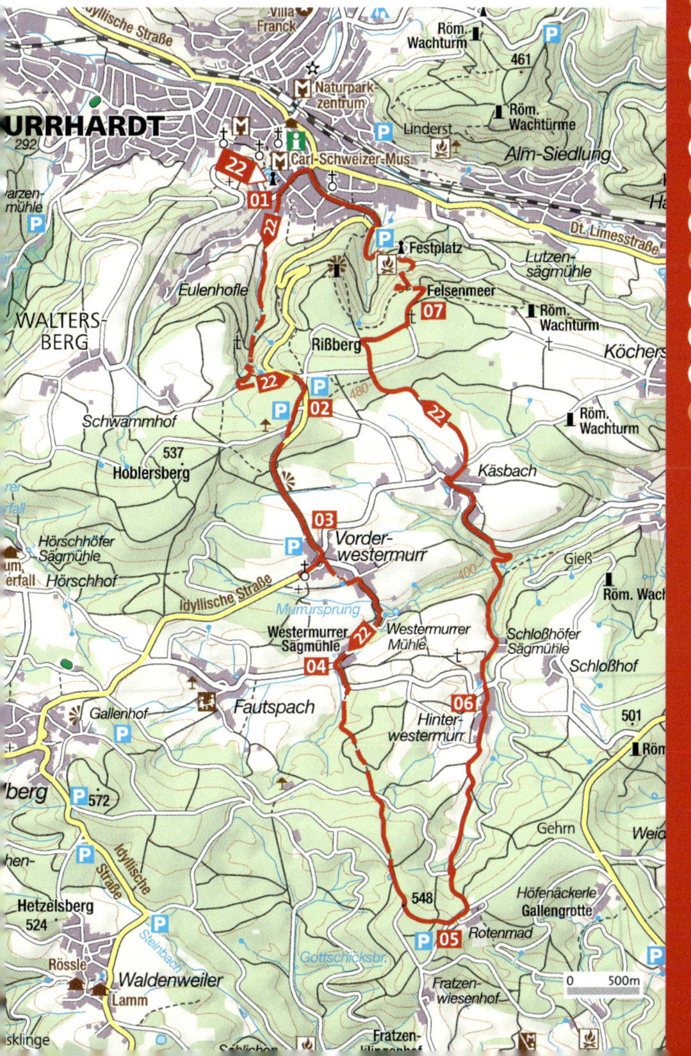

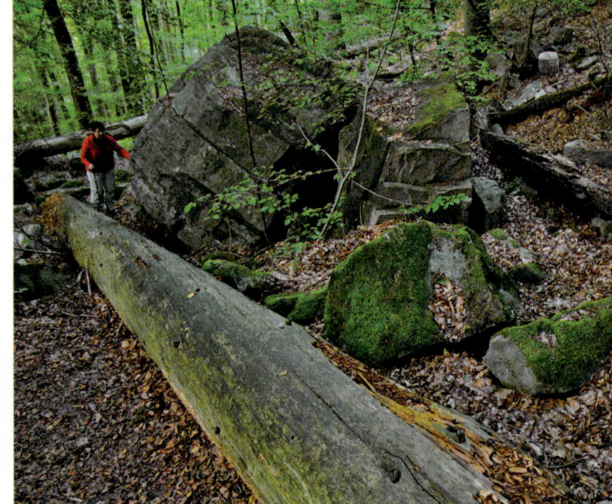

Felsenmeer.

und steigen halblinks auf einem sehr steilen Pfad hinauf zur Straße. Hier geht es aus dem Wald, wir halten uns kurz links, überqueren dann die Straße wo uns die Blaukreuzmarkierung nach Käsbach bringt. Im Ort folgen wir dem Straßenschild „ Köchersberg“, dann dem Richtungsschild „Murrhardt über Felsenmeer“. Es geht am Waldrand entlang, wir bleiben auf diesem Weg immer geradeaus, bis ein Schild nach rechts zum Naturdenkmal **Felsenmeer** 07 zeigt. Wir staunen über die riesigen, mehrere Kubikmeter großen moosbewachsene Felsblöcke aus Sandstein, die vor langer Zeit bei einem Bergsturz aus der Felswand gefallen sind. Wir durchqueren abwärts dieses Gelände, passieren unten den Teich Römersee, treffen später auf die Riesbergstraße und kehren zu unserem Ausgangspunkt zurück. Ein Rundgang durch die mittelalterliche Innenstadt von Murrhardt lohnt sich sehr.

Murr-Ursprung

Es ist immer wieder erstaunlich, wie solch kleine Rinnsale sich zu stattlichen Flüssen und riesigen Strömen entwickeln können. Eine Tafel zeigt an, dass bei Trockenwetter diese Quelle nur 2 Liter in der Sekunde ausschüttet, sich zuerst zu einem Bach entwickelt, um nach ca. 55 Kilometer bei der Stadt Murr (nahe der Schillerstad Marbach, Landkreis Ludwigsburg) als Fluss in den Neckar mündet. Forschungen zeigen, dass vor ca. 8.000 Jahren diese Quelle ein beliebter Rastplatz mit Feuerstellen war.

OPPENWEILER – ESCHELHOF – ITTENBERG – REICHENBACH

Schöne Wälder, alter Hof, Burg und Schloss

  12 km  3:30 h  230 hm  230 hm  773

START | Parkplätze in der Nähe des Bahnhofs Oppenweiler [GPS: UTM Zone 32 x: 533.850 m y: 5.425.510 m]
CHARAKTER | Zunächst gehen wir durch das Eschelbachtal, dann im Wald steil hinauf, weiter zum Eschelhof. Später haben wir herrliche Aussichten auf Burg Reichenberg und das Murrtal. Den Schluss bilden Park und Wasserschloss von Oppenweiler.

Vom Bahnhofsplatz in **Oppenweiler** 01 führt uns die Markierung blauer Punkt und das Schild „Eschelhof 8 km“ Richtung Aichelbach. Bei der Wegkreuzung nach links, dann über die Bahnbrücke. In Aichelbach schlagen wir in die Eschelhofstraße ein. Nach den letzten Häusern führt uns der blaue Punkt und die Wegziffer 5 rechts hinunter in das Eichelbachtal. Unten geht´s am Bach entlang, später überqueren wir diesen, immer auf dem Hauptweg bleiben , dann geht es leicht bergan. Es geht an einem großen Schuppen vorbei, ca. 100m später führt uns die Markierung nach rechts. Auf einem Waldweg geht es steil hinauf, oben wenden wir uns auf dem Forstweg nach rechts und bald darauf wieder nach links. Jetzt ist unsere Markierung der rote Punkt. Nach wenigen Metern kommen wir zu einer Kreuzung, hier links. Bald

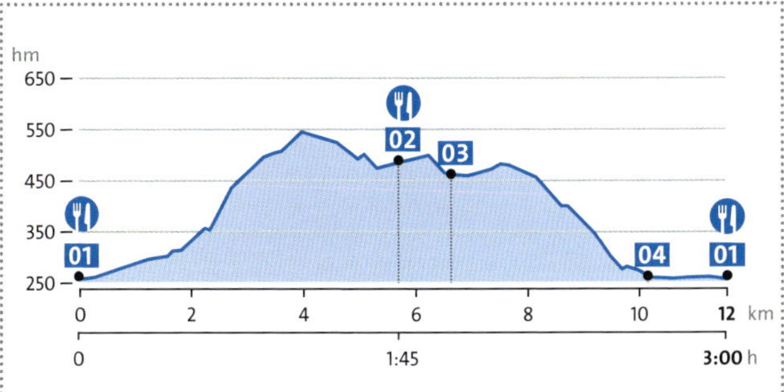

01 Oppenweiler, 264 m; 02 Eschelhof, 491 m; 03 Reichenbach, 280 m

danach wieder links, wir folgen weiter unserer Markierung und dem Schild „Eschelhof". Nun geht es auf einem tiefen Hohlweg in lichtem Laubwald steil hinauf. Wir überqueren einen Forstweg, es geht drüben weiter bergauf. Dann

Oppenweiler

Wurde bereits 1114 durch Heinrich V. urkundlich erwähnt. Auf einer künstlichen Insel im Schloss-See wurde 1782 von den Freiherren von Sturmfeder ein achteckiges Wasserschloss erbaut. Der Schlosspark wurde vom selben Gartengestalter geplant wie der Englische Garten in München, dem Schwetzinger Hofgärtner Friedrich Ludwig Sckell. www.oppenweiler.de

geht es eben markierungsgemäß auf breitem Waldweg weiter. **Achtung!** Später auf die Markierung rechts achten. Sie weist uns nach links auf einen sehr schmalen Waldpfad. Bald darauf, bei der Wegespinne, geht es nach links mit rotem Strich, Georg-Fahrbach-Weg und dem Muschelzeichen des Jakobswegs weiter. Dies ist ein Teilstück des Jakobsweg von Rothenburg ob der Tauber bis Rottenburg, der ca.200 km lang ist

Später geht es rechts auf einen befestigten Weg, wir kommen an einem Weiher vorbei, bergan erreichen wir das Wanderheim **Eschelhof** 02. Der wurde um 1450 gegründet, die heutigen Gebäude stammen aus dem 18. Jahrhundert. Hier bewirtet der Schwäbische Albverein seine Gäste in einer Scheuer und bei gutem Wetter auch im Hof auf Bierbänken. Nach einer Rast

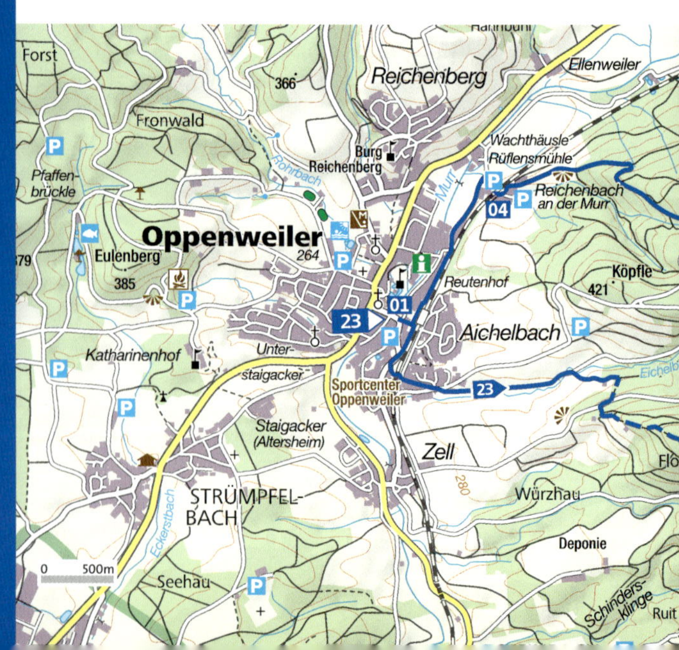

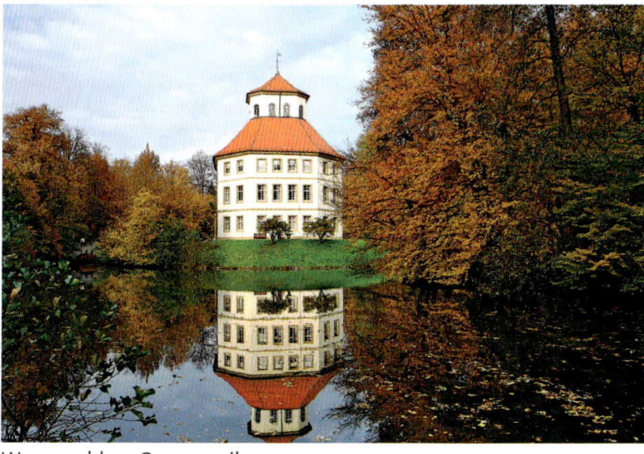

Wasserschloss Oppenweiler.

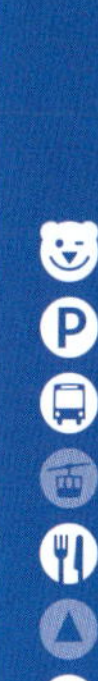

geht es auf dem Fahrsträßchen weiter, nach Waldeintritt führt uns der rote Strich nach rechts. Kurz vor Ittenberg kommen wir an einem Wanderparkplatz mit Grillstelle vorbei. Im Ort bei der Scheune wenden wir uns nach links Richtung „Oppenweiler". Mit schönen Ausblicken gehen wir auf der Straße auf den Wald zu, in der Linkskurve nehmen wir den Weg nach rechts und gehen in den Wald hinein. Eine Schranke wird passiert, wir gehen geradeaus, zunächst auf der Bessererstraße, dann geht es nach links auf der Reichenbergstraße. Nach Waldaustritt haben wir prächtige Ausblicke auf die Burg Reichenberg und das Murrtal. Wir erreichen **Reichenbach** 03, unser Weg senkt sich weiter talwärts, wir gehen unter der Bahnlinie hindurch. Auf dem Radweg wandern wir nun nach links bis Oppenweiler. Wir gehen rechts über die Brücke, sind im Industriegebiet, kommen zu einem Autohaus, dort geht es nach links in die Kanalstraße. Bald darauf nach rechts in den Stadtpark mit seinem sehr schönen Wasserschloss, heute Rathaus. Wir durchqueren den Park und kommen in die Bahnhofstraße und zurück zu unserem Ausgangspunkt in **Oppenweiler** 01.

Burg Reichenberg

Die Burg wurde 1230/1231 von Markgraf Heinrich V. von Baden erbaut. Sie soll in enger Beziehung mit der zur gleichen Zeit erbauten Burg Ebersberg im heutigen Auenwald und der Burg in Besigheim gestanden haben. Die Maße, Einrichtungen und vorhandenen Steinmetzzeichen der drei Burgen stimmen überein. Im Mittelalter waren die Verwaltungszentren meist in Burgen gelegen. So war auch die Burg Reichenberg eine so genannte Ministerialburg. Schon 1230 werden die Ritter Wolfram und Berthold von Reichenberg genannt. Reichenberg war demnach Amtssitz und somit auch das Verwaltungszentrum der umliegenden Gebiete. Im 19. Jahrhundert war die Burg Sitz des Forstamtes des Landes Württemberg, u. a. war von 1822 bis 1833 Karl Schiller – ein Sohn von Friedrich Schiller – dort als Revierförster tätig.

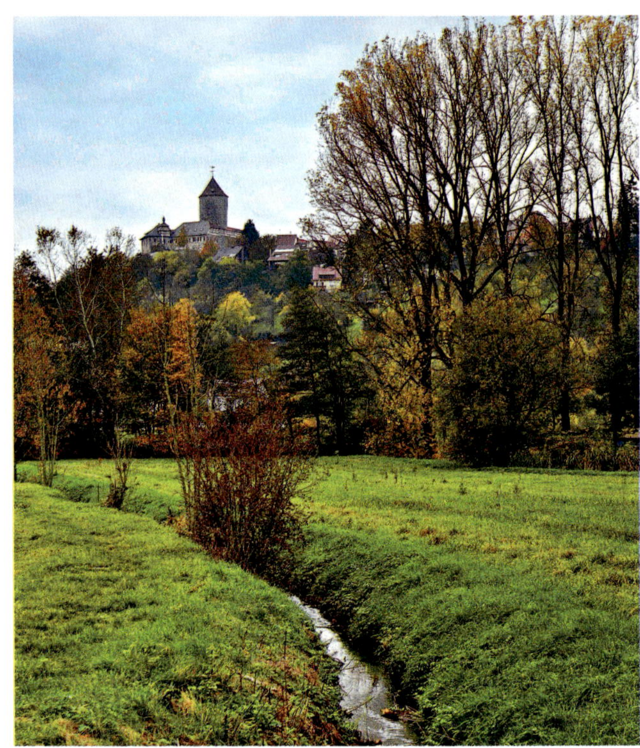

Burg Reichenberg.

GROSSBOTTWAR – WUNNENSTEIN – OBERSTENFELD – BURG LICHTENBERG

Zu Berg und Burg

  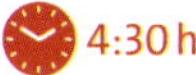 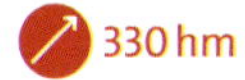 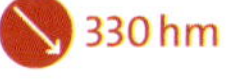 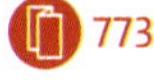

17 km | 4:30 h | 330 hm | 330 hm | 773

START | Großbottwar, Parkmöglichkeiten im Bereich des ehemaligen Bahnhofs
[GPS: UTM Zone 32 x: 521.660 m y: 5.427.400 m]
CHARAKTER | Wir gehen zunächst durch Wiesen und Felder, dann durch Weinberge hinauf auf den Wunnenstein, genießen das prächtige Panorama. Hinunter nach Oberstenfeld, dann hinauf auf den Lichtenberg mit großartigen Fernsichten. Weiterhin aussichtsreich hinunter durch die Weinberge. Die ganze Tour haben wir durchgehend freie Sichten, es ist schattenlos. Überwiegend Fahrsträßchen, Feldwege.

Von unserem Parkplatz beim ehemaligen Bahnhof in **Großbottwar** 01 gehen wir zur Durchgangsstraße, überqueren diese und die Markierung rotes Kreuz führt uns durch die historische Altstadt. Das Ortsbild ist geprägt von sehr schön restaurierten Fachwerkbauten, wir passieren das stattliche Rathaus (16. Jh.) Gegenüber steht die „Stadtschänke“, erbaut 1434. Danach geht es auf der Heilbronner Straße nach links, wir kommen am „Schlössle“ und der „Eselsmühle“ vorbei. In der Linkskurve gehen wir geradeaus weiter, wir bleiben im-

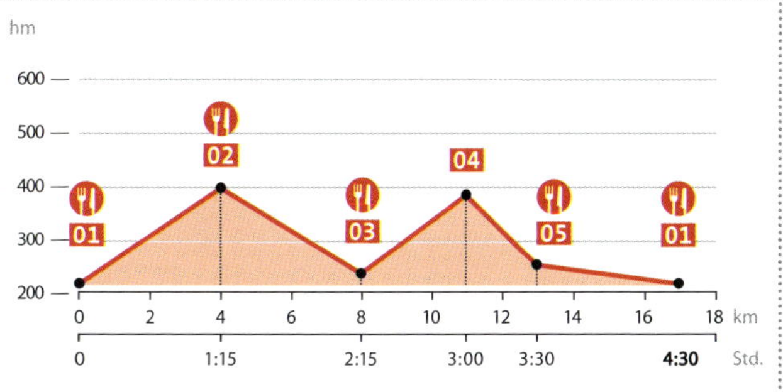

01 Großbottwar, 215 m; 02 Wunnenstein-Berggaststätte, 394 m; 03 Oberstenfeld, 234 m; 04 Burg Lichtenberg, 381 m; 05 Hof und Lembach, Besenwirtschaft Bottwarstube, 250 m

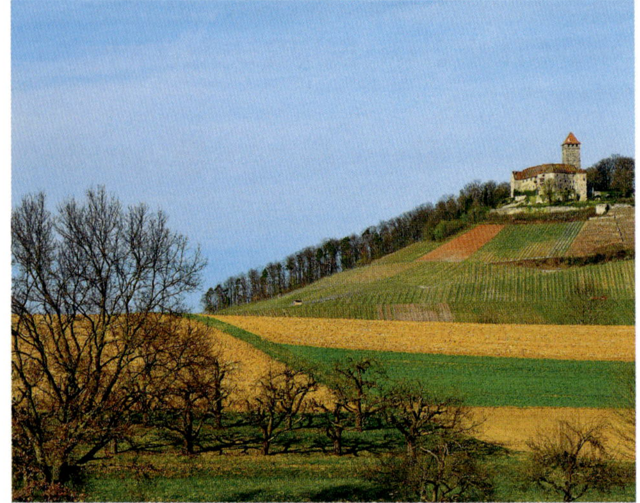

Burg Lichtenberg.

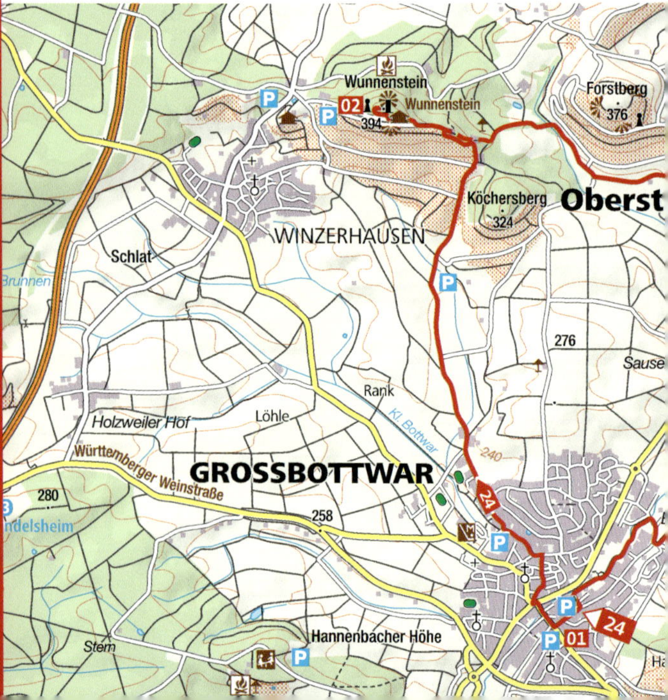

Wunnenstein
02
Wunnenstein
394
Forstberg
376
Köchersberg
324
Oberst
WINZERHAUSEN
Schlat
Brunnen
276
Sause
Rank
Holzweiler Hof
Löhle
Kl. Bottwar
240
Württemberger Weinstraße
GROSSBOTTWAR
24
280
ndelsheim
258
01
24
Hannenbacher Höhe
Stem

Burg Lichtenberg

Die Stauferburg stammt aus der Zeit um 1200. Die Kapelle (1220 bis 1230) weist Wandmalereien aus der Entstehungszeit und um 1350 auf, der Torbau ist gotisch. Das heutige Erscheinungsbild stammt hauptsächlich aus dem 15. Jahrhundert. Burghof, Turm und Kapelle sind von April bis November an Sonntagen öffentlich zugänglich. www.burg-lichtenberg.de

Wunnenstein

Auf dem Berg stand früher eine keltische Höhenburg, später ein keltisch-römischer Tempel.

mer in der Heilbronner Straße. Nun wandern wir über die Acker- und Wiesenlandschaft mit freier Sicht auf die drei Berge im Hintergrund zu: Wunnenstein, Köchelberg und Forstberg. Später führt das Fahrsträßchen durch die Weinberge hinauf. Unser Weg ist ein Weinlehrpfad, auf Tafeln werden die Rebsorten erklärt. Wir kommen an einem Wengerthäusle vorbei, das den Weingärtnern als Unterstand

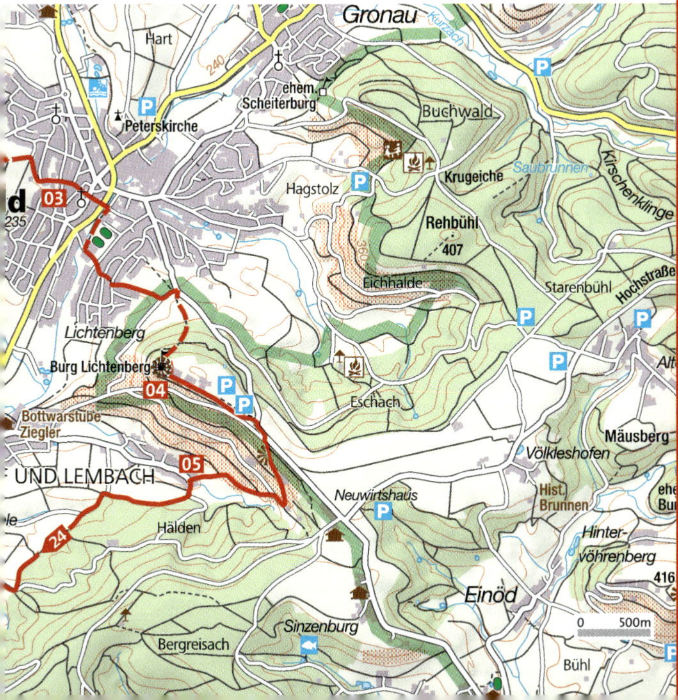

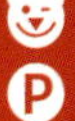
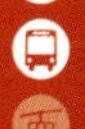
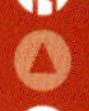

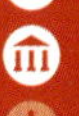

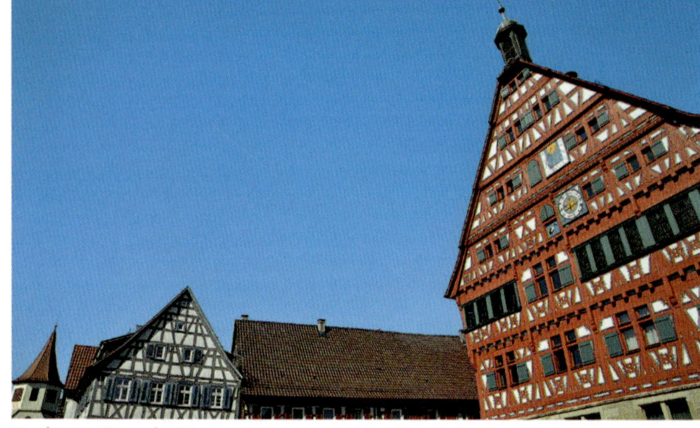

Rathaus Grossbottwar.

bei schlechtem Wetter diente und an einer ca. 200 Jahre alten Weinpresse in einem Pavillon. Oben auf dem Berg können wir eine Rast in der **Wunnenstein-Berggaststätte** 02 machen. Wir genießen das prächtige Panorama, im Osten sehen wir unser nächstes Ziel, die Burg Lichtenberg. Wir gehen wieder ein paar Schritte bergab, an dem Pavillon halten wir uns links waldeinwärts. Die Rotkreuzmarkierung wechselt sofort in ein blaues Kreuz, Richtung „Lichtenberg“. Zunächst wandern wir auf schönem Waldweg, dann auf einem Feldweg durch Streuobstwiesen. Später kommen wir rechts am Forstberg vorbei, wo die Wegziffer 8 nach links biegt, halten wir uns geradeaus. Wir erreichen **Oberstenfeld** 03, beim Rathaus kurz rechts, dann markierungsgemäß durch die Bädergasse zur Bottwar. Wir überqueren die Straße auf der Fußgängerbrücke, gehen rechts an der Gemeindehalle vorbei und biegen nach links in die Dürrenstraße ein. Hinauf auf einem Treppenweg, auf der Querstraße kurz rechts, dann links. Oben auf dem Fahrsträßchen halten wir uns links und nehmen dann den „Fußweg zur **Burg Lichtenberg**“ 04. Dort angekommen entschädigen uns großartige Fernsichten für den steilen Aufstieg. Wir gehen nun auf einem Fußweg links der Straße vor, bis wir rechts die Markierung rotes Kreuz sehen. Hinunter auf die Weinbergstraße und dann markierungslos weiter hinunter zu dem bereits sichtbaren Dörfchen **Hof und Lembach** 05.

Dort halten wir uns weiter markierungslos links, gehen am Waldrand entlang und haben bald einen tollen Blick hinauf auf die Burg, woher wir gerade gekommen sind. Bei der Wegkreuzung nimmt uns die Markierung rote Traube auf, es geht weiter aussichtsreich am Waldrand entlang. Bei der Wegspinne wechseln wir die Markierung, der rote Punkt führt uns nach rechts ins Tal hinab, wir sehen Wunnenstein, Forstberg, Burg Beilstein, Burg Lichtenberg. Unten stoßen wir auf die Straße, hier rechts und vor der Brücke auf dem Radweg nach links. An der Bottwar entlang geht es zurück zu unserem Startpunkt in **Großbottwar** 01.

SPIEGELBERG – HÜTTLENWALD-SCHLUCHT – JUXKOPF – PREVORST

Wildromantische Schlucht und großartige Aussichten

 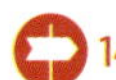 14 km  5:00 h  265 hm 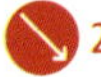 265 hm  773

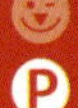

START | Spiegelberg, Parkplätze beim Bauhof/Feuerwehr [GPS: UTM Zone 32 x: 532.580 m y: 5.432.090 m]
CHARAKTER | Von Spiegelberg in die wildromantische Hüttlenwaldschlucht, dann im Wald steil hinauf zum Juxkopf, hier prachtvoller Panoramablick auf große Teile des Schwäbisch-Fränkischen Waldes. Später vom Höhenweg herrliche Fernsicht in das Bottwartal bis hin zum Schwarzwald am Horizont. Den Schluss bildet der Aussichtspunkt Stocksberg. Überwiegend Waldwege/Waldpfade. Schluchtenpfad.

Vom Parkplatz in **Spiegelberg** 01 gehen wir zur Durchgangsstraße, wenden uns nach links, vor der Straße nach Jux biegen wir rechts in die Winterseitenstraße ein, unsere Markierung ist der rote Strich. Es geht bergauf, wir kommen in den Wald. Kurz nach Waldeintritt verlassen wir die Rotstrichmarkierung auf einem Waldpfad nach rechts bergab, mit Markierung J 2. Wir sind jetzt in der Hüttlenwaldschlucht, unten auf dem Weg gehen wir links hinauf am Bach entlang. Wir queren einen Forstweg (nun wieder Markierung roter Strich) und kommen in den wildromantischen Teil der Schlucht. Moosbewachsene Felsbrocken, grottengleiche Felsüberhänge aus Sandstein mit

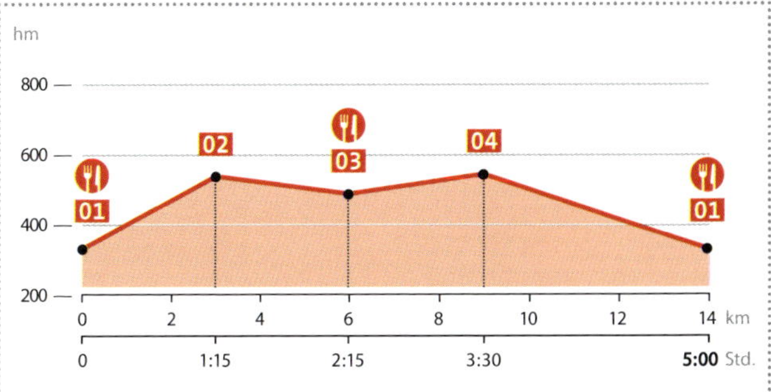

01 Spiegelberg, 326 m; 02 Juxkopf, 533 m; 03 Prevorst, Gasthof zum Ochsen, 483 m; 04 Stocksberg, 539 m

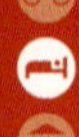

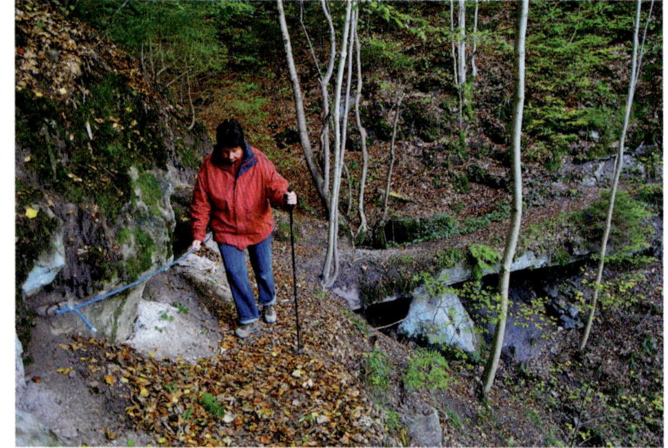

Hüttlenwaldschlucht.

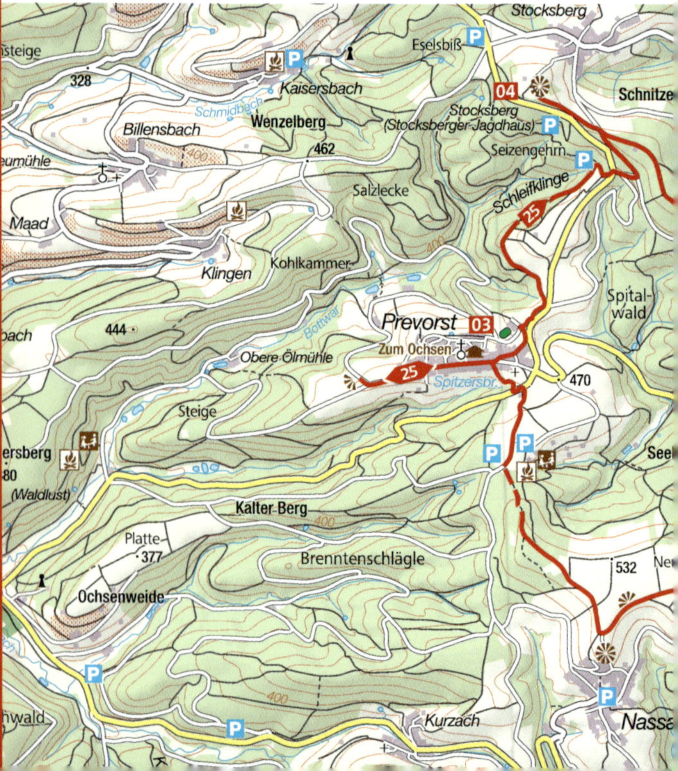

Seherin von Prevorst

Das Geburtshaus der „Seherin von Prevorst" (heute „Gasthof zum Ochsen") wurde bereits 1428 erbaut, es steht neben der romanischen Stiftskirche. Friederike Wanner (später verheiratete Hauffe) verbrachte ihr kurzes Leben von 1801 bis 1829 darin.

1826 kam sie zu Dr. Justinus Kerner, dem Oberamtsarzt und Dichter, nach Weinsberg bei Heilbronn. Er nahm sich der ungewöhnliche Patientin an, die Erscheinungen hatte und Vorhersagen machen konnte. Kerner schrieb seine Erlebnisse, Beobachtungen und Gespräche mit ihr auf und schrieb das Buch „Die Seherin von Prevorst". Das Buch über die Seherin erschien in mehreren Sprachen. Durch die neueren Forschungen der Tiefenpsychologie, des Traumlebens, auch der Parapsychologie sind die Inhalte des Buches heute in ein neues Licht gerückt.

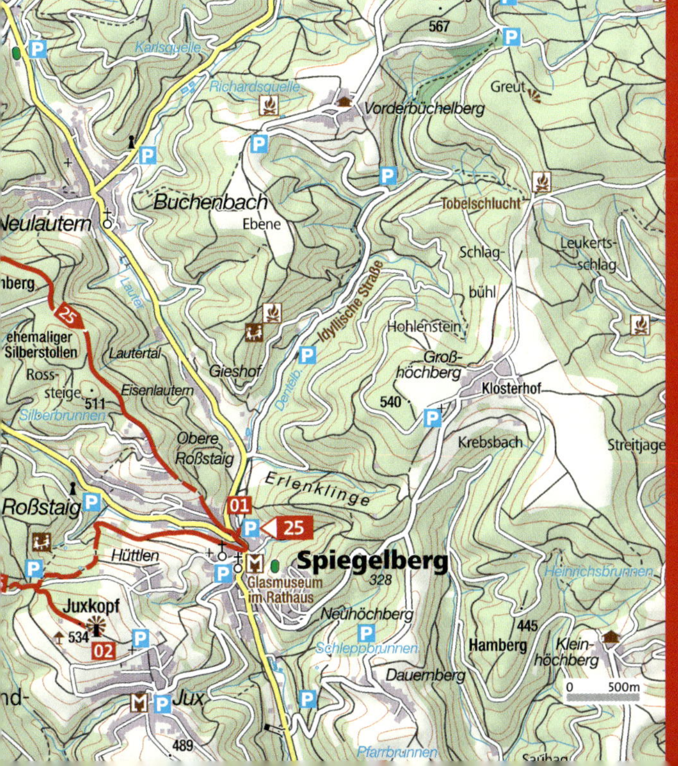

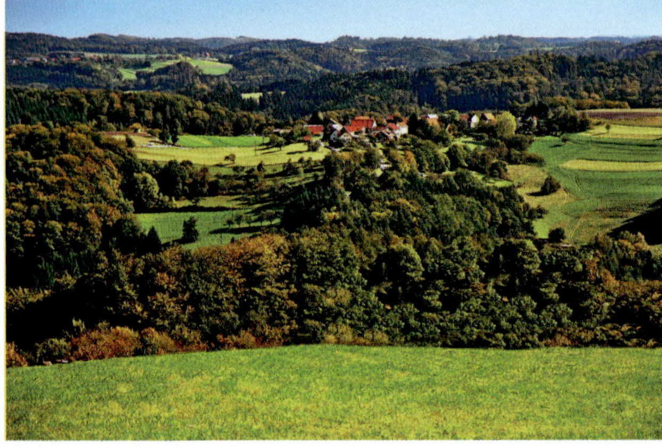

Blick vom Juxkopf.

herabrieselndem Wasser, unser steiler Pfad ist an ausgesetzten Stellen seilgesichert. Es geht weiter bergauf, oben kommen wir zur Straße mit dem Wanderparkplatz „Zollstock". Unser roter Strich führt uns über die Straße, weiter bergauf durch den Wald, nach 500 m erreichen wir auf dem **Juxkopf** 02 den Aussichtsturm des Schwäbischen Albvereins. Der 22 m hohe Turm steht auf 533 Höhenmetern, ist an Sonn- und Feiertagen geöffnet (außer in den Wintermonaten). Von oben hat man einen fantastischen Panoramablick in die Löwensteiner Berge, den Mainhardter Wald, den Murrhardter Wald und auf die Schwäbische Alb. Beim Turm gibt es einen Grill- und Rastplatz.

Wir gehen auf dem gleichen Weg zurück, queren die Straße und gehen am Spiel- und einem weiteren Grillplatz bergauf. Oben treten wir aus dem Wald, halten uns links und wandern weiter auf dem Höhenweg. Unterwegs haben wir nach links herrliche Fernsichten auf die Schwäbische Alb. Beim Wasserbehälter geht es rechts mit der Markierung blaues Kreuz, das Landschaftsbild ist nun geprägt von der Hügellandschaft um Nassach, im Mittelgrund die Berge Lichtenberg, Hohenbeilstein und Wunnenstein, bei guten Sichtverhältnissen sieht man am Horizont Teile des Schwarzwalds. Dann geht es auf einem Waldweg bis zum Spielplatz, dann auf dem Sträßchen rechts hinunter nach **Prevorst** 03.

Wir überqueren die Landstraße und gehen auf einem Grasweg in den Ort. Nachdem wir uns das Geburtshaus (heute Gasthof) der „Seherin von Prevorst" in der Ortsmitte angeschaut haben, gehen wir zurück und biegen nach links in den Stocksberger Weg ein. Vor der Landstraße halten wir uns links, die Markierung führt uns gleich darauf nach rechts in einen Wiesenweg. Wir treffen wieder auf die Straße, kurz davor geht es links auf einen Schotterweg. Am Waldrand entlang, später geht es nach rechts bergauf. Dann überqueren wir den asphaltierten Weg, gehen geradeaus an dem eingezäunten Grundstück entlang bis zum nächsten Asphaltweg. Hier links bis zum Parkplatz – den wir passieren – dann geradeaus in den Wald. Wir überqueren die Landstraße, gleich darauf geht es nach links auf einem Waldpfad parallel zur Straße. Wir stoßen auf einen Forstweg, wandern nach links bis zum Waldaustritt. Abstecher zum **Stocksberg** 04 (einfacher Weg 1 km): Nach links zum bereits sichtbaren Antennenturm, neben den Gebäuden hat man eine weite Aussicht ins Unterland und die umliegenden Wälder. Nachdem wir wieder zurückgekehrt sind, geht es geradeaus Richtung „Neulautern" mit Markierung rotes Kreuz in den Wald. Bei der nächsten Weggabel halten wir uns geradeaus, bei der weiteren Gabelung markierungsgemäß halblinks. Unten stoßen wir auf einen Querweg, hier rechts, gleich darauf links bergab. Dann mit Markierung blauem Punkt immer geradeaus, zum Schluss geht es steil bergab mit schönen Aussichten in das Lautertal zu unserem Ausgangspunkt **Spiegelberg** 01.

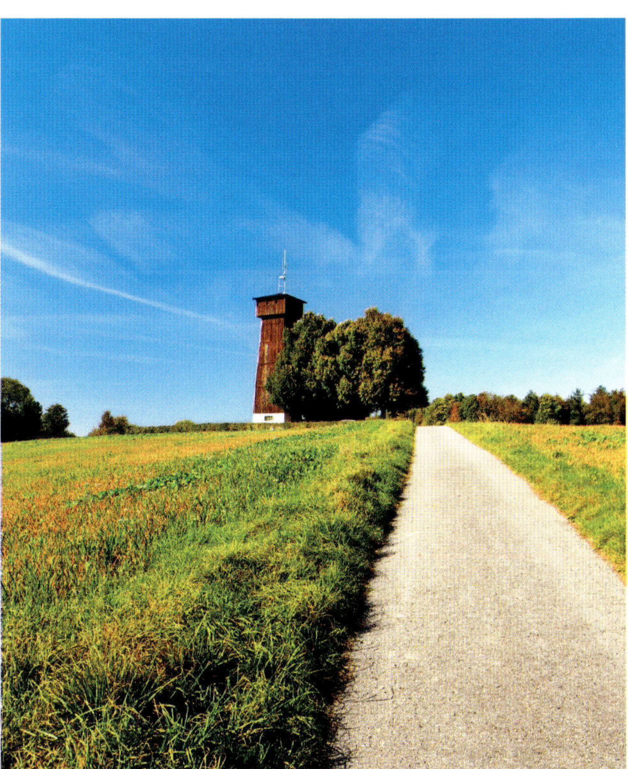

Juxkopfturm.

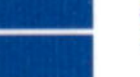

STOCKSBERG – LOHMÜHLE – STANGENBACH – GREUTHOF

Tour durch schöne Wälder

  12 km  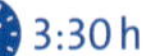 3:30 h  160 hm  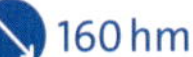 160 hm  773

START | Wanderparkplatz, unterhalb von Stocksberg, an der K 2097 [GPS: UTM Zone 32 x: 529.050 m y: 5.435.290 m]
CHARAKTER | Die schöne Waldwanderung führt vom Ort Stocksberg in den Wald, hinunter in das Lautertal, über Stangenbach hinauf zum Greuthof, im Wald hinab zum Joachimstal und wieder hinauf zum Ausgangspunkt. Überwiegend Wirtschaftswege, Waldwege.

Wir wandern vom **Parkplatz** 01 mit den Markierungen blauer Punkt und Wegziffer 12 Richtung dem Dorf **Stocksberg**, zuletzt an der Landstraße entlang. Am früheren Gasthof „Krone" gehen wir markierungsgemäß nach rechts, dann am ersten Abzweig nach links. Dann kommen wir in den Wald, am darauffolgenden Wegedreieck halten wir uns links. Es geht leicht bergab, nach wenigen Metern biegen wir scharf links auf einen Waldpfad ein. Nun geht es steil bergab ins Lautertal, unten geht es nach rechts weiter vor zur Straße. Hier sehen wir links die **Lohmühle** 02 liegen, wir aber gehen nach rechts der Straße entlang bis zum Parkplatz, der gegenüber des Sportplatzes liegt. Dort überqueren wir nach links die Lauter und auf dem „Hessbergweg" geht es jetzt stetig bergauf. Dieser Weg führt oberhalb der „Lohmühle" entlang, in Windungen geht es weiter bergauf. Bei einer Gabelung halten wir uns rechts hinauf,

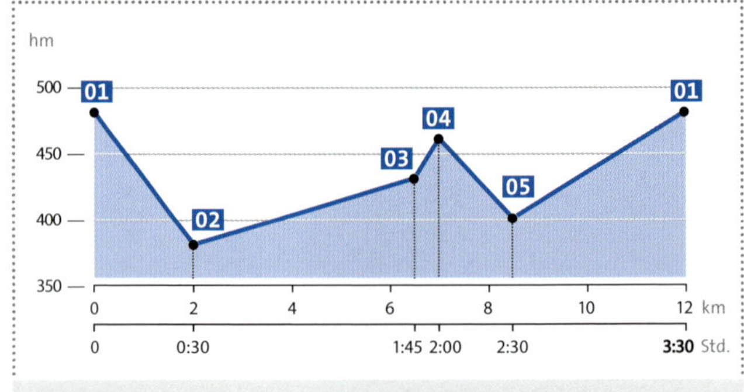

01 Parkplatz unterhalb von Stocksberg, 480 m; 02 Lohmühle, 380 m; 03 Stangenbach, 430 m; 04 Greuthof, 460 m; 05 Parkplatz an L 1066, 400 m

später senkt sich der Weg hinab zur Kläranlage und Landstraße. Hier treten wir aus dem Wald, ein Fußpfad führt an der Kläranlage entlang zum Ortsanfang von **Stangenbach** **03**. Wir überqueren die Straße und gehen auf der Fahrstraße links hinauf nach **Greuthof** **04**. Oben angekommen überqueren wir eine Fahrstraße und gehen geradeaus in den Wald hinein.

Achtung! Ca. 100 m nach Waldeintritt sehen wir unsere Markierung an einem Baum links, hier führt uns der markierte, zunächst unscheinbare Wanderweg rechts hinunter ins „Joachimstal". Im Tal geht es aus dem Wald, hier halten wir uns links und stoßen dann auf die Straße und den **Parkplatz an der L 1066** **05** im Lautertal.

Diese gehen wir nach links ca. 200 m entlang und biegen dann nach rechts auf den Wanderweg. Markierungsgemäß wandern wir im Wald durch das „Schweizertal" an einem Bächlein entlang. Es geht bergan und an einer Wegegabelung nach links. Später erreichen wir wieder die Landstraße und unseren **Ausgangspunkt** **01**.

Typischer Schwäbisch-Fränkischer Wald.

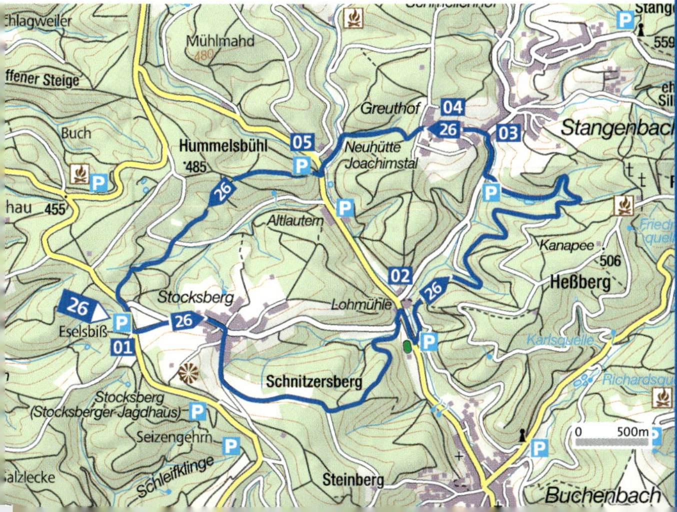

WANDERPARKPLATZ BUCH – BURG LÖWENSTEIN – BLEICHSEE

Fernblicke über das Heilbronner Land und ein mittelalterliches Städtchen

  11 km  3:15 h  95 hm  95 hm 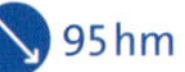  773

START | Der Wanderparkplatz Buch liegt an der Straße Oberstenfeld – Löwenstein nach Etzlenswenden bei der Kreuzung nach Stocksberg
[GPS: UTM Zone 32 x: 528.700 m y: 5.436.130 m]
CHARAKTER | Vom Wanderparkplatz im Wald bergauf, zum Aussichtspunkt „Platte" mit weitreichender Fernsicht ins Umland von Weinsberg, weiter zur Burgruine Löwenstein, dann ins gleichnamige mittelalterliche Städchen, im Freien hinunter zum Bleichsee und im Wald zurück zum Ausgangspunkt. Überwiegend Waldwege und -pfade.

Am **Wanderparkplatz Buch** 01 folgen wir der Markierung blauer Strich und der Tafel „Stocksberg 2 km", dann gehen wir einige Meter auf der Straße Richtung Stocksberg. In der Rechtskurve weist uns die Markierung nach links auf einen schmalen Waldpfad, der uns waldaufwärts bringt. Bald kreuzen wir einen breiten Waldweg. Vor der Kreisstraße K 2097 geht es nach links mit blauem Strich und Schild „Klinikum Löwenstein". Wir gehen immer geradeaus, dann bei einer größeren Kreuzung nach rechts der Wegweisung „Nr. 13-Rundwan-

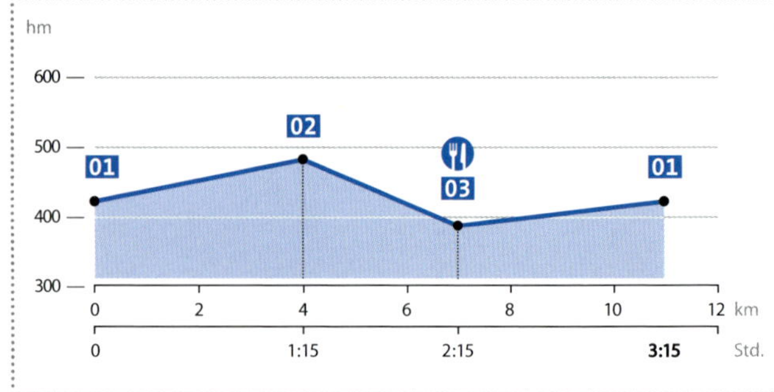

01 Wanderparkplatz Buch, 420 m; 02 Klinikum Löwenstein, 480 m; 03 Löwenstein, 385 m

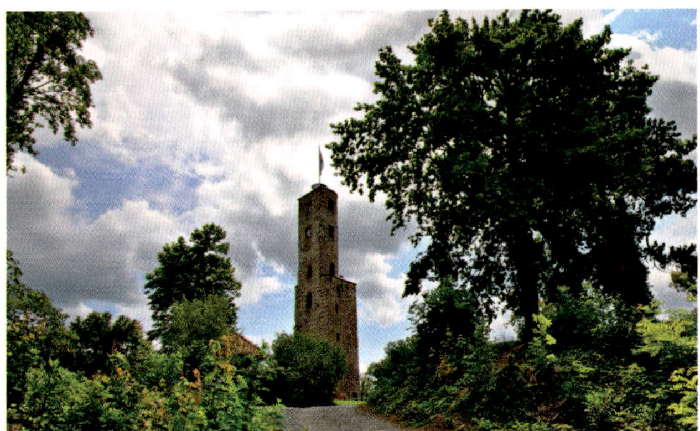

Burg Löwenstein.

derweg der Stadt Beilstein" folgend. Nach der Linkskurve wenden wir uns nach links mit der „Nr. 13". Dann kommen wir zur Landstraße L 1116, an der wir nach rechts gehen, kommen nach ca. 200 m zu einer Kreuzung. Hier überqueren wir die L 1066 und gehen auf der anderen Straßenseite nach links in den Wald, weitergeführt vom blauen Strich. Beim **Klinikum Löwenstein** 02 durchqueren wir den Parkplatz und gehen auf einem Waldpfad aufwärts. Später wechselt bei Waldaustritt unsere Markierung zum roten Strich „Frankenweg HW 8". Hier wenden wir uns nach links und gehen hinunter zur B 39. Diese

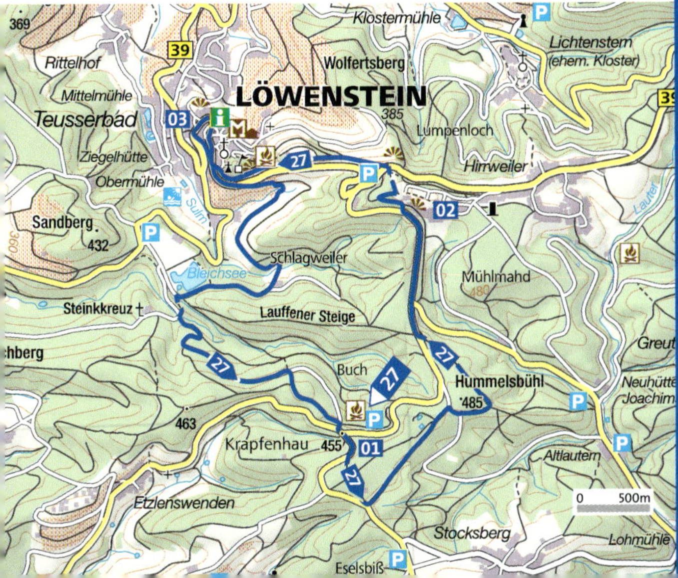

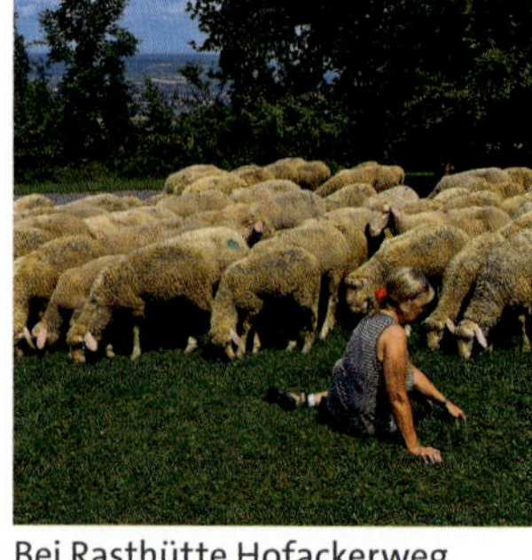
Bei Rasthütte Hofackerweg.

wird überquert, wir gehen über den Parkplatz „Platte“ (bei gutem Wetter ein beliebter Motorrad-Treff). Nun geht es auf einem Fahrweg Richtung „Löwenstein“, wir genießen die prachtvolle Aussicht auf das Weinsberger Umland und Breitenauer See. Wir kommen links zu einer Schranke, davor folgen wir rechts dem roten Strich und der Tafel „Zur Burg“. Dann geht es nach links weiter. Wir kommen zum Hofackerweg, es geht geradeaus zur Rasthütte. Hier kann man Grillen oder auch nur Rasten und die herrliche Aussicht genießen. Der weitere Verlauf des Weges führt markierungsgemäß zur Burg Löwenstein. Nach Besichtigung der mittelalterlichen Ruine führt der schmale Waldweg über Treppen hinab nach **Löwenstein** 03. Wir können das reizvolle Städtchen besichtigen oder gleich auf der Durchgangsstraße (Maybachstraße) ca. 200 m nach links bergauf gehen. Vor dem Ortsausgangsschild biegt der Weg mit Markierung blaues Kreuz nach rechts abwärts. Die Tour führt an Rebhängen und alten Weinmauern entlang mit schönen Blicken ins Tal. Wir halten uns immer an unsere Markierung, es geht hinunter zur einer Talsohle und dann wieder ansteigend Richtung Wald. Am Waldrand wenden wir uns nach rechts, der Bleichsee wird erreicht. Wir folgen unserer Markierung, ein Seezufluss wird überquert, an der folgenden Kreuzung halten wir uns links, „Annasee/Beilstein“ heißt die Richtung. Auf schmalem, unbefestigten Waldpfad kommen wir zu einer Kreuzung, hier geht es in den Buchenweg. Jetzt wechselt unsere Markierung zum blauen Punkt, der uns zum Ausgangspunkt am **Wanderparkplatz Buch** 01 zurückbringt.

Burg Löwenstein

Die Burg Löwenstein oberhalb der Stadt wurde um 1080 gegründet. Die weitläufige Burganlage umfasst etwa 3.500 qm. Hier residierten im hohen und späten Mittelalter drei Geschlechter der Grafen von Löwenstein: Die Calwer Löwensteiner, die Habsburger Löwensteiner und die Kurpfälzer Löwensteiner (Wittelsbacher). 1287 wurde der Ort Löwenstein von König Rudolf von Habsburg zur Stadt erhoben. Neben dem alten Stadtkern mit seinen Fachwerkhäusern gibt es noch weiteres Interessantes: Das Schloss Lautereck (Privatbesitz, Stadtteil Teusserbad), die barocke evangelische Stadtkirche, vermutlich um 1345 gegründet die mittelalterliche Stadtmauer mit ebenfalls mittelalterlichen Gebäuden, z. B. dem „Freihaus“ und das Kloster Lichtenstern (Stadtteil Lichtenstern), früher Zisterzienserinnen-Kloster, gegründet 1242, heute evangelische Stiftung.

ESCHENAU – KRIEGSHÖLZLE – WALDHOF – ZIGEUNERFOHRLE

Vom Wald ins Paradies

  14 km  3:30 h  155 hm 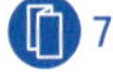 155 hm 773

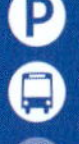
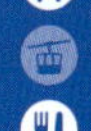
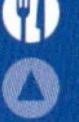

START | Eschenau, Sportplatz an der Bahnhofstraße
[GPS: UTM Zone 32 x: 529.550 m y: 5.443.250 m]
CHARAKTER | Am Eschenauer Schloss vorbei, Im Wald hinauf und dann hinab in das Gabelbachtal, eben bis zur Zigeunerfohrle und zum Schluss an der Bergkante des Eschenauer Paradieses entlang, mit prächtigen Ausblicken auf das Tal bei Weinsberg und den Breitenauer See. Überwiegend befestigte Wirtschaftswege und Waldwege.

Die Wanderung beginnt am **Sportplatz** 01 in der Bahnhofstraße. Die Markierung blauer Strich leitet uns durch diese Straße nach links bis zur Schlossstraße. Dort wandern wir nach links am Eschenauer Schloss vorbei, dort wo die Straße nach links abknickt gehen wir geradeaus in den Köberleweg. Bei der Wegegabel an dem Viehzuchtbetrieb wählen wir das geradeaus aufwärtsführende Asphaltsträßchen mit der Markierung rote Traube/Fußweg nach Unterheimbach. Oben, bei der nächsten Wegegabel, gehen wir markierungsgemäß geradeaus. Der Weg windet sich durch den Wald, schließlich geht es hinunter zum Querweg im idyllischen Gabelbachtal. Links sehen wir die Häuseransammlung von **Kriegs-**

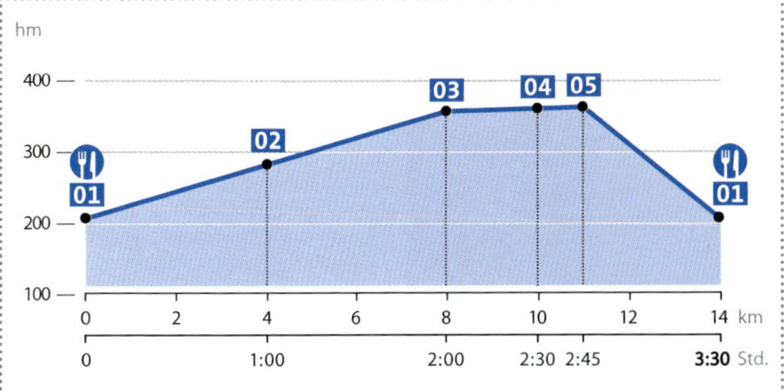

01 Eschenau, Parkplatz am Sportplatz, 205 m; 02 Kriegshölzle, 280 m; 03 Waldhof, 354 m; 04 Grillplatz Zigeunerfohrle, 358 m; 05 Eschenauer Paradies, 360 m

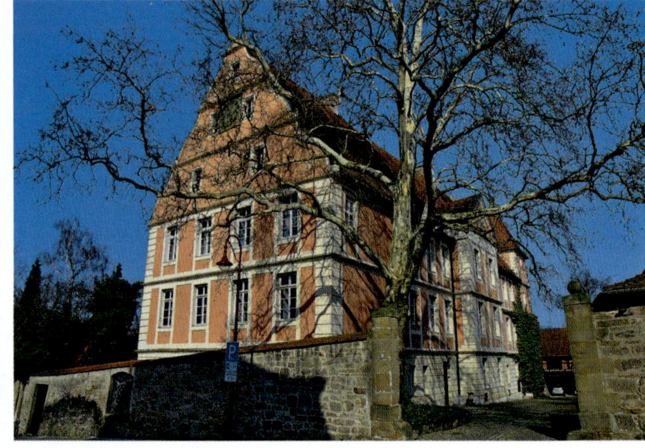

Das Eschenauer Schloss.

hölzle 02, wir wenden uns nach rechts und schlendern zunächst markierungslos, später mit Wegziffer 3 ohne nennenswertes Auf und Ab am Bach entlang, der mal links, mal rechts unseres Weges fließt. Später kommt von links der vom Steinknickle kommende Wanderweg, ab jetzt ist unsere Markierung der blaue Strich. Wir passieren den **Waldhof** 03, der rechts im Hintergrund sichtbar ist. Später treten wir aus dem Wald, am Waldrand liegt der **Grillplatz Zigeunerfohrle** 04. An diesem Platz steht ein Naturdenkmal, eine auffallend geformte Waldkiefer. Nach einer erholsamen Pause wählen wir jetzt den mit Markierung blauer Punkt gekennzeichneten Wanderweg, der uns am Waldrand entlangführt.

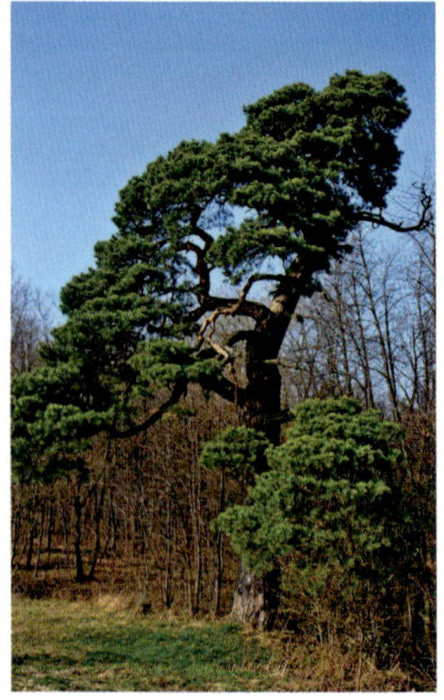

Das Zigeunerfohrle.

Bald darauf biegt unser Weg rechts weg und wir kommen in das **Eschenauer Paradies** 05. Unser Weg führt eben dicht an einer Kante entlang, wir haben traumhafte Ausblicke auf das Weinsberger Tal, wir sehen den Breitenauer See, bei gutem Wetter reicht der Blick bis Heilbronn. Einige Bänke an den markanten Aussichtspunkten laden zum Verweilen ein. Nach diesem Sehgenuss geht es auf dem Weg ein paar Höhenmeter hinunter zu einem Fahrsträß-

Schloss Eschenau

Es wurde im 16. Jahrhundert im Renaissance-Stil anstelle einer 1504 zerstörten Burg errichtet und 1745 von Leopoldo Retti im Rokoko-Stil umgebaut. Retti war ein italienischer Architekt aus der Lombardei, der 1726 vom Herzog von Württemberg den Auftrag bekam, die gesamte Bautätigkeit der neuen Stadt Ludwigsburg durchzuführen.

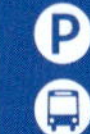
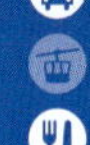

chen. Auf dem gehen wir unmarkiert rechts, ignorieren den nach links abgehenden markierten Fußpfad, unten wenden wir uns nach links mit Blaupunktmarkierung. Wir gehen immer geradeaus und kommen dann wieder zu unserem **Ausgangspunkt** 01.

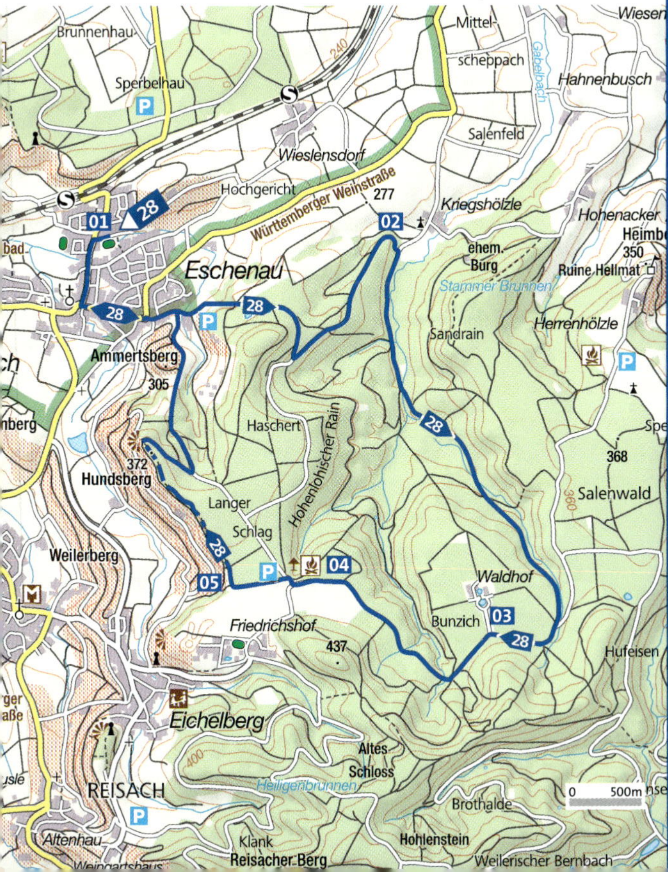

29

BEILSTEIN – ST. ANNASEE – SCHLOSS WILDECK – RUINE HELFENBERG

Weinberge, Wald, See, Schloss und Burgruine

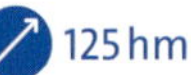

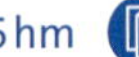

10 km | 2:45 h | 125 hm | 125 hm | 773

START | Beilstein, Parkplätze bei der St. Annakirche [GPS: UTM Zone 32 x: 522.870 m y: 5.432.310 m]
CHARAKTER | Von Beilstein aussichtsreich bergauf durch die Weinberge, im Wald zum St. Annasee und zum Schloss Wildeck (hier mit toller Aussicht). Dann im Freien hinunter zur Burgruine Helfenberg und weiter hinab zum gleichnamigen Ort und zurück nach Beilstein. Überwiegend Fahrwege, Waldwege.

Vom Parkplatz in **Beilstein** 01 aus folgen wir mit der Markierung blaues Kreuz dem „St.-Anna-Weg“ hinauf in die Weinberge. Von oben haben wir schöne Aussichten auf das Tal und weit in das Umland. Oben erreichen wir den Wald, folgen weiter dem markierten Weg und erreichen dann einen Rastplatz am **St. Annasee** 02. Bei der Wegkreuzung folgen wir zunächst der Markierung blauer Punkt und dann wieder dem blauen Kreuz, dieses führt uns zwischen Wald und Reben zum **Schloss Wildeck** 03. Mit prächtiger Aussicht steigen wir kurz ab und folgen dem Querweg kurz nach links zum Eingangstor für das staatliche Weingut. Hier wenden wir uns auf dem Fahrweg nach rechts und gehen auf die bereits sichtbare Burgruine Helfenberg zu. Unterhalb der Ruine wechselt die Markierung zum blauen Punkt. Die Burg wurde während der Stauferzeit um 1250 erbaut. Die

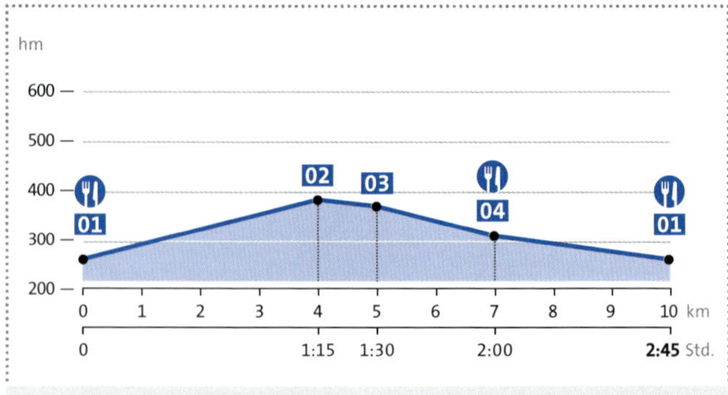

01 Beilstein, 257 m; 02 St. Annasee, (Grillstelle) 378 m; 03 Schloss Wildeck, 365 m; 04 Helfenberg, Gasthaus Traube, 305 m

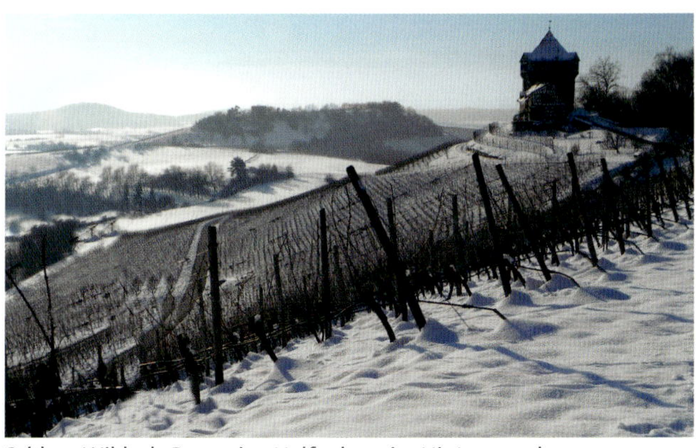
Schloss Wildeck, Burgruine Helfenberg im Hintergrund.

Burgruine befindet sich bis heute im Besitz der Familie von Gaisberg. Hier können wir zum Ruinengelände aufsteigen. Wieder abgestiegen gehen wir markierungsgemäß an der nahen Sitzgruppe links vorbei hinunter Richtung **Helfenberg** **04**. In einer Rechtskurve ignorieren wir

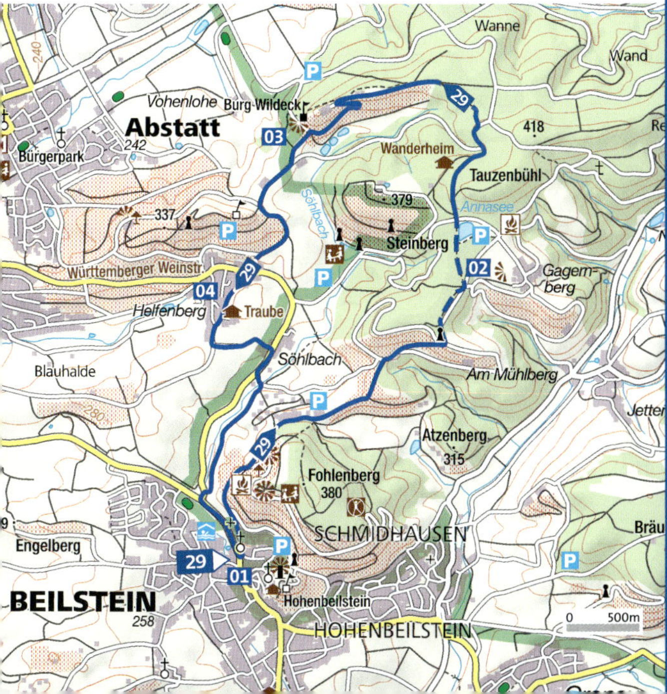

Schloss/Burg Wildeck

Das Schloss (auch Burg genannt) wurde vermutlich zwischen 1250 und 1330 erbaut. Nach einer wechselvollen Geschichte mit vielen Eigentumsänderungen gehört das Schloss und die umliegenden Rebenhänge der Weinbauschule Weinsberg. Der Weinanbau spielte hier bereits seit dem 16. Jahrhundert eine gewichtige Rolle. Das Versuchsgut in Wildeck hatte bedeutenden Anteil an der Entwicklung der Rebsorten Samtrot und Dornfelder. Heute wird hier hauptsächlich Riesling, Samtrot, Müller-Thurgau, Spätburgunder, Weißburgunder und Grauburgunder angebaut.

die nach links weggehende Blaupunkt-Markierung und bleiben auf unserem bisherigen Weg, jetzt markierungslos. Wir verlassen den Ort beim Gasthaus Traube auf dem Söhlbacher Weg. Am Ortsende, kurz nach dem Aussiedlerhof, geht es links abwärts nach Söhlbach. Hier folgen wir dem Sträßchen nach rechts, dann gleich wieder links und folgen bei der Hütte dem Feldweg nach rechts zu unserem Ausgangspunkt in **Beilstein** **01** zurück.

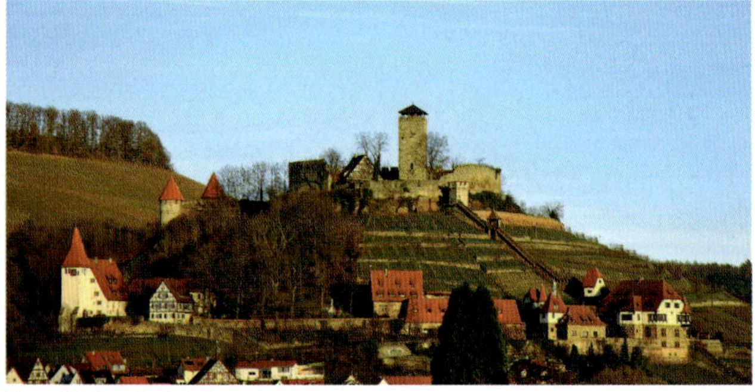

Burg Hohenbeilstein.

Beilstein

Um 1070 bis 1080 wurde eine erste Befestigungsanlage erbaut (romanisch), die in staufischer Zeit um 1200 durch Bergfried und Ringmauer verstärkt wurde. Der fünfeckige Grundriss der Burg Hohenbeilstein (im Volksmund „Langhans" genannt), wies an der Angriffsseite eine Kante und damit angeschrägte, geschossabweisende Flanken auf. Heute bietet die Burg eine besondere Attraktion, die Burgfalknerei mit Flugvorführungen der Greifvögel. www.falknerei-beilstein.de

HOHENBEILSTEIN – ST. ANNASEE – GAGERNBERG – JETTENBACH

Rundherum mit großartigen Aussichten

 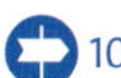 10 km 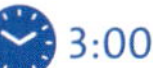 3:00 h  140 hm  140 hm 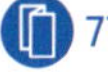 773

START | Hohenbeilstein, Parkplätze bei der Burg
[GPS: UTM Zone 32 x: 523.070 m y: 5.432.010 m]
CHARAKTER | Von Hohenbeilstein aussichtsreich hoch durch die Weinberge zum Aussichtspunkt Wartkopf, weiter zum St. Annasee, zum idyllischen Weiler Gagernberg mit herrlichen Ausblicken in das Umland, hinunter in das Schmidbachtal und über Schmidhausen wieder zurück. Überwiegend Wirtschaftswege.

Wir wandern vom **Parkplatz** 01 mit den Markierungen blauer Punkt und rote Traube hinauf in die Weinberge, nach ca. 100 m rechts ansteigend weiter. Nach einem Weinberghäuschen wenden wir uns nach links, weiter hinauf Richtung Wald. Von oben haben wir herrliche Ausblicke auf die Burg Hohenbeilstein inmitten von Weinbergen, im Hintergrund thront die Burg Lichtenberg über dem Bottwartal. Die Tafel „Wartkopfweg" und die Markierung führen uns geradeaus weiter. Wir erreichen einen Aussichtspunkt mit Spiel-und Rastplatz (Grillplatz). Hier auf dem **Wartkopf** 02 steht eine Panoramatafel, die die Blickrichtungen auf viele markante Landschaftspunkte zeigt. Nachdem wir die fantastische Aussicht auf die Täler und Berge genossen haben, gehen wir wenige Meter

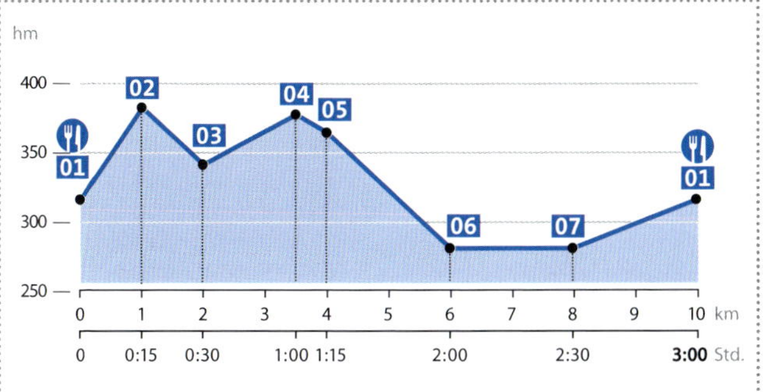

01 Hohenbeilstein, Parkplatz, 315 m; 02 Wartkopf (Grillstelle), 381 m; 03 Parkplatz, 340 m; 04 St. Annasee (Grillstelle), 378 m; 05 Gagernberg, 363 m; 06 Jettenbach, 280 m; 07 Schmidhausen, 280 m

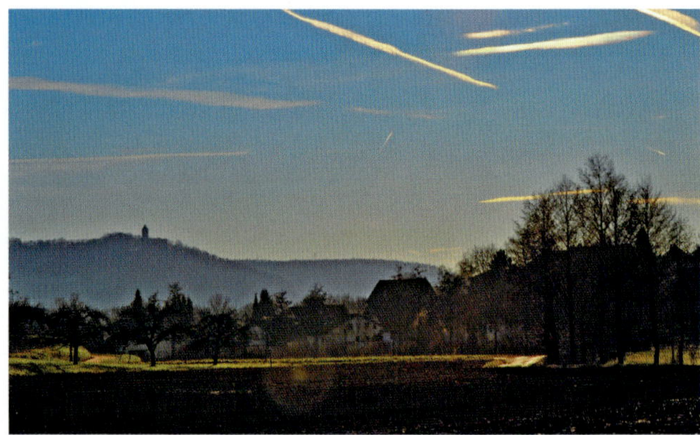

Blick auf Burg Lichtenberg.

zurück und wenden uns nach links. Ein Waldweg führt leicht abwärts, nach einer Schranke geht es weiter hinunter. Nach dem Waldaustritt geht es kurz links, dann nach rechts. Hier wechselt die Markierung zum blauen Kreuz und das Schild „Zum Annasee“ weist uns hinauf in die Weinberge. Wir ignorieren den ersten links wegführenden Weg, bei einem Weinberghäuschen gehen wir links Richtung Wald. Bei der folgenden Weggabelung weiter geradeaus hinauf durch die Weinberge. Oben am Waldrand genießen wir vom Rastplatz mit Bänken wiederum eine tolle Aussicht. Nach Waldeintritt ist unser Weg ein Teil des „Altwürttembergischen Landgrabens“ (siehe Info-Kasten), kurz darauf führt uns die Markierung nach links auf einen schmalen Waldpfad. Wir kommen zum **St. Annasee** **04** (hier Rast- und Grillplatz), wenden uns am Ende des Sees nach rechts und sehen nach Waldaustritt **Gagernberg** **05** vor uns liegen. Wir durchwandern den idyllischen Weiler, gehen am alten Backhäusle und netten Fachwerkhäusern vorbei. Hier wechselt die Markierung zum roten Punkt, unser Blick schweift über die unter uns liegenden Täler, links sieht man Billensbach am Berg liegen, darüber der Stocksberg. Mit Blicken auf das Schmidbachtal geht es nun abwärts durch die Weinberge, bei Waldeintritt schlendern wir weiter hinunter zur Landesstraße L 1116. Hier am Ortsrand von **Jettenbach** **06** überqueren wir diese, bei der Trafostation und der Alten Dorfkelter biegen wir auf dem asphaltierten Wirtschaftsweg nach rechts. Es geht immer am Schmidbach entlang, wir passieren einen Barfußpfad, ignorieren das erste Brückchen über den Bach. Bei den ersten Häusern von **Schmidhausen** **07** gehen wir über das zweite Brückchen, drüben wechselt die Markierung zum roten Kreuz. Nun geht es geradeaus, dann nach rechts über Stufen hinauf zur Landstraße. Hier kurz nach links, nach Überquerung der Straße am alten Rathaus (ca. 1700) vorbei in den „Friedhofweg“. Es geht bergauf über die „Burgunderstraße“, der Friedhof wird passiert, kurz danach wenden wir uns links und dann wieder links. Am Ortsrand von Hohenbeilstein entlang wandern wir durch die Weinberge zurück zu unserem **Ausgangspunkt** **01** .

Altwürttembergischer Landgraben

Zur Absicherung der Landesgrenze in diesem Bereich ließen die württembergischen Grafen ab 1456 diesen 31 km langen Landgraben zwischen Heuchelberg und den Löwensteiner Bergen errichten. Damit wurde das Neckarbecken zwischen den Höhenzügen auf beiden Seiten vollständig abgeriegelt.
Militärisch betrachtet hatte der Landgraben keine große Bedeutung, die Fuhrwerke der Bauern und Händler aber konnten dieses Hindernis nicht überwinden, somit war der Warenverkehr gezwungen, auf den Fernstraßen zu bleiben und an den Landtürmen Zoll zu entrichten. Eine nicht zu verachtende Einnahmequelle. Es gab nur vier größere Durchlässe, von denen vier mit Türmen gesichert waren: den Nordheimer Landturm, die Hauptzollstelle auf der Lauffener Neckarbrücke, den Lauffener Landturm sowie den Wüstenhausener Landturm Die Anlage war bis zu 18 Meter breit und bestand aus einem etwa drei Meter breiten und tiefen Graben mit Erdwall. Er war mit Dornbüschen bepflanzt und teils zusätzlich mit angespitzten Holzpflöcken versehen.

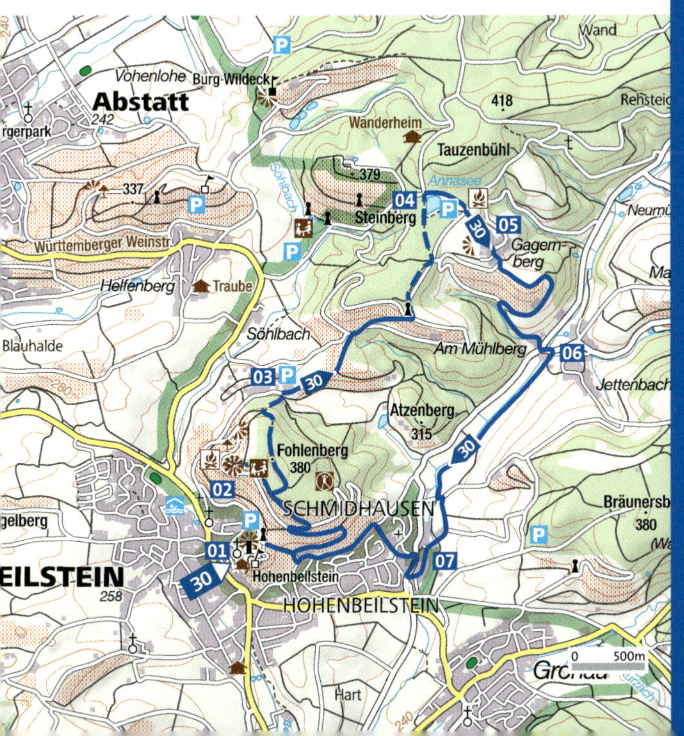

31

ESCHELBACH – NEUMÜHLSEE – WALDENBURG

Zu einem See und einem „Aussichtsbalkon"

 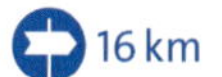 16 km  4:45 h  215 hm  215 hm  773

START | Eschelbach, Parkplätze in der Ortsmitte am Brunnen [GPS: UTM Zone 32 x: 543.260 m y: 5.449.010 m]
CHARAKTER | Diese Tour führt im Wald bergauf zum schön gelegenen Neumühlsee (Baden, Spielen, Angeln, Grillen, Einkehren), weiter zum mittelalterlichen Waldenburg, mit prachtvollen Aussichten vom „Balkon Hohenlohes", später vom Panoramaweg herrliche Blicke auf die Stadt. Dann geht es im Wald bergab zurück zum Ausgangspunkt. Überwiegend Waldwege/Waldpfade.

Vom Parkplatz in **Eschelbach** **01** folgen wir der Markierung blauer Punkt in die Herdgasse. Es geht bergan aus dem Ort, wir wandern durch Streuobstwiesen und Weinberge. Diese verlassen wir nach links, bei der Scheuer gehen wir durch ein Gatter und dann weiter aufwärts über Schafweiden in den Wald. Später queren wir einen Forstweg, unsere Markierung bringt uns entlang einem Wallgraben auf einem alten, steinquaderbepflasterten Karrenweg hinauf zu einem Querweg. Hier folgen wir der Markierung roter Strich nach links, kurz danach nach rechts auf den Waldpfad Richtung „Obersteinbach". Bei der nächsten Wegkreuzung weiter geradeaus auf dem Rotstrich-markierten Weg HW 8. Wir überqueren die Straße, bei der nächsten Wegekreuzung verlassen wir die bisherige Markierung und gehen geradeaus. Wir überqueren nochmals eine Straße, drüben geht es auf einem überwachsenen Graspfad weiter. Auf dem mit blauem Kreuz markierten Weg nach rechts bis zur wenig befahrenen

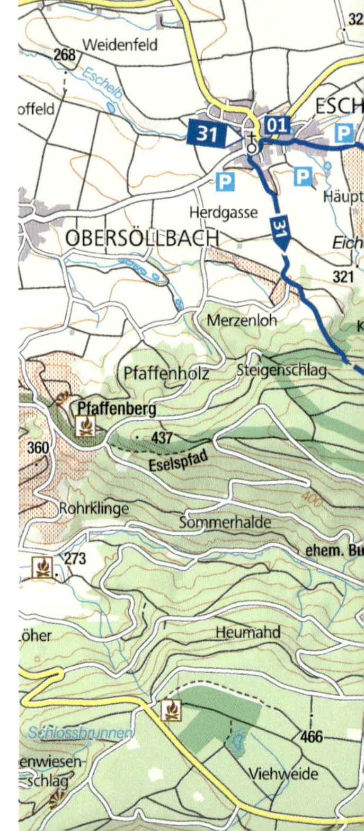

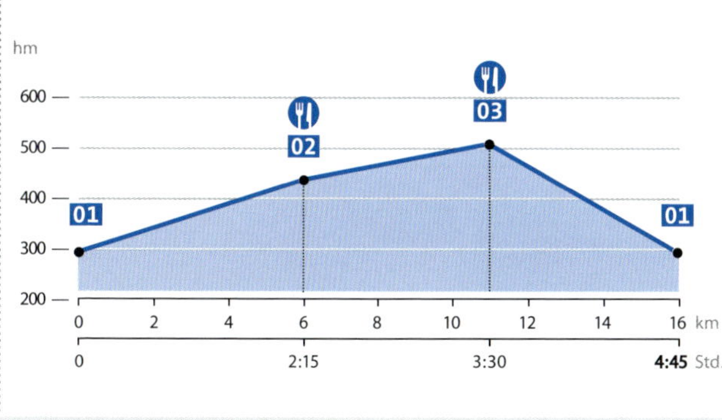

01 Eschelbach, 290 m; 02 Neumühlsee (Landgasthof), 433 m;
03 Waldenburg, 504 m

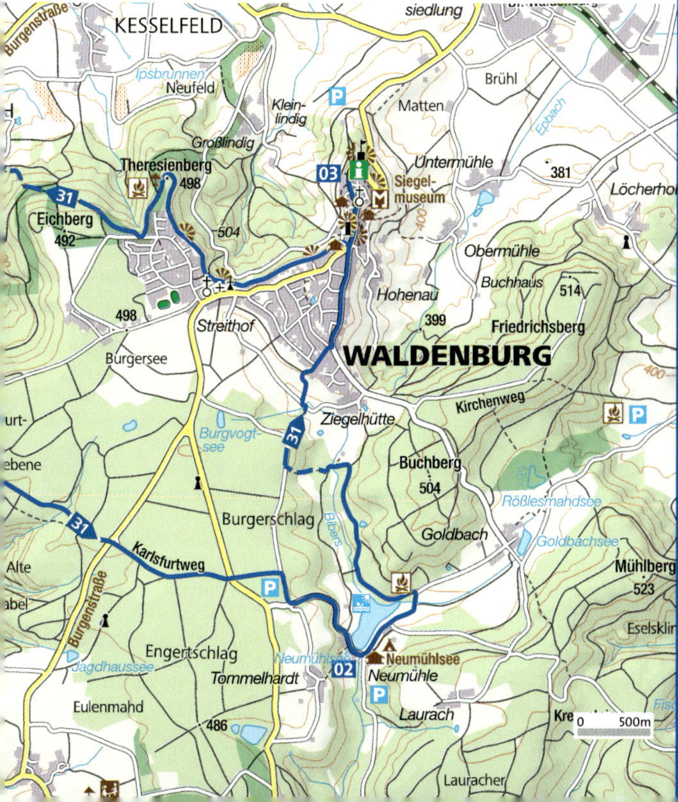

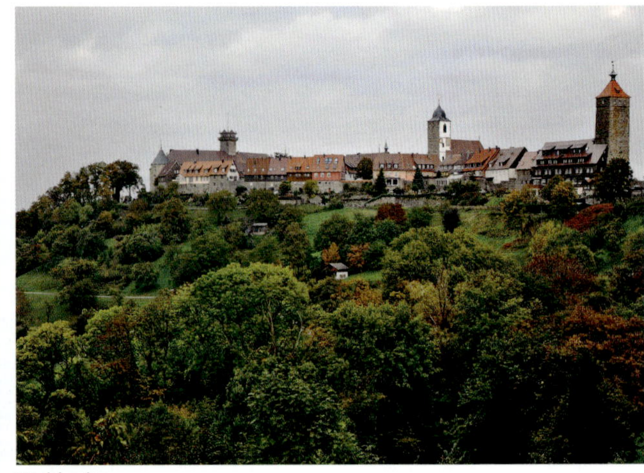

Waldenburg.

Straße, die wir ohne Markierung links hinunter gehen. Wir kommen zum **Neumühlsee** 02, hier kann man grillen, baden, spielen, angeln. Nach einer Rast gehen wir am rechten Ufer entlang bis zum Ende des Sees, dort gehen wir links in den Forstweg im Wald am Nordufer des Sees entlang. Am Ende des Sees links und gleich wieder rechts auf den Waldpfad. Auf diesem durchwandern wir das Biberstal, bei der nächsten Gabelung halten wir uns links und sofort wieder rechts auf den Reitweg. Der schmale, urige Waldpfad führt später nach links den Zaun entlang, dann queren wir eine Asphaltstraße und mit blauem Kreuz geht es einen Wiesenweg bergauf. Oben rechts, dann auf der Wohnstraße geradeaus. Auf der Haller Straße wenden wir uns links, dann erreichen wir die Durchgangsstraße von **Waldenburg** 03. Hier rechts in den alten Ortskern des sehr reizvollen Städtchens, seiner weitreichenden Aussichten wegen auch der „Balkon Hohenlohes“ genannt. Nach der Besichtigung gehen wir beim „Hotel Panoramablick“ auf den Höhenrandweg (blauer Punkt), der uns nach links am Stadtrand entlangführt. Unterwegs haben wir prächtige Blicke zurück auf das mittelalterliche Stadtbild, unsere Markierung wechselt zum roten Strich, HW 8. Wir stoßen auf ein Sträßchen, halten uns rechts, an den Häusern von Streithof vorbei, unterwegs Ausblicke auf Waldenburg. Unser Weg geht in einen Waldlehrpfad mit Informationstafeln über, dann erreichen wir den Spiel- und Grillplatz Theresienberg. Den umrunden wir, stoßen wieder auf ein Sträßchen, halten uns rechts und sofort wieder rechts auf einen Waldpfad, weiterhin markierungsgemäß. Wir treffen auf einen Forstweg, später geht es halbrechts auf einem Waldpfad steil hinunter. Unten treten wir aus dem Wald und wir gehen links durch die Weinberge zurück zu unserem Ausgangspunkt in **Eschelbach** 01.

PFEDELBACH – GRIET – BUCHHORNER SEE

Tour durch Weinberge zu einem See

  13 km  3:00 h  165 hm  165 hm 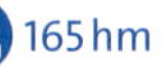 773 

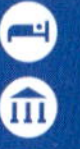

START | Pfedelbach, Parkplätze in der Innenstadt
[GPS: UTM Zone 32 x: 536.800 m y: 5.447.220 m]
CHARAKTER | Es geht durch Weinberge und Weiler, mit schönen Aussichten auf das Hohenloher Weinland, hinauf auf eine Hochebene, über dem Brettachtal an einem Hang entlang, hinunter zum Buchhorner See (Baden und Angeln) und im Wald bergab in einer tiefeingeschnittenen Klinge wieder zurück. Überwiegend Fahrwege, Feldwege.

In **Pfedelbach** **01** empfiehlt sich das imposante Wasserschloss aus dem 16. Jh. zuerst anzuschauen, zumal es direkt in der Stadtmitte liegt.

Nach der Besichtigung biegen wir von der Hauptstraße in die Baierbacher Straße und gehen am Kellergebäude vorbei. Gleich danach links in den Nonnenbergweg. An dessen Ende stoßen wir auf eine Verkehrsstraße, der wir rechts Richtung „Oberohrn“ leicht bergan durch die Weinberge folgen. Oben wenden wir uns mit der Markierung rotes Kreuz nach rechts. Wir wandern am Lerchenhof vorbei und überqueren die Kreisstraße. Der Weg senkt sich leicht in ein Tal und steigt dann mit unserer Markierung durch eine Obstplantage ein paar Höhenmeter hinauf. Nun rechts hinauf zu den Weilern Vor-

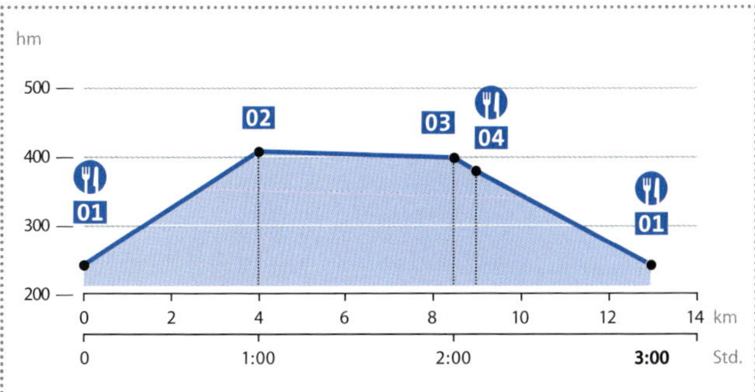

01 Pfedelbach, 240 m; **02** Griet, Grillplatz, 405 m; **03** Gleitschirm-Startplatz, 396 m; **04** Buchhorner See, Gasthof Seeklause, 377 m

derespig, Griet und Hinterespig. Unterwegs herrliche Weitsichten über das Hohenloher Weinland, die Ausläufer der Waldenburger Berge und die Hohenloher Ebene. Hinter **Griet** lädt ein gut ausgestatteter **Grillplatz** 02 zur Pause mit prächtiger Aussicht ein. Unser Weg führt uns weiter hinauf zur Hochebene, vor der Landesstraße geht es markierungsgemäß auf einem Feldweg nach links. An einer Scheune vorbei bis zum „Fürstensträßchen". Dort verlassen wir unsere bisherige Markierung und wenden uns auf dem Feldweg nach rechts Richtung Buchhorn (Markierung rote Traube). Wir gehen bis zur Landesstraße und dort nach links der Straße entlang.Nach kurzer Zeit überqueren wir diese und drüben geht es markierungsgemäß weiter. Später wird unsere Route zu einem Hangweg, die Markierung ändert sich in Georg-Fahrbach-Weg (GFW, roter Strich). Mit hübschen Sichten ins Brettachtal schlendern wir vor zum **Startplatz** für Drachen und **Gleitschirme** 03, hier ist die Aussicht besonders weit und schön. Anschließend führt unser Weg rechts hinunter nach Buchhorn, ein Schild weist zu den Campingplätzen am hübsch gelegenen **Buchhorner See** 04, Gasthof Seeklause. Nach unserer Rast gehen wir wieder auf der Durchgangsstraße im Ort hinauf, an der großen Scheune markierungsgemäß nach rechts hinunter, am Kingenbrunnen halten wir uns links. Stetig bergab geht es an der tiefeingeschnittenen Lohklinge entlang durch den Wald und durch die Kaiserstraße wieder zurück zu unserem **Ausgangspunkt** 01.

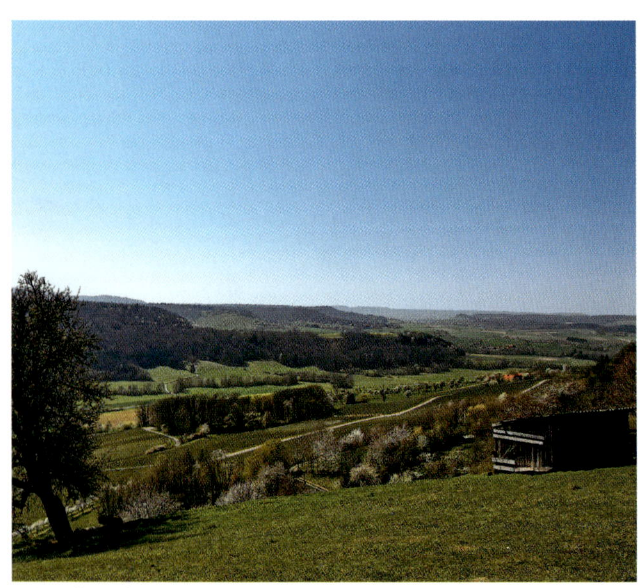

Beim Gleitschirm-Startplatz.

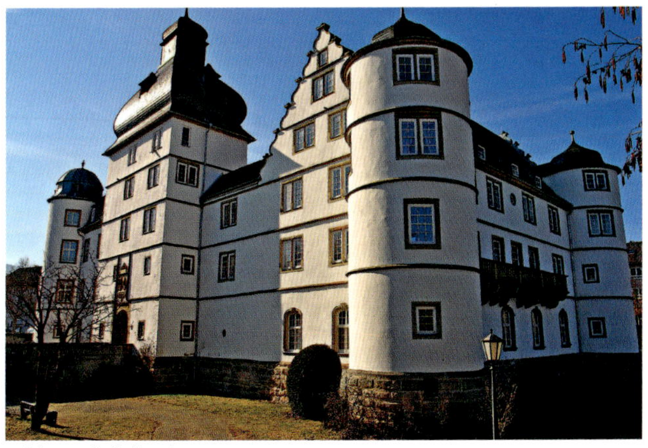

Schloss Pfedelbach.

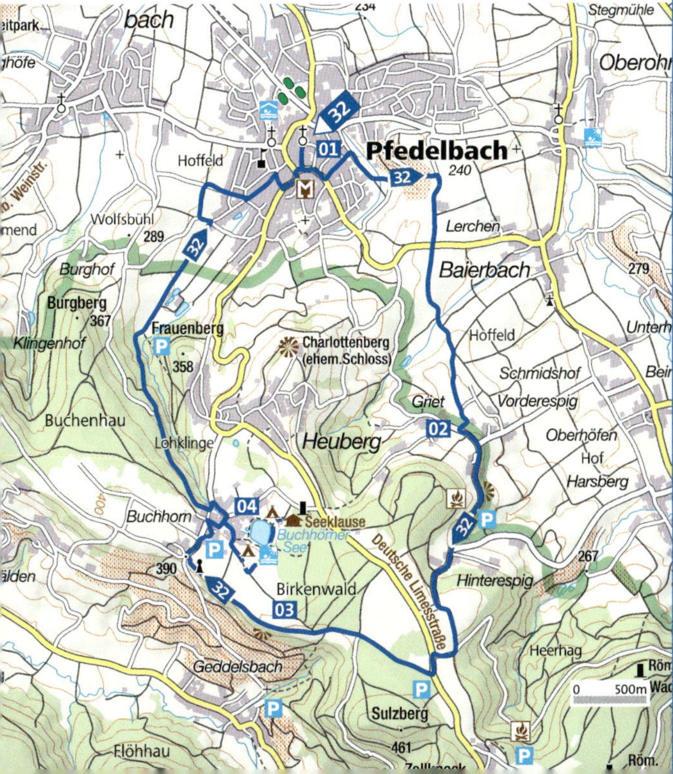

Pfedelbach
240
bach
Stegmühle
Oberohr
Hoffeld
Wolfsbühl
289
Lerchen
Baierbach
279
Burghof
Burgberg
367
Frauenberg
358
Klingenhof
Charlottenberg
(ehem.Schloss)
Hoffeld
Unterh
Schmidshof
Vorderespig
Griet
Buchenhau
Lohklinge
Heuberg
Oberhöfen
Hof
Harsberg
Buchhorn
Seeklause
Buchhorner
See
Deutsche Limesstraße
390
Birkenwald
267
Hinterespig
Heerhag
Geddelsbach
Sulzberg
461
Flöhhau
0 500m
01
02
03
04

UNTERSTEINBACH – NSG VIEHWEIDE – OBERSTEINBACH

Waldtour über einen „Englischen Park“

 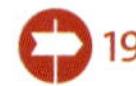 19 km  5:30 h 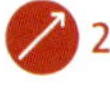 210 hm 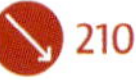 210 hm 773

START | Untersteinbach, Parkplätze in der Ortsmitte bei der Kirche [GPS: UTM Zone 32 x: 541.680 m y: 5.443.290 m]
CHARAKTER | Diese lange Tour führt zuerst aussichtsreich hinauf in die Weinberge, dann in den Wald. Später treten wir in das Naturschutzgebiet „Viehweide“ ein, ein prächtiger „Englischer Park“. Wir wandern im Freien nach Obersteinbach, mal geht es im Wald, mal im Freien und an Büchelberg vorbei wieder zurück. Überwiegend Waldwege/Waldpfade.

▶ Vom Parkplatz in **Untersteinbach** 01 gehen wir auf die Hauptstraße, hier folgen wir der Markierung roter Strich, HW 8,

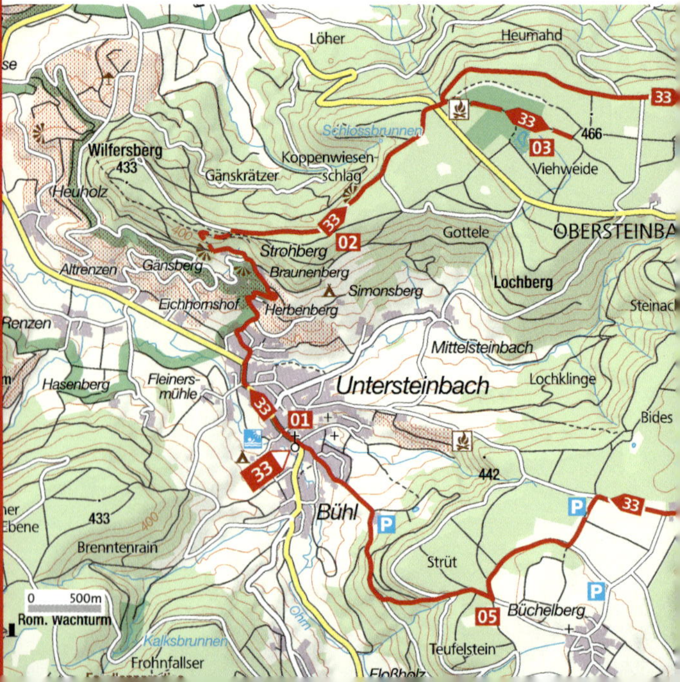

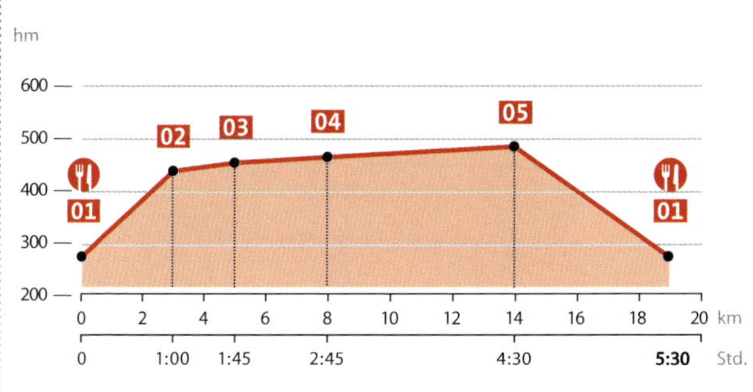

01 Untersteinbach, 270 m; 02 Strohberg, 434 m; 03 NSG „Viehweide", 450 m; 04 Obersteinbach, 461 m; 05 Büchelberg, 481 m

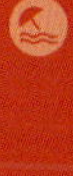

Richtungsschild „Wilfersberg/ Waldenburg". Wir durchwandern den hübschen Weinort, bis uns die Markierung nach rechts hochführt. Dann geht es nach links in die Haldenstraße, diese bringt uns nach dem Wohngebiet in Serpentinen steil hinauf in die Weinberge. Unterwegs haben wir tolle Aussichten auf die Landschaft um Untersteinbach, mit Weinbergen, Wäldern und Höfen. Oben geht es mit dem roten Strich nach links an den Häusern vorbei. Wir wandern am Waldrand und später im Wald bis zur Abzweigung, jetzt geht es rechts in einem Hohlweg steil hinauf auf den **Strohberg** 02. Oben geht es markierungsgemäß nach rechts in einen Waldpfad. Wenig später gehen wir auf diesem Weg an einem Trauf – einer senkrecht abfallenden und hohen Felswand – entlang. Hier ist etwas Vorsicht geboten, es gibt kein Geländer. Nach einiger Zeit leitet uns die Markierung nach links auf den parallel führenden Waldweg, auf dem geht es rechts weiter. Nach links haben wir mehrmals herrliche Sichten in die Hohenloher Ebene. Dann überschreiten wir die Landstraße und kommen zum Waldparkplatz. Wir durchschreiten diesen geradeaus und verlassen unsere bisherige Markierung. Wir treten nun in das **Naturschutz-**

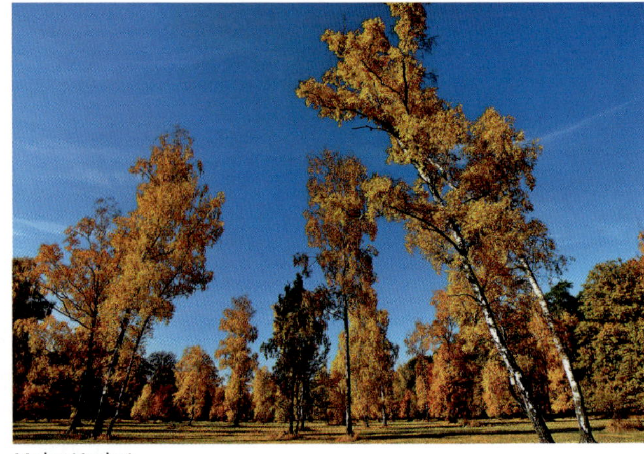

Maler Herbst.

gebiet Viehweide 03 ein. Am besten geht man auf der rechten Seite durch diese riesige Wiese mit dem wunderschönen, lichten Baumbestand. Man wähnt sich in einer englischen Parklandschaft. Nach der Besichtigung gehen wir zum Parkplatz zurück und gehen nach rechts auf den Waldweg, wieder mit Markierung roter Strich, HW 8. Einige Zeit später treten wir aus dem Wald, queren die Landstraße und drüben lädt der Jagdhaussee zu einer Rast ein. Wir kehren wieder zur Landstraße zurück und gehen jetzt mit blauem Strich geführt links nach **Obersteinbach** 04. Unsere jetzige Markierung führt uns am Ortseingang nach links durch die Ortschaft. Dann wieder nach links auf der Straße Im Weiler, bei der Weggabelung nach rechts am Wasserturm vorbei. Dann markierungsgemäß nach links hinaus auf das freie Feld. Bei Waldeintritt wechselt unsere Markierung zum blauen Kreuz, Richtungsschild „Untersteinbach". Auf dem folgenden Querweg geht es links, bald darauf gegenüber einem Hochsitz wieder nach links auf einen Grasweg. Bei Waldaustritt geht es rechts den Waldrand entlang und wieder nach rechts erreichen wir die Landstraße. Diese gehen wir links, dann nach rechts in die Straße Richtung **Büchelberg** 05. Nach ein paar Metern verlassen wir die Blaukreuz-Markierung und gehen nun mit rotem Punkt geradeaus weiter. In der Linkskurve weiter geradeaus Richtung Untersteinbach.

Wir kommen zu einem links liegenden Waldparkplatz, gehen durch diesen hindurch und entdecken wieder unsere Rotpunktmarkierung. Wir erreichen den Waldrand. Markierungsgemäß geht es an diesem entlang, später haben wir einen schönen Blick auf Büchelberg. Im Wald halten wir uns an einer Gabel links bergab. Wenn wir auf einen Querweg stoßen, wechselt die Markierung wieder zum roten Strich, HW 8. Wohlmarkiert kehren wir wieder zu unserem Ausgangspunkt in **Untersteinbach** 01 zurück.

SCHUPPACH – DÜRRNAST – FROHNFALLS – STORCHSNEST

Prächtige Landschaftsmotive, beschauliche hohenlohische Weiler

  12 km  3:30 h  255 hm  255 hm 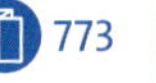 773

START | Schuppach, Parkmöglichkeiten im Ort [GPS: UTM Zone 32 x:543.870 m y: 5.440.430 m]
CHARAKTER | Von Schuppach im Wald hinauf zum Weiler Hegenhäule. Dann im Freien schöne Ausblicke in die unzersiedelte Landschaft. Dürrnast, Streithag, Neuwirtshaus, Frohnfalls, Haubühl, Storchsnest heißen die idyllischen Weiler, die wir durchwandern. Überwiegend Fahrsträßchen, Waldwege/-pfade.

Wir starten im hohenlohischen Ohrntal in Schuppach bei der ehemaligen Gaststätte **„Zum Schuppachtal"** 01. Bei der nebenliegenden Mühle gehen wir über das Brückchen, drüben führt uns die Markierung blaues Kreuz nach rechts. Nach dem Sägewerk steigen wir links auf einem Feldweg steil hinauf zum Berg Kanzleibückele. Unterwegs haben wir einen großartigen Rückblick ins idyllische Schuppachtal. Wir überqueren einen Forstweg, kurz rechts und dann links auf urigem Waldpfad weiter steil hinauf, wir überschreiten nochmals einen Querweg. Oben angekommen wandern wir markierungsgemäß nach rechts aus dem Wald hinaus

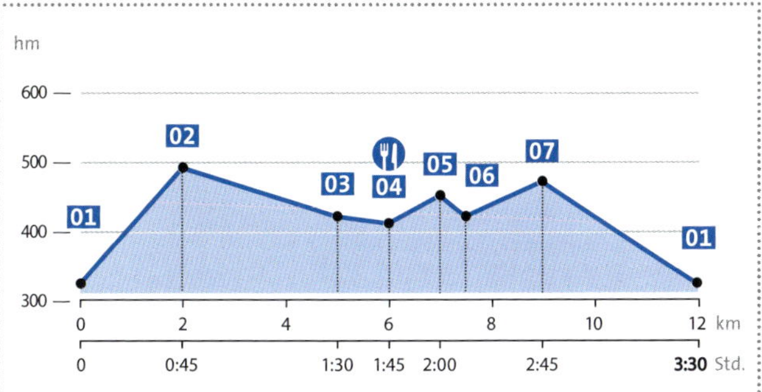

01 Schuppach, 323 m; 02 Hegenhäule, 490 m; 03 Streithag, 420 m; 04 Gaststätte Neuwirtshaus, 410 m; 05 Frohnfalls, 450 m; 06 Abzweig Forellenparadies, 420 m; 07 Storchsnest, 470 m

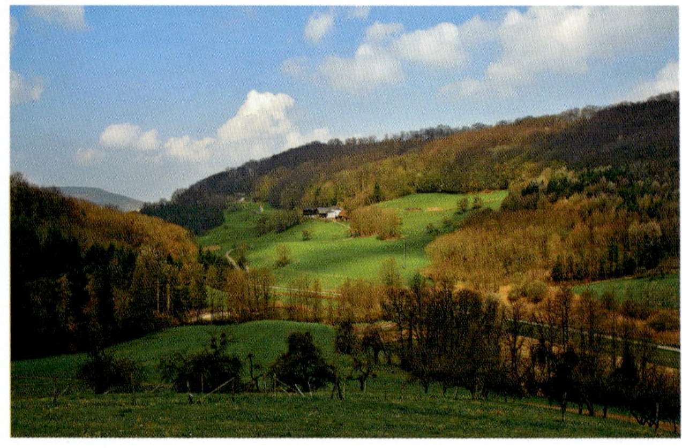

Bei Schuppach.

auf die Hochebene. Wir lassen den Weiler **Hegenhäule** 02 links liegen. Jetzt geht es geradeaus mit Markierung rotes Kreuz, Richtung „Neuwirtshaus“, mit herrlichen Aussichten in die Landschaft. Wo das Fahrsträßchen eine Linkskurve macht, gehen wir markierungsgemäß geradeaus, um gleich darauf halbrechts in den Waldweg abzubiegen. Nach wenigen Minuten sind wir wieder aus dem Wald und durchwandern den Ort Dürrnast. Wir schlendern immer eben auf einen Hof zu, wir haben weiterhin prächtige Weitblicke.

Achtung! Vor den Häusern zeigt das rote Kreuz nach rechts auf einen Feldweg, der Weg senkt sich ein paar Höhenmeter hinunter zum Weiler **Streithag** 03. Bei den letzten Häusern führt das Sträßchen scharf rechts hinunter zu einem Hof, am ersten Haus wenden wir uns markierungsgemäß links. Wir wandern durch ein Tal Richtung Straße, kurz davor biegen wir zunächst unmarkiert nach rechts. Dann führt uns das rote Kreuz über das Fahrsträßchen und es geht auf einem Feldweg weiterhin geradeaus. Unten sehen wir links die nahe **Gaststätte Neuwirtshaus** 04, wir überque-

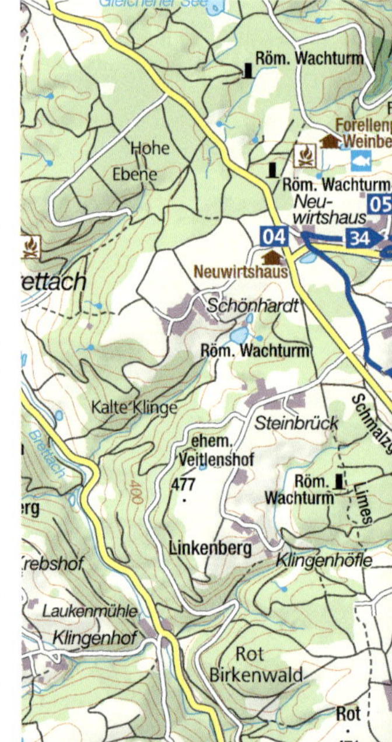

Hohenlohisch

Als Hohenlohisch wird die fränkische Mundart im nordöstlichen Baden-Württemberg bezeichnet. Hier zwei Kostproben:
„Wo die Hasâ Hosâ haaßâ un diâ Hosâ Housâ haaßâ, dôô bin ii dâhôôm!"
„Wo die Hasen Hosâ heißen und die Hosen Housâ heißen, da bin ich daheim!" (die Selbst-Charakterisierung der Hohenloher).
„Dô hewâdâr aich awer aa s'schenschd Weedâr rausgsuâcht."
„Da habt ihr euch aber auch das schönste Wetter rausgesucht."
(Gern zu Wanderern, die bei strömendem Regen unterwegs sind).

ren die Straße. Im darauffolgenden Weiler Neuwirtshaus nach rechts. Wir erreichen **Frohnfalls** 05, im Ort halten wir uns beim **Abzweig Forellenparadies** 06 (ca. 500 m entfernt, Einkehrmöglichkeit zwischen Ostern und 1. Nov.) geradeaus, zunächst unmarkiert. Dann führt uns die neue Markierung roter Strich, HW 8 hinunter zur Straße. Dort links abwärts, bald darauf nach rechts auf einen Feldweg. Der führt hinauf nach Haubühl, dann im Freien nach **Storchsnest** 07. Nun senkt sich der Weg ständig, im Wald wenden wir uns in einer Linkskurve nach rechts. Auf einem urigen Waldpfad steigen wir steil hinab zu unserem **Ausgangspunkt** 01.

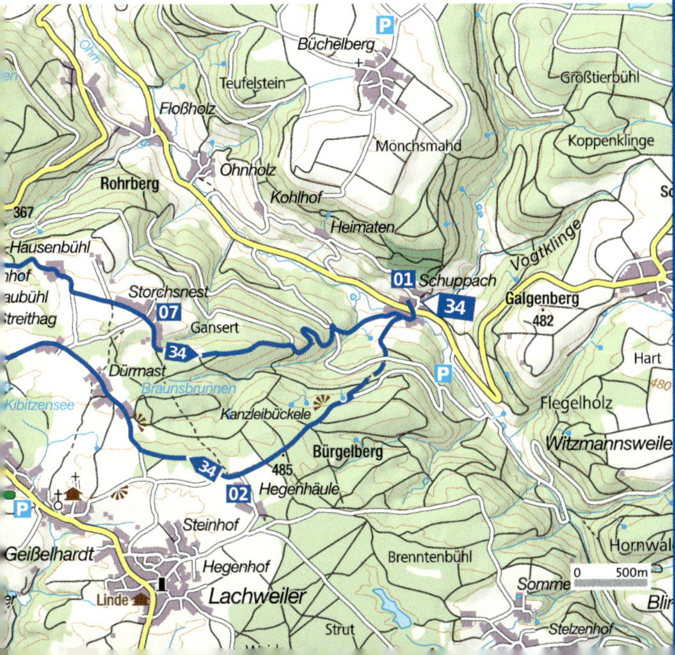

SCHUPPACH – HEGENHÄULE – MAIBACH

Durch Wald und Wiesen bei Schuppach

  8 km  2:30 h  200 hm  200 hm 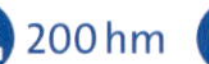 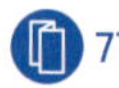 773

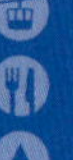

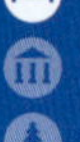

START | Schuppach, Parkmöglichkeiten im Ort
[GPS: UTM Zone 32 x: 543.870 m y: 5.440.430 m]
CHARAKTER | Kurze Rundtour bei Schuppach in idyllischer Landschaft. Zuerst im Wald steil hinauf bis Hegenhäule, dort im Freien, dann wieder in den Wald bis kurz vor Maibach, hier durch Feld und Wiesen und dann im Wald wieder hinab zum Ausgangspunkt.

▶ Wir starten im hohenlohischen Ohrntal, in **Schuppach** 01, bei der ehemaligen Gaststätte „Zum Schuppachtal". Bei der nebenliegenden Mühle gehen wir über das Brückchen, drüben führt uns die Markierung blaues Kreuz nach rechts. Nach dem Sägewerk steigen wir links auf einem Feldweg steil hinauf zum Berg Kanzleibückele. Unterwegs haben wir einen großartigen Rückblick ins idyllische Schuppachtal. Wir überqueren einen Forstweg, kurz rechts und dann links auf urigem Waldpfad weiter steil hinauf, wir überschreiten nochmals einen Querweg. Oben angekommen wandern wir markierungsgemäß nach rechts aus dem Wald hinaus auf die Hochebene. Wir halten auf das bereits sichtbare **Hegenhäule** 02 zu, unsere Blaukreuz-Markierung führt uns nach links an dem Weiler vorbei. Am Ortsausgang wechselt unsere Markierung zum roten Kreuz, wir treten beim Richtungsschild „Bubenorbis" in den

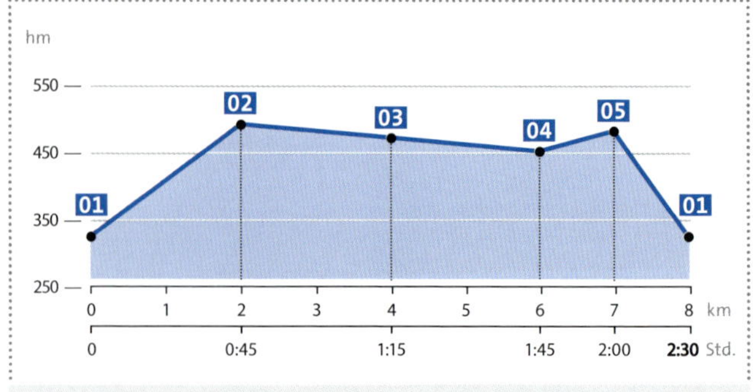

01 Schuppach, 323 m; 02 Hegenhäule, 490 m; 03 Sommerhof, 470 m; 04 Tümpel, 450 m; 05 Kanzleibückele, 480 m

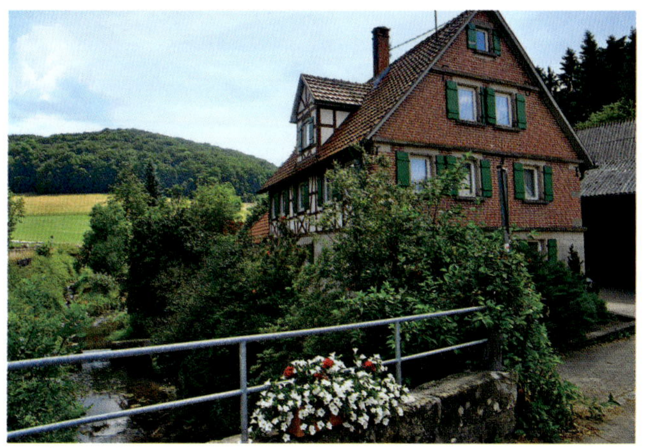

In Schuppach.

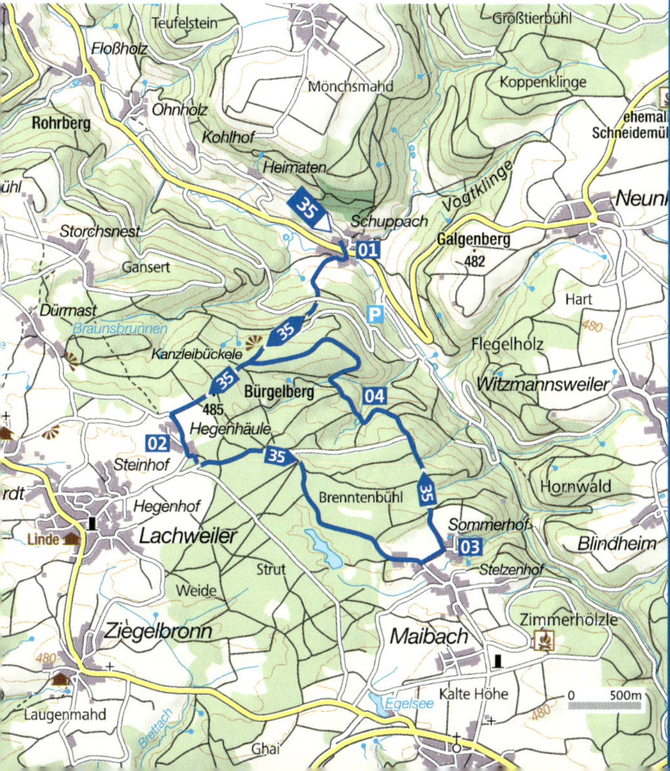

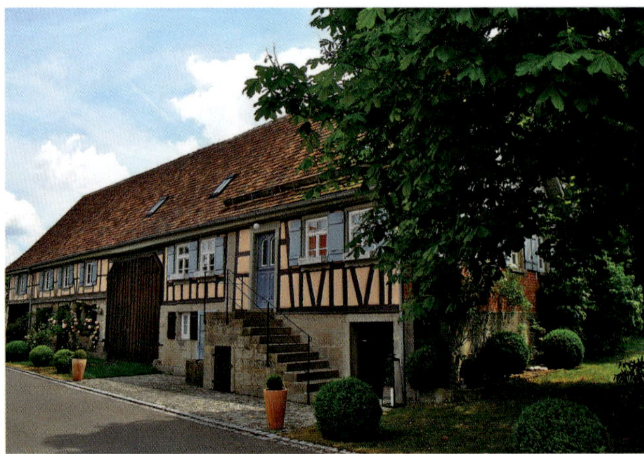

Hof in Maibach.

Wald Brenntenbühl ein. Auf einem Waldpfad bis zu einem querenden Forstweg, auf diesem nach links, kurz darauf entdecken wir unsere Markierung wieder. Bei der folgenden Wegegabel halten wir uns rechts. Nun geht es geraume Zeit durch den Wald, nach Waldaustritt sehen wir Maibach vor uns liegen. Bevor wir in den Ort gehen, wenden wir uns markierungslos auf dem ersten Asphaltsträßchen nach links, auf den **Sommerhof** 03 zu. Vor den Häusern biegt der Weg nach links und durch Felder und Wiesen schlendern wir auf den Wald zu. Bei der Wegekreuzung am Waldrand wandern wir geradeaus weiter. Auch bei den folgenden beiden Wegegabeln halten wir uns geradeaus. Wir passieren einen kleinen **Tümpel** 04, es geht leicht bergauf. Oben können wir durch die Bäume das Ohrntal sehen.

Dann stoßen wir beim **Kanzleibückele** 05 auf unseren Herweg, den wandern wir (nun wieder mit Markierung blaues Kreuz) rechts hinunter. Nach einigen Minuten führt uns die Markierung nach links zu dem bekannten Waldpfad, auf dem wir zu unserem **Ausgangspunkt** 01 zurückgehen.

Sehenswertes in Hohenlohe

Hohenlohe ist ein „Land der Burgen und Schlösser". Hier eine kleine Auswahl der Schlösser, die auch besichtigt werden können: Langenburg, Neuenstein, Waldenburg und Weikersheim.

Die am nördlichen Rand des Schwäbisch-Fränkischen Waldes liegende Stadt Waldenburg sowie der Pfedelbacher Ortsteil Heuberg (Charlottenberg) bieten Aussichten über weite Teile der Hohenloher Ebene.

GNADENTAL – SAILACH-STAUSEE – NEUMÜHLSEE – GOLDBACHSEE

Zu drei Seen und in den Wald

 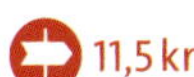 11,5 km  3:15 h  120 hm  120 hm  773

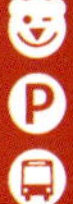

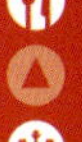
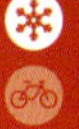
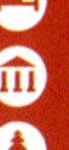

START | Gnadental, Parkplatz Richtung Winterrain
[GPS: UTM Zone 32 x: 547.550 m y: 5.442.090 m]
CHARAKTER | Die Tour führt durch das Biberstal zum Sailach-Stausee, weiter im Wald zum schön gelegenen Bade- und Angelsee Neumühlsee, dann wieder im Freien zum Goldbachsee und schließlich durch urigen Wald zum Weiler Winterrain. Überwiegend Waldwege/Waldpfade, Fahrsträßchen.

In **Gnadental** fahren wir **Richtung Winterrain**, nach ca. 200 m erreichen wir den **Parkplatz** 01. Auf dem Radweg gehen wir im Tal entlang, wir passieren eine Feldscheune, dann geht es mit Markierung blauer Strich weiter Richtung Winterrain. Dann führt der Weg nach links markierungsgemäß durch eine Schranke, es geht zum **Sailach-Stausee** 02. Dort über den Dammweg, hier rechts auf schmalem Waldpfad am See entlang. Der See ist ein Hochwasserrückhaltebecken, das Flüßchen Bibers wird hier aufgestaut. Baden ist leider verboten. Am Seeende verlassen wir den Wald (hier endet die Blaustrich-Markierung), halten uns halblinks und wandern auf dem Asphaltsträßchen nach links zum

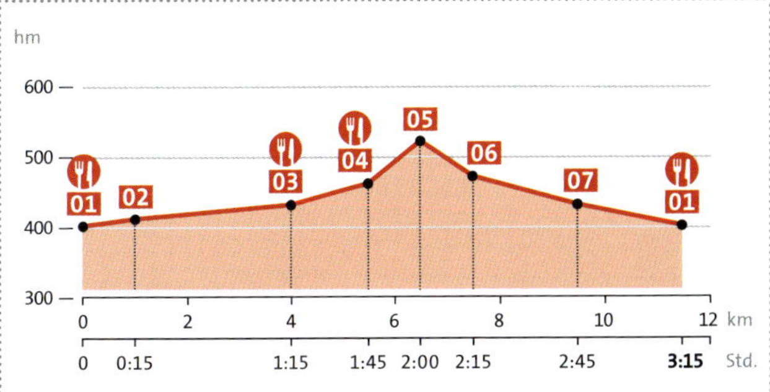

01 Gnadental, Parkplatz Richtung Winterrain, Gasthaus Hobelbank, 400 m; 02 Sailach-Stausee, 410 m; 03 Neumühlsee, 430 m; 04 Goldbachsee, 460 m; 05 Mühlberg-Ausläufer, 520 m; 06 Kreuzstein, 470 m; 07 Winterrain, 430 m

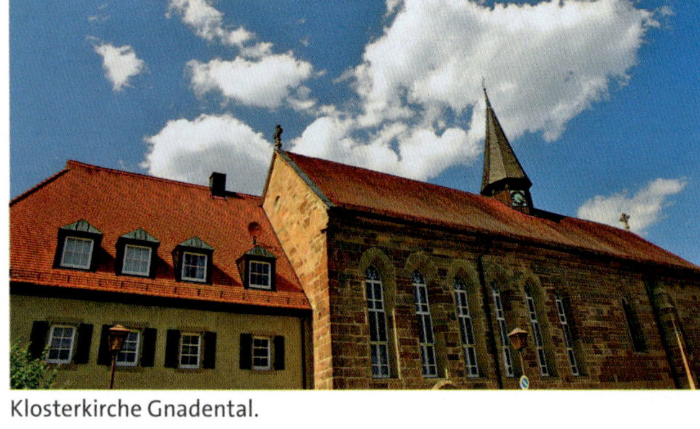
Klosterkirche Gnadental.

Wald. Dann nach rechts am Waldrand entlang. Auf dem folgenden Quersträßchen halten wir uns rechts, dann im Biberstal nach links in den Wald. Es geht lange durch schönen alten Laubwald, nach Waldaustritt erreichen wir den Campingplatz und den Landgasthof **Neumühlsee** 03. Der See liegt wunderschön im Tal, hier können wir ausgiebig baden, angeln, einkehren und grillen (Grillplatz). Nach unserer Rast schlendern wir weiter am rechten Seeufer entlang, am Seeende weist das Radweg-Schild nach rechts Richtung Goldbach, wir schlendern im Tal am Bach

Kloster Gnadental

Das Kloster Gnadental wurde 1245 als Zisterzienser-Nonnenkloster durch den Ritter Konrad von Krautheim gestiftet. In den Konvent wurden hauptsächlich Töchter der umliegenden Adelsgeschlechter aufgenommen. www.michelfeld.de

Hohenloher Freilandmuseum Wackershofen

Vom Bauernhof über Handwerkerhäuser bis zum bescheidenen Taglöhnerhäuschen, von der Mühle über Weinbauernhäuser bis zum Bahnhofsgebäude, vom Schulhaus bis zum Gefängnis reicht die Palette der rund 70 historischen Gebäude aus der Zeit vom 16. bis zum 20. Jahrhundert. www.wackershofen.de

Waldenburg

Diese 1253 erstmals erwähnte Stadt liegt auf einem Bergsporn und hat durch seine herrlichen Fernsichten in die Hohenloher Ebene und die Waldenburger Berge den Beinamen „Balkon Hohenlohes“ bekommen. www.waldenburg-hohenlohe.de

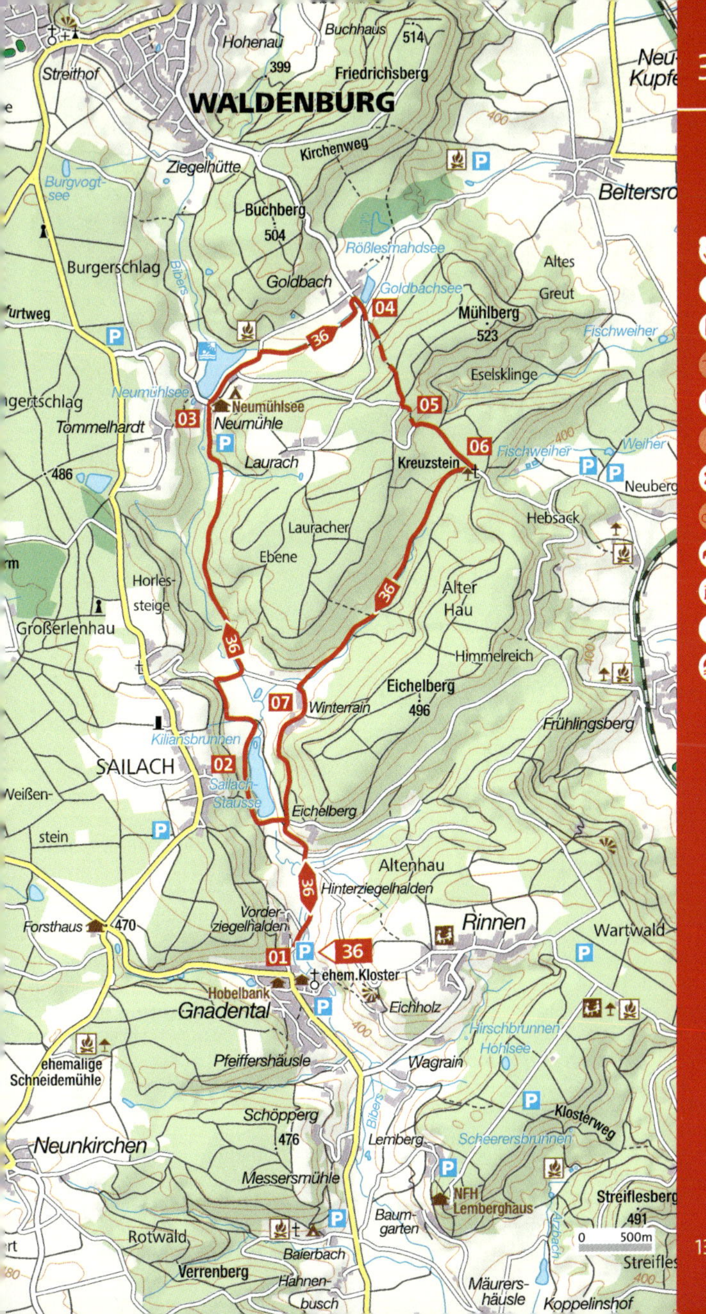
WALDENBURG
Hohenau
Buchhaus
514
399
Friedrichsberg
Streithof
Kirchenweg
Ziegelhütte
Burgvogtsee
Beltersrot
Buchberg
504
Rößlesmahdsee
Altes Greut
Burgerschlag
Goldbach
Goldbachsee
04
Mühlberg
523
Fischweiher
36
Eselsklinge
Neumühlsee
03
Neumühlsee
Neumühle
05
Tommelhardt
06
Weiher
Laurach
Kreuzstein
Neuberg
486
Lauracher Ebene
Hebsack
Horlessteige
Alter Hau
Großerlenhau
Himmelreich
07
Winterrain
Eichelberg
496
Frühlingsberg
Kiliansbrunnen
SAILACH
02
Sailach-Stausee
Eichelberg
stein
Altenhau
Hinterziegelhalden
Vorderziegelhalden
Rinnen
Forsthaus
470
Wartwald
01
ehem. Kloster
Hobelbank
Gnadental
Eichholz
Hirschbrunnen
Hohlsee
ehemalige Schneidemühle
Pfeiffershäusle
Wagrain
Klosterweg
Schöpperg
476
Neunkirchen
Lemberg
Scheerersbrunnen
Messersmühle
NFH Lemberghaus
Streiflesberg
491
Baumgarten
Rotwald
0
500m
Baierbach
Verrenberg
Hahnenbusch
Mäurershäusle
Koppelinshof

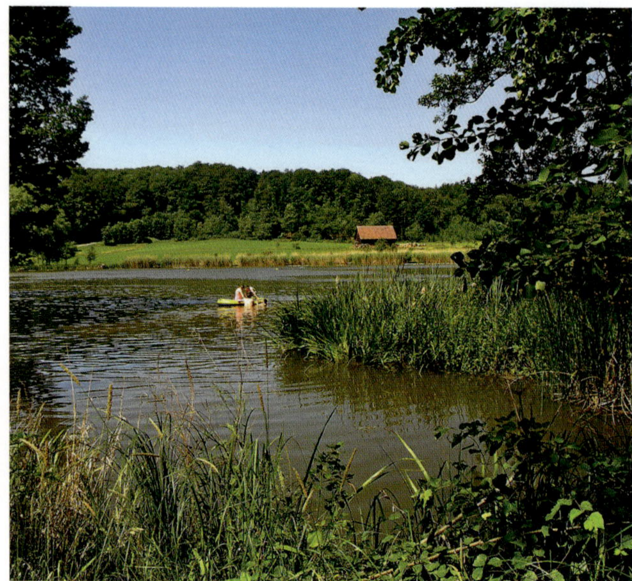

Der Neumühlsee.

entlang. Im Weiler angekommen, sieht man noch Teile des Klosters aus dem 14. Jahrhundert. Wir wandern auf der Straße Richtung Beltersrot am **Goldbachsee** 04 vorbei, gleich darauf biegen wir nach rechts in das Sträßchen Richtung Laurach (jetzt mit Markierung blauer Punkt).

Nach ein paar Meter geht es beim Vorfahrtachten-Schild nach links auf einen Trampelpfad zwischen Weidezaun und Straße. Am Waldanfang wenden wir uns nach links und sofort wieder rechts markierungsgemäß auf einen Waldpfad bergauf. Auf dem folgenden Quersträßchen geht es kurz markierungslos nach rechts und dann wieder mit der Blaupunkt-Markierung nach links auf einem Pfad bergauf, zu den **Ausläufern des Mühlbergs** 05. Später auf dem querenden Asphaltsträßchen ein paar Schritte nach rechts, dann weist unsere Markierung auf einen Waldpfad, der uns hinunter auf dieses Asphaltsträßchen bringt. Auf dem gehen wir links hinunter zum **Kreuzstein** 06, einem Sühnekreuz oder Gedenkstein aus dem 15. oder 16. Jahrhundert. Hier halten wir uns rechts und wandern durch den Wald. Nachdem wir den Wald verlassen haben, halten wir uns an der Kreuzung links und gehen auf dem Asphaltsträßchen zum bereits sichtbaren **Winterrain** 07. Wir durchwandern den Weiler, es geht wieder in den Wald, rechts unten sehenNwir durch die Bäume den Sailach-Stausee. Nachdem wir wieder im Freien sind gehen wir hinunter ins Tal und wieder zurück zu unserem **Ausgangspunkt** 01.

BRETTACH – BURG MAIENFELS – STEINKNICKLE – NEUHÜTTEN

Herrliche Aussichten von Burg und Turm

   11 km 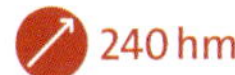 2:45 h 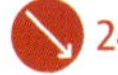 240 hm  240 hm  773

START | Brettach, Parkmöglichkeit unterhalb des Friedhofs von Brettach
[GPS: UTM Zone 32 x: 538.030 m y: 5.441.040 m]
CHARAKTER | Steil hinauf zur Burg Maienfels (hier schöne Aussichten), weiter über Schweizerhof, Busch, Kreuzle und hinauf zum Steinknickle. Vom Aussichtsturm herrliche Rundumsichten. Hinunter nach Neuhütten, dann über freies Feld und durch zwei Weiler wieder zurück. Überwiegend Feld- u. Fahrwege.

In **Brettach** 01, beim Landhaus Rössle, folgen wir der Markierung roter Strich, HW8 bergauf. Später ignorieren wir die Wegführung nach rechts in die Strasse „Am Hang" (wegen schlechter Wegbeschaffenheit), sondern gehen markierungslos weiter geradeaus bergauf. Kurz nach dem Wasserreservoir steigen wir auf einem rechts weggehenden Waldpfad hinauf nach Maienfels. Oben wenden wir uns auf der Strasse nach rechts und gehen durch die Brennofengasse zur **Burg** 02. Von der Mauer haben wir schöne Blicke über das Brettachtal und auf Maienfels. Bei der Straßenkurve folgen wir dem Schild „Hoher Garten", gehen den Bungalows entlang, wenden uns später nach links zur Trafostation und „Am Hölzle" geht es gut markiert nach rechts zum Ort Schweizerhof. An der Bushaltestelle wenden wir uns nach links, nach dem Tümpel (Schild „Naturdenkmal") führt uns die Markierung am Friedhof vorbei hinauf nach

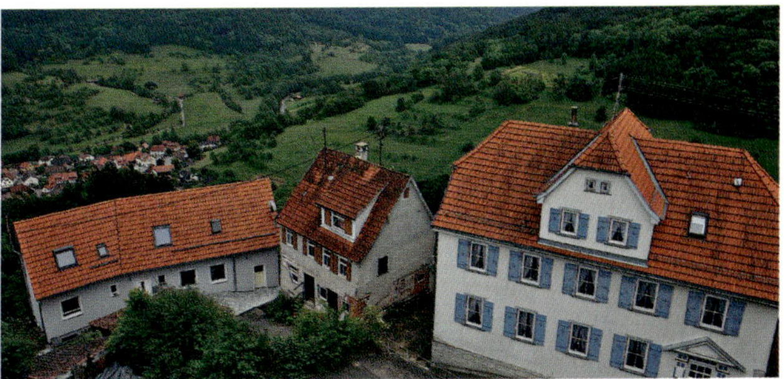

Blick von Burg Maienfels.

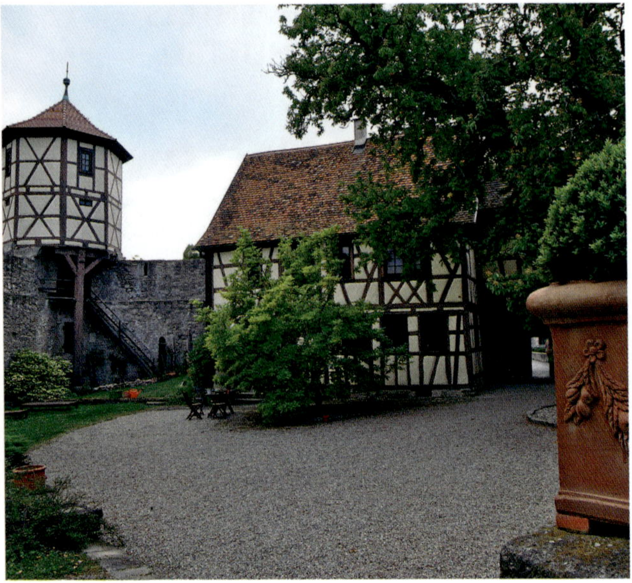

Burg Maienfels.

Busch. Dort in der Langestrasse nach rechts, gleich darauf biegen wir links in die Hirschbergstrasse. Wir überqueren die Landesstraße, auf dem Hagenauweg gehen wir zum Wald und wandern markierungsgemäß auf einem Waldpfad Richtung **Steinknickle** 03. Später führt uns die Markierung nach links bergauf,dann auf dem querenden Fahrweg nach rechts. Vor dem Naturfreundehaus steigen wir links die Stufen hoch zum Aussichtsturm. Vom 30 m hohen Turm (vom Schwäbischen Albverein betrieben) hat man prächtige Aussichten: nach Norden in die Hohenloher Ebene, in die anderen Richtungen reicht der Blick zu Teilen des Mainhardter Waldes, der Waldenburger Berge und der Löwensteiner Berge mit dem Stocksberg im Süden bis zur Hohen Brach bei Grab. Beim Turm gibt es eine Grillstelle und einen Kinderspielplatz. Nach der Rast geht es markiert nach **Neuhütten** 04, dort gehen wir kurz nach rechts und bei der Gaststätte „Sonne-Post" nach links durch die Rathausstraße. Wir gehen zwischen den

Brettach

Um 500 gründeten die Franken die Siedlung Brettach (von breit aha, breite Au). Der Ort, der über Heinrich von Brettach erstmals 1261 urkundlich erwähnt wird, gehörte ab 1366 den Herren von Weinsberg, später wechselten die Besitzer mehrfach.

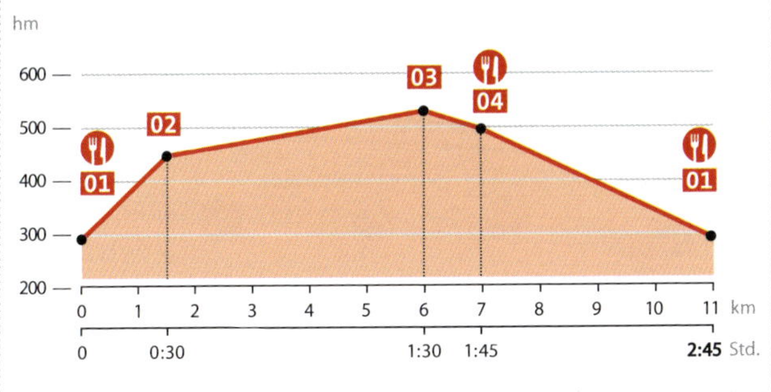

01 Brettach, Landhaus Rössle, 287 m; 02 Burg Maienfels, 442 m; 03 Steinknickle (Grillstelle), 525 m; 04 Neuhütten, Gaststätte Sonne-Post, 491 m

Häusern Nr. 31 und 32 markierungslos nach links, am Haus Nr. 6 vorbei und dann auf dem Feldweg weiterhin markierunglos über freies Feld zum Weiler Blindenmannshäusle. Dort nehmen wir das linke der beiden Fahrsträsschen hinab nach Walklensweiler. Am Ende des Ortes verlassen wir den Asphaltweg, der rechts am Teich vorbeiführt, und wandern weiter auf dem Feldweg. Bei der Wegegabel nehmen wir den rechten Feldweg zum Waldeck. Hier geht es auf einem Pfad steil bergab, bei der folgenden Wegegabel halten wir uns links zum Waldrand, dort gehen wir mit herrlichen Aussichten auf die Burg Maienfels und das Umland zurück zum Ausgangspunkt in **Brettach** 01.

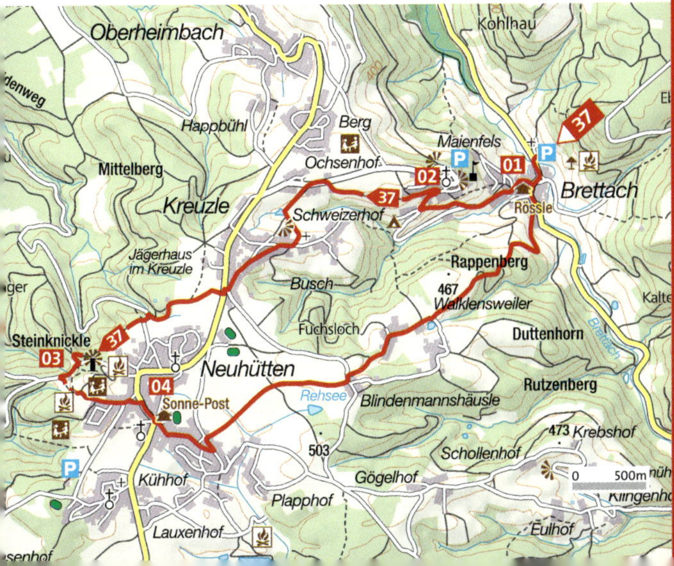

38

BRETTACH – NEUWIRTSHAUS – LAUKENMÜHLE – GÖGELHOF

Idyllische Landschaften, Aussichten, Mühle, Höfe und Burg

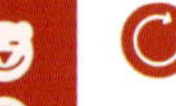  16,5 km 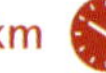 5:15 h 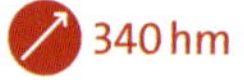 340 hm  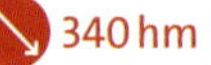 340 hm  773

START | Parkplatz unterhalb des Brettacher Friedhofs [GPS: UTM Zone 32 x: 538.030 m y: 5.441.040 m]
CHARAKTER | Äußerst abwechslungsreiche Wanderung mit hinreißenden Aussichten in vielfältige Landschaften, idyllische Höfe mit Viehweiden, Mühle, nettes Städtchen Neuhütten und zum Schluss der herrliche Ausblick von der Burg Maienfels. Überwiegend Waldwege/Waldpfade und Fahrsträßchen.

Vom **Parkplatz** 01 gehen wir nach links, geradeaus in den Ort, dort in den Holderklingenweg. Wir biegen nach links, gleich darauf entdecken wir unsere Markierung roter Strich/HW 8. Über die Brettach, weiter im Tal, an der Feldscheuer wenden wir uns nach rechts. Wenn wir zurückschauen, sehen wir die Burg und Dorf Maienfels in exponierter Lage auf dem Berg thronen. Jetzt geht es auf Waldweg, später Waldpfad, steil hinauf in den Wald. Oben stoßen wir auf einen Querweg, diesen gehen wir nach links, dann geht es mit schönen Weitsichten am Waldrand entlang. Nach folgendem Waldaustritt gehen wir auf einem Feldweg auf **Schönhardt** 02 zu, wir durchwandern den Weiler, nach den letzten Häusern markierungsgemäß nach links zum nahen Wald. Am Waldrand nach rechts und vor zur Landesstraße. Auf dieser verkehrsarmen Straße gehen wir rechts, kommen an der Gaststätte **Neuwirtshaus** 03 vorbei, jetzt wechselt die Markierung zum Limesturm/roter Strich. Kurz darauf weist uns dieses Zeichen, an einem Baum an der linken Straßenseite, nach

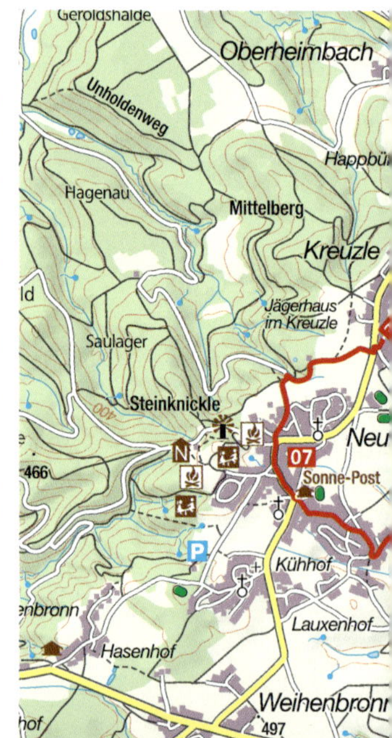

Die Räuber vom Mainhardter Wald

Armut prägte das Leben vieler Einwohner des Mainhardter Waldes. Die Landwirtschaft brachte zu wenig ein, manche arbeiteten als Tagelöhner. Der Landesherr (Fürst zu Hohenlohe-Bartenstein) verlangte trotzdem hohe Abgaben und Steuern. Folglich rebellierte die Bevölkerung und verweigerte dem Landesherrn ab 1746 die fälligen Steuern. Nach zehn Jahren beendete das Militär die Rebellion. Zurück blieben viele hoch verschuldete Untertanen.
Um sich und ihre Familien zu ernähren, schlossen sich 58 Männer ab 1760 zu einer Räuberbande zusammen. Meist stahlen sie Lebensmittel und Vieh, manchmal Wertgegenstände, die sie dann zu Geld machten. Doch einige Jahre später überfielen sie auch Postkutschen und ermordeten Geldboten. Durch Zufall wurde 1772 ein Bandenmitglied gefasst, der dann unter der Folter seine Kumpanen verriet. Ein Jahr später wurden 19 Räuber in Pfedelbach oder Maienfels enthauptet und ihre Körper aufs Rad geflochten.
Das Stück „Die Räuber vom Mainhardter Wald", nach dem gleichnamigen Buch von Egil Pastor, wird jedes Jahr von den Mitgliedern des „Laienschauspiel Mainhardter Wald" am Originalschauplatz Gögelhof als Stationentheater auf sieben Bühnen aufgeführt.
www.laienschauspiel-mainhardt.de

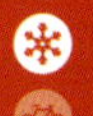

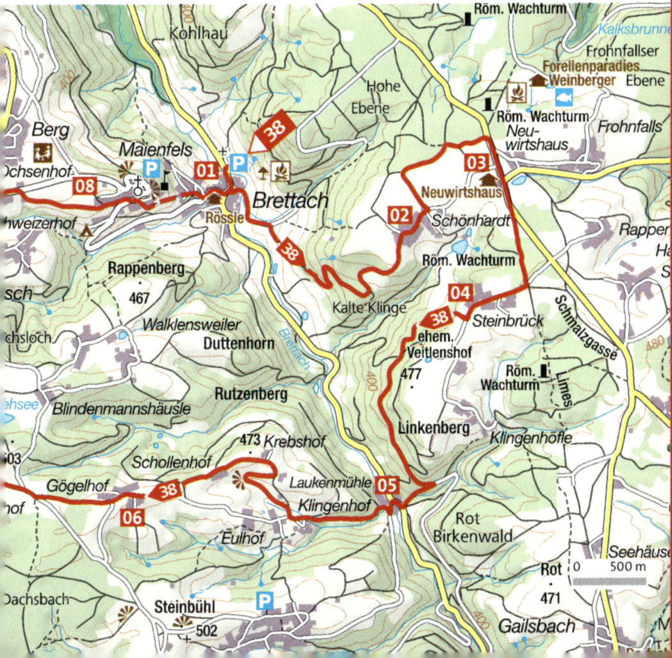

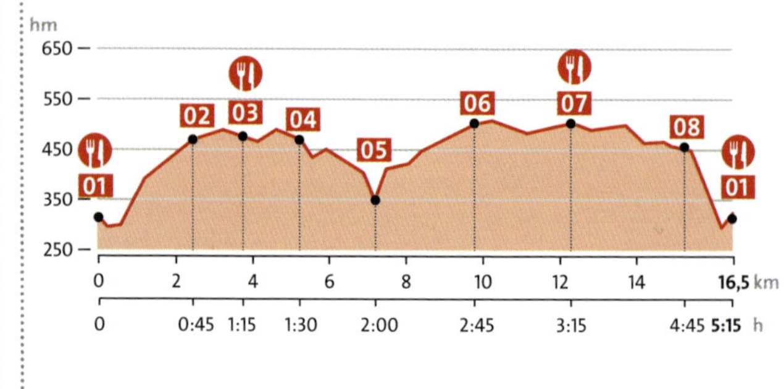

01 Parkplatz unterhalb des Brettacher Friedhofs, Landhaus Rössle, 290 m; 02 Schönhardt, 470 m; 03 Neuwirtshaus, 470 m; 04 Karolinenhof, 470 m; 05 Laukenmühle, 340 m; 06 Gögelhof, 500 m; 07 Neuhütten, Gaststätte Sonne-Post, 500 m; 08 Burg Maienfels, 440 m

rechts auf einen Wiesenweg, der uns geradeaus in den Wald bringt. An einer Wegegabel halten wir uns links, die Markierung sehen wir etwas später wieder. Wir treten aus dem Wald, hier verlassen wir unsere Markierung und wenden uns auf dem Fahrsträßchen unmarkiert nach rechts. Wir erreichen durch eine Wiesenlandschaft die Häuseransammlung Steinbrück, kurz darauf den **Karolinenhof** 04. Nach dem letzten Gebäude wenden wir uns nach rechts auf den Schotterweg, nun in den Wald. Nach geraumer Zeit sehen wir rechts im Wald einen niedrigen Schieß-Sitz, kurz darauf rechts einen Hohlweg mit einem Durchfahrt-Verbotsschild. Wir gehen hinab, bei der Wegegabel rechts, dann an der Holzhütte vorbei. Auf schmalem Pfad geht es nach links und hinunter zur Kreisstraße. Auf dieser nach rechts zur **Laukenmühle** 05, gegenüber der Mühle die Straße links hochgehen, dann halten wir uns rechts, Richtung „Rutzenweiler". Diesen Ort gibt es nicht, es ist ein Sammelname für die Höfe Eulhof, Gögelhof, Klingenhof, Krebshof und Schollenhof. Wir gehen auf dem schmalen Sträßchen hinauf bis kurz vor den Klingenhof, hier rechts Richtung „Gögelhof". Wegen der Aussicht in die idyllische Landschaft verlassen wir kurz unseren markierten Weg und bleiben auf dem Sträßchen, gehen am Krebshof, (ab hier wieder HW 8-Markierung) dann am Schollenhof vorbei. Von unterwegs haben wir herrliche Panoramablicke über den Mainhardter Wald und das Brettachtal, ringsum sehen wir Höfe auf den Höhenrücken, Wiesen, Viehweiden und Wälder.

Wir erreichen den **Gögelhof** 06, den Aufführungsort des Stückes „Die Räuber vom Mainhardter Wald" (siehe Info-Kasten). Wir gehen geradeaus weiter, bei der Kreuzung zeigt das Richtungsschild nach **Neuhütten** 07. Im Ort stoßen wir auf die Rathausstraße, auf der halten wir uns (jetzt mit Markierung blauer Strich) rechts, durchwandern das Städchen, bei der Rechtskurve der Durchgangsstraße gehen wir geradeaus Richung „Waldparkplatz".

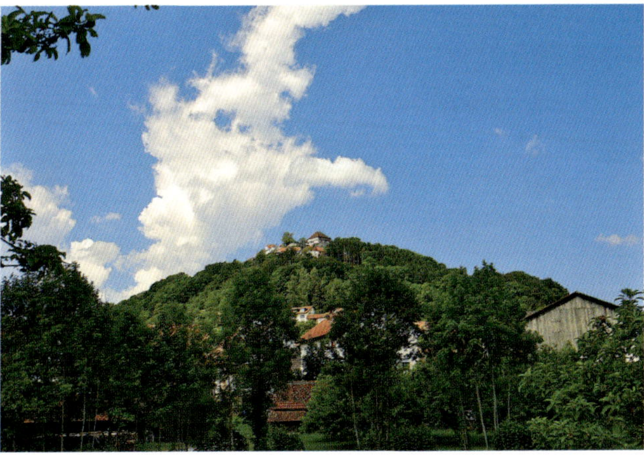
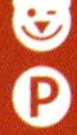
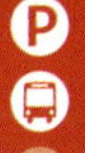

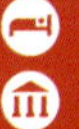
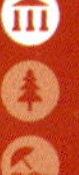

Burg Maienfels.

Wir passieren das „Haus Waldruh“, am Parkplatz (Grillplatz) – nun mit Markierung roter Strich/HW 8 – rechts am Waldrand entlang. Kurz nach Waldeintritt wenden wir uns auf einem Waldpfad nach rechts, bald geht es aus dem Wald hinaus und über eine freie Fläche vor zur Landesstraße. Diese überqueren wir, gehen nach links in die Hirschbergstraße des Weilers Kreuzle, dann in die Straße Deichenstuhl. Am Ortsausgang steigen wir markierungsgemäß, bei herrlicher Fernsicht, über einen Wiesenhang hinab zum Fahrsträßchen. Unten links, an einem Teich vorbei und hinauf zum Weiler Schweizerhof. Hier kurz der Landesstraße entlang und dann nach rechts auf den Weg Am Hölzle. Wir gehen vor zum bereits sichtbaren Trafohäusle, hier links und dann gleich wieder rechts in die Straße Hoher Garten.

Wir gehen vor zur **Burg** 08, es ist Privatbesitz, aber wenn die Tore geöffnet sind, kann man in den Burghof eintreten. Von hier hat man einen prächtigen Blick auf Brettach und das Tal. In der warmen Jahreszeit finden hier auch kulturelle Veranstaltungen statt (siehe Info-Kasten). Wir steigen an der Burgmauer entlang die Treppen hinunter, unten rechts Richtung „Brettach“, dann führt uns die Wegziffer 3 auf einem Waldpfad hinunter zum Ort und zu unserem **Ausgangspunkt** 01 zurück.

Burg Maienfels

Erbaut zwischen 1230 und 1250. Die Burg befindet sich bis heute in Familienbesitz der Herren von Gemmingen, die Anlage wird heute noch bewohnt. Veranstaltungen auf der Burg Maienfels: www.gemeinde-wuestenrot.de, Untermenues: Freizeit & Kultur/ Kultur auf der Burg

MAINHARDT – KUHNWEILER – FINSTERROTER SEE

Wald, Wiesen und See

 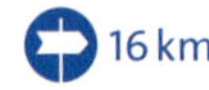 16 km  4:00 h 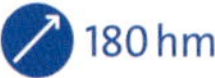 180 hm  180 hm  773

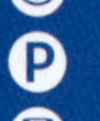

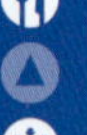

START | Mainhardt, Parkplätze beim Sportplatz
[GPS: UTM Zone 32 x: 540.350 m y: 5.436.620 m]
CHARAKTER | Im Wald zum Weiler Hohenstraßen, dann über freie Hochfläche und durch mehrere Weiler nach Finsterrot und zum gleichnamigen Bade- und Angelsee. Nach Waldaustritt durch typische Landschaft des Schwäbisch-Fränkischen Waldes. Weiter nach Ammertsweiler, in das Brettachtal und zurück. Überwiegend Waldpfade/Waldwege.

In **Mainhardt** 01 gehen wir markierungslos die Straße Steinbühl hinunter, am Freibad vorbei und treffen auf das Quersträßchen, dieses gehen wir nach links. Ab hier Markierung blauer Punkt. Nun geht es kurz bergauf durch den Weiler Baad, oben geht es rechts hinein in den Wald. Auf schönem Pfad durchwandern wir den lichten Wald, kommen an dem kleinen Kapplersee vorbei und verlassen kurz vor der Straße wieder den Wald. Dieser Straße folgen wir ein paar Minuten nach rechts zum Weiler Hohenstraßen, bei der Bushaltestelle biegen wir dem blauen Punkt folgend nach links. Wir genießen die Blicke über die freie Hochfläche mit Wiesen, Äckern und Wald. Bald darauf erkennen wir an dem einzeln stehenden Baum unser Wegzeichen, das uns halbrechts in den Wald führt. Unten überqueren wir den Bach, es geht wieder bergauf.

Später durchwandern wir den **Wiedhof** 02. Unser Weg führt nun links hinunter zur **Schlossmühle** 03. Nach der Häuseransammlung gehen wir auf der Straße nach rechts. Auf dieser geht es wieder rechts unmarkiert bergan nach **Kuhnweiler** 04. Wir wandern an den ersten Häusern vorbei, passieren den Abzweig nach Unterer

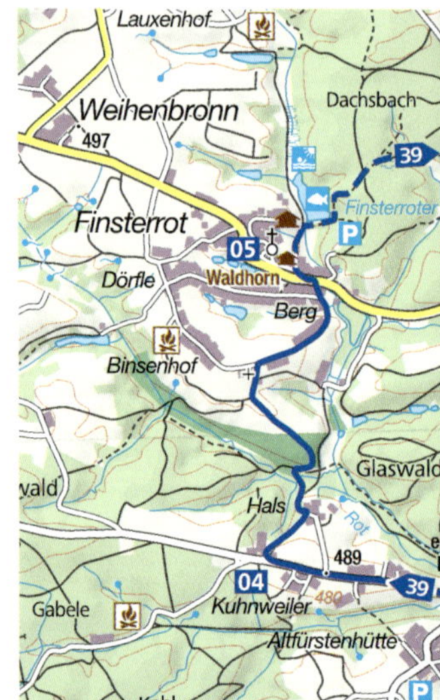

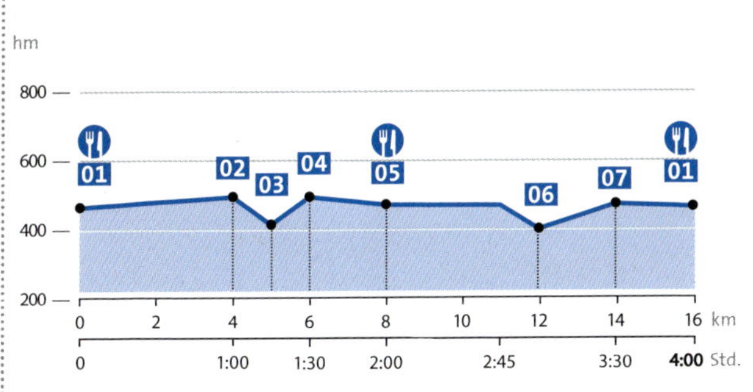

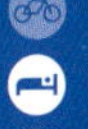

01 Mainhardt, 460 m; **02** Wiedhof, 490 m; **03** Schlossmühle, 410 m; **04** Kuhnweiler, 490 m; **05** Finsterrot, Gasth. Waldhorn, 467 m; **06** Brettachtal, 396 m; **07** Dennhof, 468 m

Hals und bei weiteren Häusern geht es nach rechts mit Markierung blauer Strich und dem Schild „Waldschrat-Pfad“. Über Wald- und Feldwege wandern wir hinauf zum Friedhof von Finsterrot. Dort wenden wir uns zunächst ohne Markierung nach rechts, das Sträßchen bringt uns nach **Finsterrot** **05**. Wir überqueren die Straße, gehen halbrechts zum Gasthaus Waldhorn, dem Gebäude gegenüber führt rechts die Seestraße zum Finsterroter See, einem Bade- und Angelsee. Direkt am Seeufer lädt ein Kiosk, ein Spielplatz und eine Grillstelle zum Verweilen ein. Nach unserer Rast gehen wir am Südufer entlang. Achtung! Am Ende des Sees folgen wir dem blauen Strich

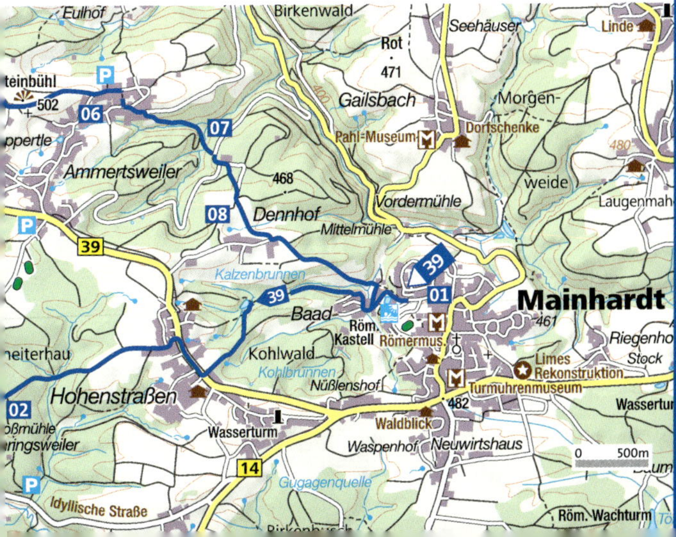

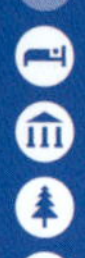

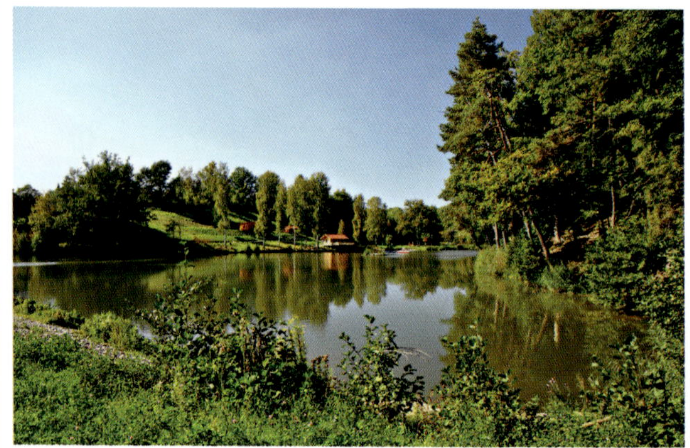

Finsterroter See.

nach links, der Waldpfad geht hinauf zum Wald Dachsbach. Später treten wir wieder aus dem Wald, halten uns rechts, nach links haben wir eine prächtige Aussicht auf die typische Landschaft des Schwäbisch-Fränkischen Waldes mit Wiesen, Kuhweiden, Wäldern und Gehöften. Im Ort Ammertsweiler, vor dem Haus Nr. 11, biegen wir nach rechts, gehen den Wiesenhang hinunter, unten auf dem Sträßchen nach links und dann hinunter ins **Brettachtal** **06**. Wir überqueren das Bächlein und dann geht es gut markiert im Wald hinauf. Vor dem **Dennhof** **07** geht es aus dem Wald, durch ein schönes Tal, am Hof halten wir uns links und gehen weiter Richtung Mainhardt. Bei der Forellenzucht Baad-Mühle überqueren wir das Sträßchen, ein Pfad führt uns bergan. Oben verlassen wir die nach links zeigende Blaustrichmarkierung und gehen geradeaus wieder am Freibad vorbei zum Parkplatz in **Mainhardt** **01**.

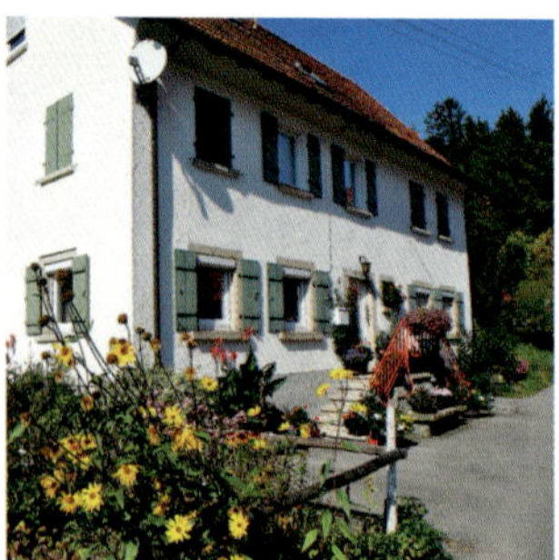

Bei Schlossmühle.

Finsterrot

1511 ist in einer Urkunde der Grafen Georg und Albrecht von Hohenlohe erstmals von der Siedlung „an der vinstern Rodt“ die Rede, 1512 von der „Vinsterrot“. Der Ort wurde als Rodungssiedlung bei vermutlich zwei Glashütten angelegt. Flurnamen wie Glasklinge, Glaswald und Aschenbühl deuten heute noch darauf hin.

MAINHARDT – WIEDHOF – ROTTAL – RÖSERSMÜHLE – LIMES

Romantisches Bachtal, Mühlen und auf den Spuren der Römer

 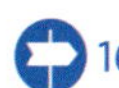 16 km  4:00 h 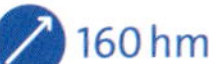 160 hm  160 hm 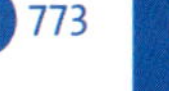 773

START | Mainhardt, Parkplatz beim Sportplatz
[GPS: UTM Zone 32 x: 540.350 m y: 5.436.620 m]
CHARAKTER | Im Wald zum Weiler Hohenstraßen, weiter über freie Hochfläche. Dann wieder im Wald zuerst hinauf und dann hinab in's Tal der Rot. Später Liemersbach, dann drei Mühlen, das Kleinkastell Hankertsmühle und Reste des Limes. Zum Schluss im Freien mit schönen Aussichten zurück nach Mainhardt. Überwiegend Fahrwege, Waldpfade.

In **Mainhardt** 01 gehen wir markierungslos die Straße Steinbühl hinunter, am Freibad vorbei und treffen auf das Quersträßchen, dieses gehen wir nach links. Ab hier Markierung blauer Punkt. Nun geht es kurz bergauf durch den Weiler Baad, oben geht es rechts hinein in den Wald. Auf schönem Pfad durchwandern wir den lichten Wald, kommen an dem kleinen Kapplersee vorbei und verlassen kurz vor der Straße wieder den Wald. Dieser Straße folgen wir ein paar Minuten nach rechts zum Weiler Hohenstraßen, bei der Bushaltestelle biegen wir dem blauen Punkt folgend nach links. Wir genießen die Blicke über die freie Hochfläche mit Wiesen,

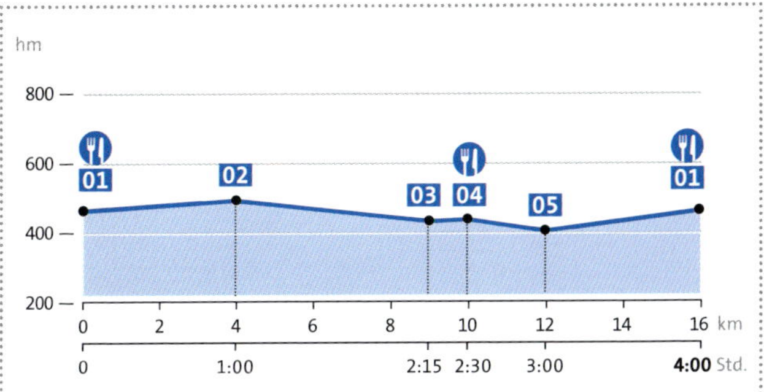

01 Mainhardt, 460 m; 02 Wiedhof, 490 m; 03 Liemersbach, 430 m; 04 Rösersmühle, „Zur Einkehr", 435 m; 05 Hankertsmühle (Grillstelle), 402 m

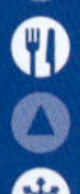

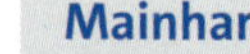

Mainhardt

Ca. 150 n. Chr. wurde hier der Limes errichtet und ein Steinkastell. 260 n. Chr. verließen die Römer wieder diese Region. Im Jagdschloss „Schlössle“ in der Ortsmitte ist heute das Römer-Museum untergebracht, das Fundstücke über diese Zeit präsentiert.

Limes

Dieser Teil des Limes gehört zu dem Obergermanisch-Raetischen Limes, einem 550 km langen Abschnitt der ehemaligen Außengrenze des Römischen Reiches zwischen Rhein und Donau, das längste Bodendenkmal der Welt nach der Chinesischen Mauer und dem Hadrianswall in Großbritannien. Seit 2005 Weltkulturerbe der UNESCO. Limesinformationszentrum Baden-Württemberg www.liz-bw.de

Fuxi-Naturerlebnis-Pfad

Kinder und Erwachsene können auf unterschiedlich langen Routen an verschiedenen Stationen den Wald erleben. www.schwaebischerwald.com

Hankertsmühle

Die Hankertsmühle wurde 1371 erstmals urkundlich erwähnt. 1913 kaufte der Staat das Anwesen; in der Folge wurden die Gebäude abgebrochen.

Äckern und Wald. Bald darauf erkennen wir an dem einzeln stehenden Baum unser Wegzeichen, das uns halbrechts in den Wald führt. Unten überqueren wir den Bach, es geht wieder bergauf.

Achtung! An der Wegkreuzung kurz vor den Gebäuden des **Wiedhofs** **02** verlassen wir die Markierung und gehen nach links an der Hütte vorbei. Nach einiger Zeit kommen wir auf einer Lichtung an eine Wegkreuzung mit Waldarbeiterhütte. An der gehen wir geradeaus vorbei und auf einem schmalen Waldpfad hinunter zu einem Forstweg. Den gehen wir rechts, vor zur Straße, dort nach links über die Brücke, gleich danach nimmt uns rechts der schmale Radweg auf. Dieser führt auf einem Holzsteg über das Flüsschen Rot, drüben wenden wir uns auf dem Rad- und Forstweg nach links. Nun schlendern wir durch das

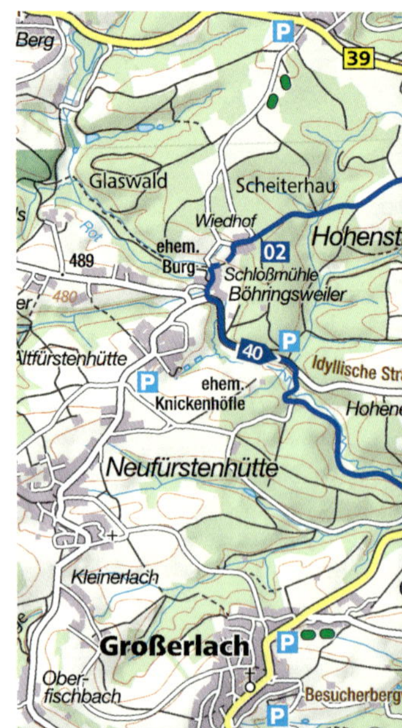

romantische Rottal. Wir überqueren die Straße (B 14) und kommen nach **Liemersbach** 03. Auf einem schmalen Fahrsträßchen passieren wir – immer an der Rot entlang – die Neusägmühle, die Hammerschmiede und die **Rösersmühle** 04 (Zur Einkehr). Nachdem wir die Schautafel „Kleinkastell Hankertsmühle" passiert haben, können wir bei den Ruinen der **Hankertsmühle** 05 auf dem Grillplatz eine Rast machen. Jetzt führt uns die Markierung Limesweg (Limes-Wachturm) links waldaufwärts. Unterwegs einige Stationen des „Fuxi-Naturerlebnis-Pfades". Nun führt uns der Weg auf geschichtsträchtigen Boden nach rechts, Wall und Graben des Limes sind noch zu erkennen. Wir passieren die rekonstruierten Grundmauern eines römischen Wachturms (einige Meter bergauf). Der Weg führt teilweise noch auf dem Limes. Bald darauf treten wir aus dem

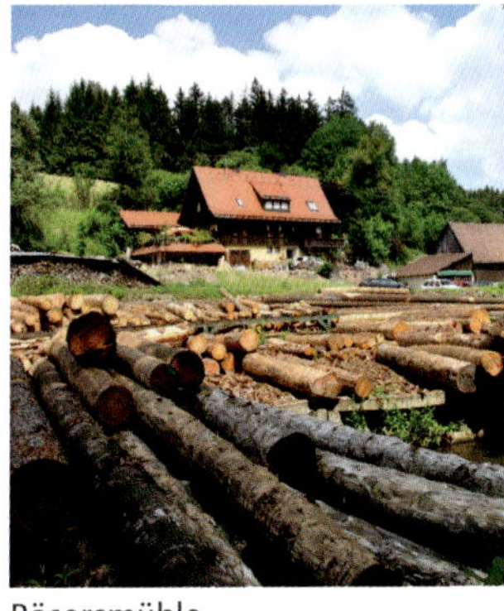

Rösersmühle.

Wald, durch schöne Landschaft geht es bergauf nach Mainhardt. Oben überqueren wir die B 14, genießen schöne Aussichten über das Brettachtal, gehen am Friedhof vorbei und kehren markierungsgemäß zu unserem Ausgangspunkt in **Mainhardt** 01 zurück.

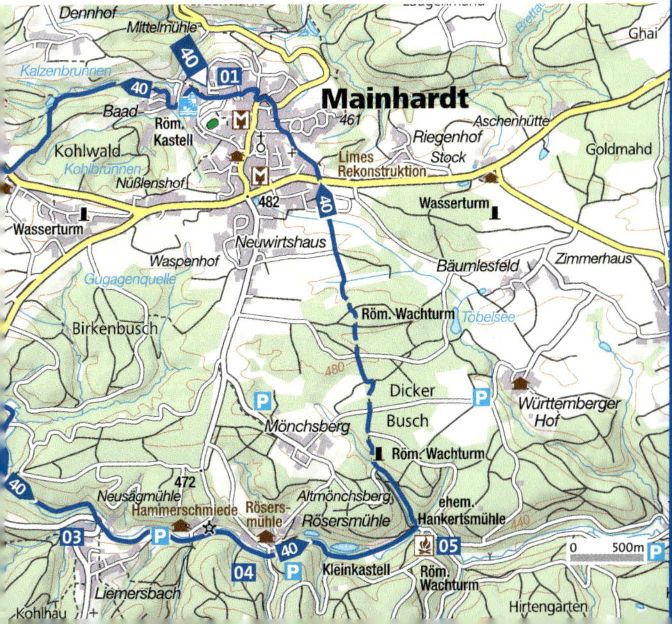

41

MAINHARDT – GAILSBACH – LIMESTURM – GEISSELHARDT

Ein Turm, ruhige Dörfer und zwei Museen

 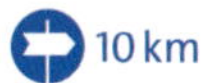 10 km  3:00 h  140 hm  140 hm 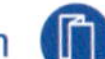  773

START | Mainhardt, Parkplatz bei der Waldhalle, Zufahrt über die Straße „Im Römerkastell"
[GPS: UTM Zone 32 x: 540.600 m y: 5.436.570 m]
CHARAKTER | Von Mainhardt hinunter ins Tal, dann im Wald steil hinauf nach Gailsbach. Am Pahl-Museum vorbei zum Limes-Wachturm. Dann im Freien nach Geißelhardt und Lachweiler und später im Wald zurück. Überwiegend Feld- u. Waldwege.

Vom Parkplatz in **Mainhardt** 01 gehen wir Richtung Ortsmitte, am Römermuseum vorbei in die Kirchstraße. An der Kirche vorbei geht es mit Markierung roter Strich/Limeswanderweg talwärts. Vor dem Betonmast führt ein Richtungsschild nach rechts über einen Wiesenpfad hinunter zur Landstraße. Diese überqueren wir, es geht weiter hinunter zum Bach, links liegt die Vordermühle. Hier rechts, über das Brückchen im **Brettachtal** 02, dann links weiter mit unserer Rotstrichmarkierung und HW 6 auf einem Waldpfad steil hinauf nach **Gailsbach** 03. Oben treten wir aus dem Wald, linkswendend erreichen wir auf dem Feldweg die Ortschaft. Wir treffen auf die Durchgangsstraße, auf dieser markierungsgemäß nach links. Am Pahl-Museum rechts, später wandern wir durch die Häuseransammlung Seehäuser zum Limesturm. Dieser Nachbau eines römischen Wachturms aus Holz war Teil des Obergermanisch-Raetischen Limes, des römischen Grenzwalls, der sich 550 km lang von Rheinbrohl im heutigen Rheinland-Pfalz, durch Baden-Württemberg bis nach Bayern in die Nähe des Klosters Weltenburg zog. Die Türme waren immer in Sichtweite untereinander errichtet, so konnte man schnell Nachrichten per Ton- oder Lichtsignale übermitteln. Die Türme waren meist mit 8 Soldaten besetzt. Heute weiß man, dass die Holzbauweise des rekonstruierten Turms nicht der Realität entsprach, die Türme wurden aus Steinquadern gebaut. Beim nahegelegenen Haus verlassen wir unsere Markierung und schlendern auf dem Fahrsträßchen nach rechts zur Landstraße. Wir überqueren diese und gehen geradeaus über die Wiese in den Wald. Dort weiter geradeaus, bald stoßen wir auf den Feldweg, der uns in das bereits sichtbare **Geißelhardt** 04 bringt. Dort treffen wir auf die Durchgangsstraße, auf dieser rechts, dann links hinauf im Kirchhofweg. Das Straßenschild „Dürrnast" weist nach rechts, das verkehrsarme Fahrsträßchen

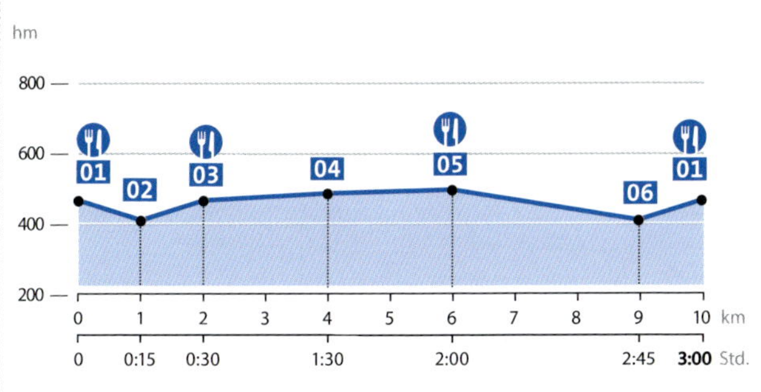

01 Mainhardt, 460 m; 02 Brettachtal, 404 m; 03 Gailsbach, Dorfschenke, 460 m; 04 Geißelhardt, 480 m; 05 Lachweiler, Gasthaus Linde, 490 m; 06 Brettach, 404 m

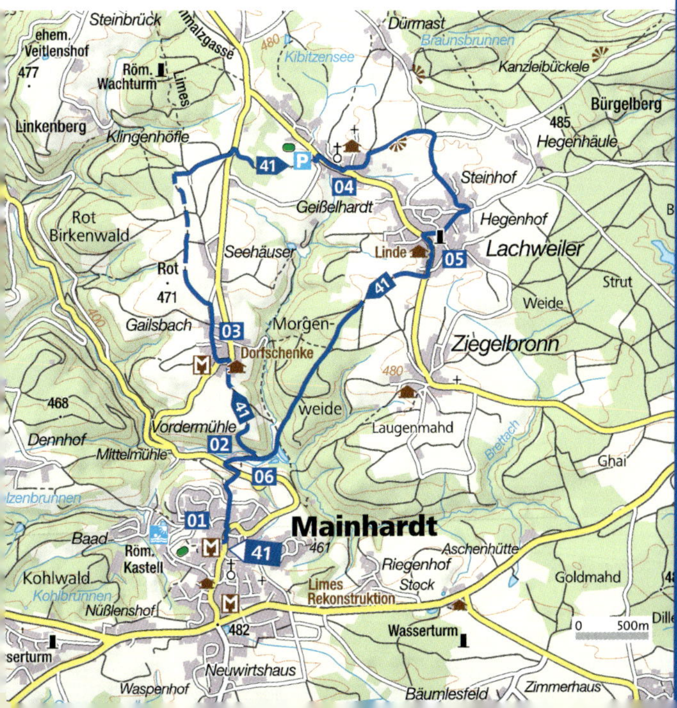

führt aussichtsreich über die Hochfläche. Später passieren wir den Abzweig „Dürrnast", weiter geradeaus, dann bei den Bänken rechts hinunter ins Tal. Unten steigen wir in der Rechtskurve links hinauf nach **Lachweiler** 05. Jetzt weist uns die Markierung blaues Kreuz nach rechts auf den Wasserturm zu. Auf der Langäckerstraße wandern wir rechts am Turm vorbei, kommen zur Geißelhardter Straße, auf der gehen wir markierungsgemäß nach links. Nach dem letzten Haus werden wir nach rechts geführt. Dann wandern wir gut markiert im Wald ins Tal hinab, an den Fischteichen vorbei, auf einem Steg überqueren wir die **Brettach** 06. Bei der Vordermühle treffen wir wieder auf unseren Herweg, der uns wieder zu unserem Ausgangspunkt in **Mainhardt** 01 zurückbringt.

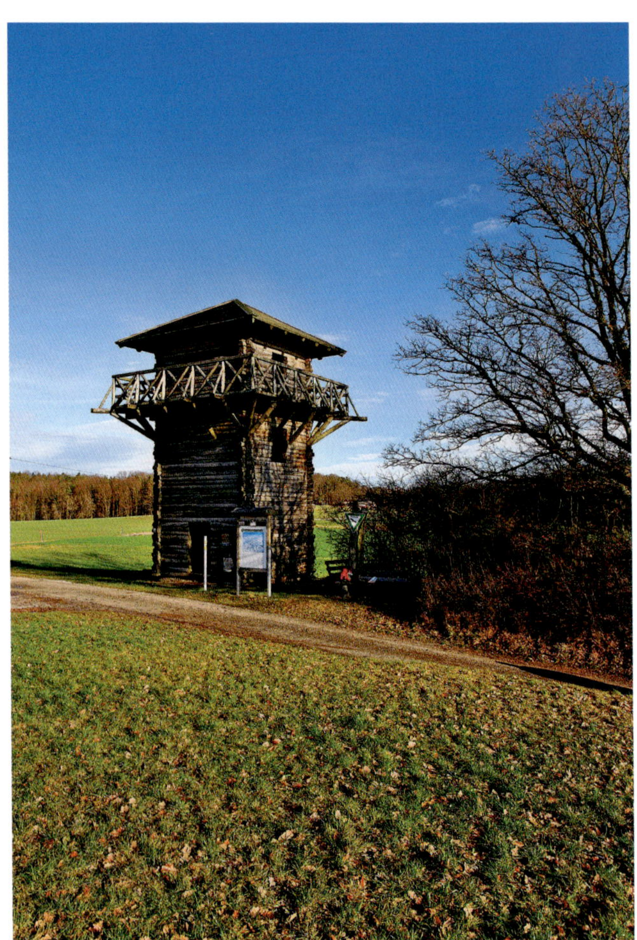

Limesturm.

GROSSERLACH – ERLACH – HOHE BRACH – GRAB – LIEMERSBACH

Abwechslungsreiches Auf und Ab

 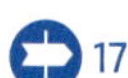 17 km  4:00 h  170 hm  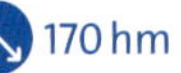 170 hm  773

START | Wanderparkplatz an der B 14 zwischen Großerlach und Mainhardt
[GPS: UTM Zone 32 x: 538.630 m y: 5.434.610 m]
CHARAKTER | Durch den Wald hinauf nach Großerlach, dann im Freien mit Rundumblicken zur Erlacher Höhe. Im Wald geht es hinauf zur Hohen Brach, durch den gleichnamigen Weiler weiter nach Grab. Weiter hinunter zur Schöntalsägmühle, im Rottal geht es an der Hammerschmiede vorbei nach Liemersbach und wieder zurück.Überwiegend Fahrsträßchen, Waldwege/-pfade.

Wir überqueren von unserem **Parkplatz 01** aus die B 14, gehen markierungslos ein paar Schritte in der Rottalstraße und steigen dann halbrechts den Waldweg hinauf. Oben auf dem Waldweg geradeaus, wir treten aus dem Wald und gehen auf das bereits sichtbare **Großerlach** zu. Es geht an einem Fabrikgelände vorbei und wir erreichen die Straße nach „Liemersbach". Hier kurz links, dann rechts wenige Höhenmeter hinab ins Tal. Dann ein wenig hinauf bis zum Richtungsschild „Freizeitzentrum". Beim **Freizeitzentrum 02** hinauf zur Feldscheuer, an der links vorbei steil hinauf bis zum

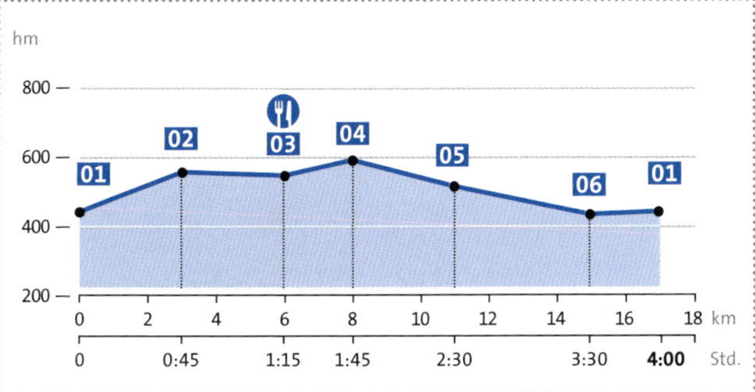

01 Parkplatz, 438 m; 02 Großerlach, Freizeitzentrum, 552 m; 03 Erlacher Höhe, Café Erlach, 542 m; 04 Hohe Brach, 586 m; 05 Grab, 511 m; 06 Liemersbach, 430 m

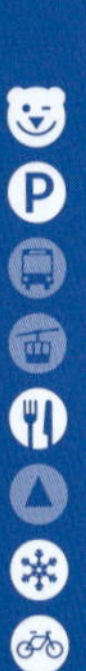

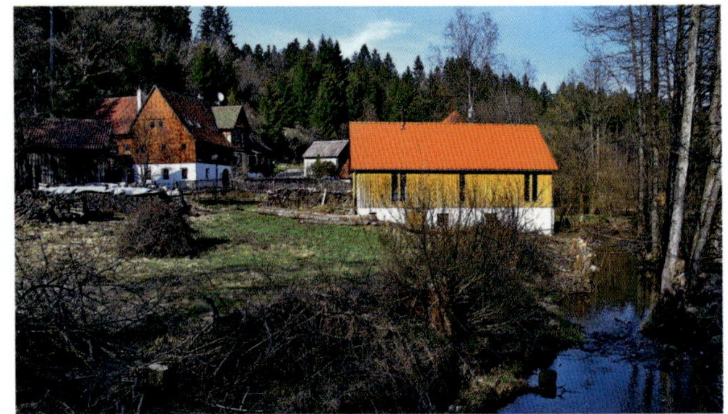

Die Hammerschmiede.

Querweg. Dort halten wir uns rechts, am Wäldchen führt uns die Markierung rotes Kreuz nach links bergauf zur freien Höhe. Linksgehend haben wir eine herrliche Rundumsicht auf die Alb, Schurwald, Waldenburger und Löwensteiner Berge. Das Sträßchen senkt sich zu den Gebäuden der **Erlacher Höhe**, einer sozialen Einrichtung der Diakonie Württemberg. Hier bietet sich eine Einkehr im **Café Erlach** 03 an. Unsere Markierung führt uns an der Straße entlang in Richtung Grab, nach ca. 10 Minuten geht es rechts in den Wald auf den Dreckweg.

Nach kurzer Zeit wandern wir links auf einem Waldpfad steil hinauf zum Fernmeldeturm auf der **Hohen Brach** 04. Dies ist mit 586 m die höchste Erhebung im Schwäbisch-Fränkischen Wald. Am Turm halten wir uns auf einem Waldpfad rechts, an der folgenden Wegkreuzung wieder rechts. Wir durchqueren den Weiler Hohenbrach. Im Wald halten wir uns auf dem Waldpfad links, an der Weggabel halblinks und erreichen die Straße nach **Grab** 05. Bei der Kirche biegen wir links in die Schöntalstraße ein. Kurz darauf entdecken wir links die Markierung blaues Kreuz, dieses führt uns hinunter zur Schöntalsägmühle. Nun weist uns die

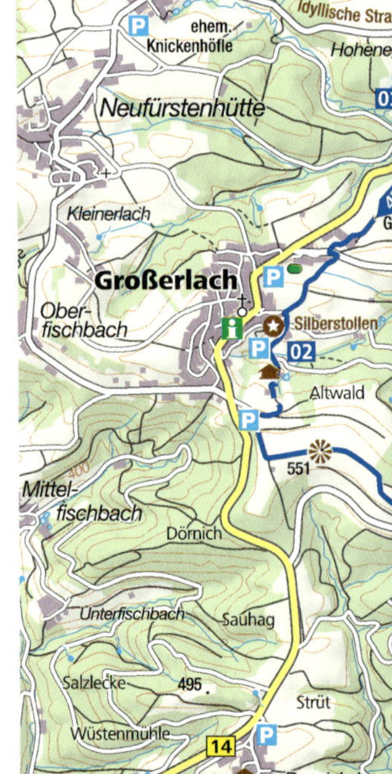

Großerlach

1737 geht auf der Gemarkung der heutigen Erlacher Höhe eine Glashütte in Betrieb. 1781 wird Israel Oechsle Hüttmeister. Sein Sohn Ferdinand Oechsle erfindet später die Oechsle-Waage, mit der das Mostgewicht des Traubensaftes bestimmt wird. 1772 findet man beim Ausheben eines Brunnen Silbererz. Daraufhin wurde ein Silberbergwerk und eine Schmelzhütte in Liemersbach gegründet.

Wegziffer 3 wenige Höhenmeter steil hinauf zur Häusergruppe Schöntalhöfle, oben markierungsgemäß nach links. Mit freien Sichten schlendern wir eben über die Wiesen, links sehen wir den Turm auf der Hohen Brach. Am Waldrand nach links, nach Waldeintritt nach rechts. Beim Parkplatz an der Kreuzung wenden wir uns links, bei der nächsten Kreuzung rechts, mit blauem Balken und Ziffer 3. Im Tal des Flüsschens Rot erreichen wir die idyllisch gelegene Hammerschmiede. Wir wenden uns mit der Wegziffer 14 nach links und schlendern durch das reizvolle Tal bis **Liemersbach** **06**. An der Bushaltestelle halten wir uns rechts und weiter durch das Tal wandernd erreichen wir unseren Ausgangspunkt am **Parkplatz** **01**.

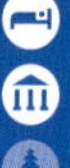

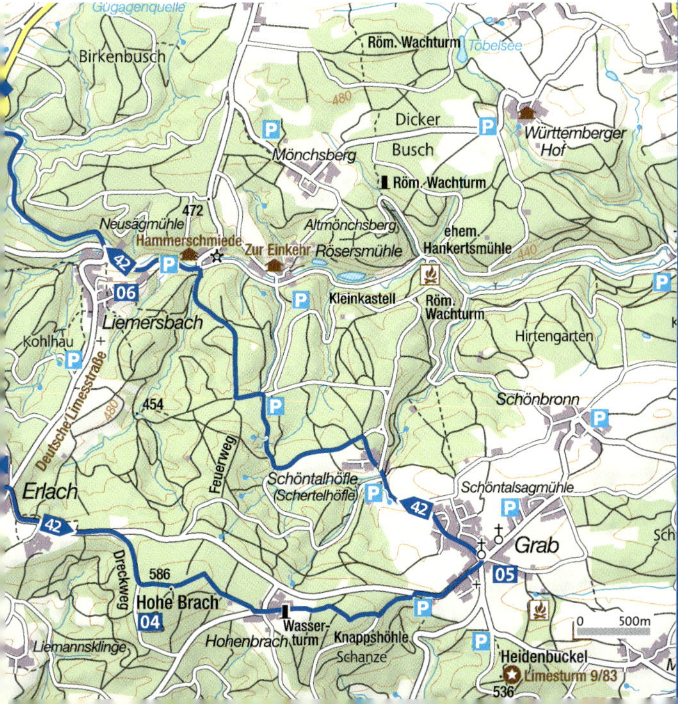

GRAB – MANNENWEILER – MARBÄCHLE – MORBACH

Limesturm und liebliche Landschaft

  9 km 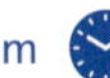 2:30 h  100 hm 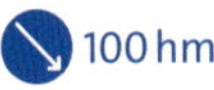 100 hm  773

START | Wanderparkplatz vor dem Limesturm bei Grab [GPS: UTM Zone 32 x: 542.370 m y: 5.431.300 m]
CHARAKTER | Diese kurze Tour führt im Wald vom Limes-Wachturm bei Grab hinunter in das Trauzenbachtal und im Freien hinauf, an zwei Höfen vorbei, nach Mannenweiler. Dann, teils im Wald teils mit freien Sichten , nach Marbächle und Morbach und wieder zurück. Überwiegend Waldwege-/pfade

Die Tour beginnt am **Waldparkplatz beim Limesturm** 01 in Sichtweite von Grab. Wir wandern auf dem Mehlhausweg weiter in den Wald, kurz darauf zeigt das Richtungsschild „Limesturm" nach links, es geht auf einem Pfad steil hinauf zum rekonstruierten römischen Wachturm. Oder man folgt dem Schild „Rollstuhlgeeignet" ein paar Meter weiter geradeaus und geht dann deutlich bequemer nach links hoch zum Turm. Eine gegenüber stehende Infotafel gibt über den Turm Auskunft. Der Turm ist verschlossen, aktuell ist der Schlüssel ausschließlich beim Rathaus Großerlach leihweise erhältlich. Achtung: Nachdem wir den imposanten Turm von außen besichtigt haben, führt uns der dahinter liegende Weg mit der Markierung Limesweg, roter Strich, nach rechts hinab zu einer Wegkreuzung. Dort wählen wir den mit Mountainbike/Ziffer 3 gekennzeichneten Weg, der uns nach links bergab ins **Trauzenbachtal** 02 führt. Unten , beim

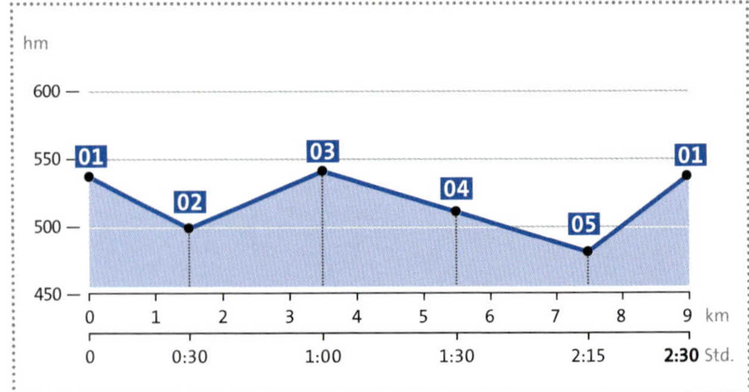

01 Waldparkplatz beim Limesturm, 536 m; 02 Trauzenbachtal, 498 m; 03 Schweizerhof, 540 m; 04 Marbächle, 510 m; 05 Morbach, 480 m

Limesturm

Im Wald bei Grab steht der Limesturm auf dem 536 Meter hohen Heidenbuckel. Im Jahr 1892 wurden an dieser Stelle die Grundmauern eines Wachturms mit quadratischem Grundriss (ca. 4 x 4 m) freigelegt. Die etwa 15 Meter hohe Rekonstruktion des römischen Turmes wurde 1981/1982 nach Darstellungen auf der Traianssäule in Rom rekonstruiert. Im Turm befindet sich ein fensterloser Vorratsraum im Erdgeschoss, im 1. Stock ein Wohngeschoss und Räume für den Wachdienst im Obergeschoss. Aus Sicherheitsgründen befand sich der Eingang im oberen Stockwerk.

Bach, stoßen wir auf einen Querweg, die Markierung Limesweg/roter Strich nimmt uns nach links am Bach entlang. Später führt der Weg in spitzem Winkel nach rechts weiter durch den Wald. Dann markierungsgemäß nach links hinauf zum Waldrand, an dem wir nach links entlangwandern. Kommen ein kurzes Stück wieder in den Wald, dann stoßen wir auf ein Sträßchen, hier haben wir schöne Aussichten in die Landschaft. Auf diesem Sträßchen gehen wir links hoch, bleiben immer links und gehen am **Gutmach- und Schweizerhof 03** vorbei. Wir kommen nach Mannenweiler, wo wir nach links abbiegen. Der Straße entlang - durch Wiesen und ein kurzes Waldstück- erreichen wir **Marbächle 04**. In der Mitte des Dorfes zweigt der mit rotem Kreuz markierte Weg nach links ab. Es geht hinab in den Wald, dort auf dem Forstweg nach links. Dann wieder links, wir kommen über einen Bach. Es geht im Wald hoch und wir kommen nach **Morbach 05**. Rotkreuzgeführt auf dem Schulweg aufsteigend verlassen wir den Ort, kommen am Fluggelände vorbei, schlendern an Obstbäumen entlang hinab ins Tal, auf einer Wiese weglos nach links an Bäumen entlang. An einem Fußballplatz vorbei, an dessen Ende nach links und sofort wieder rechts auf einen Waldpfad, der uns zur Straße und zum **Parkplatz 01** führt.

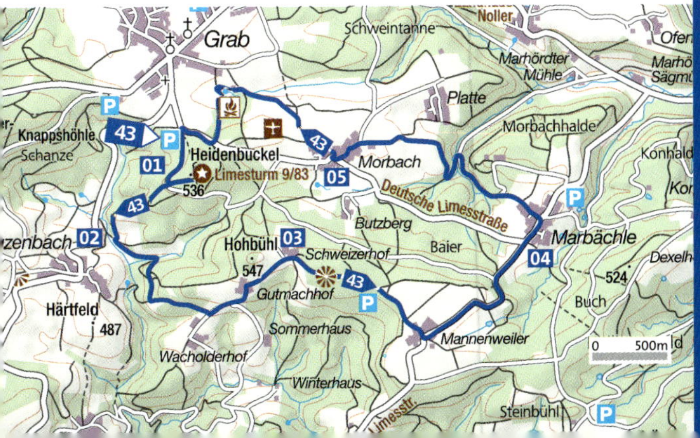

OBERROT – STIERSHOF – HOHENHARDTSWEILER

Aussichten, Weiler und Höfe

 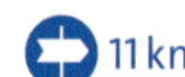 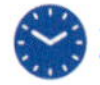 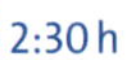 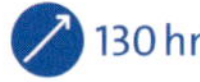 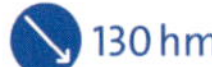 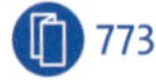

11 km | 2:30 h | 130 hm | 130 hm | 773

START | Parkmöglichkeiten in der Lindenstraße
[GPS: UTM Zone 32 x: 549.430 m y: 5.429.190 m]
CHARAKTER | Tour hinauf zum Stiershof, mit schönen Fernsichten nach Hohenhardtsweiler. Später im Wald hinunter und zurück zum Ausgangspunkt. Überwiegend Fahrsträßchen, Waldwege.

In **Oberrot** 01 führt uns die Markierung rotes Kreuz in der Lindenstraße vor zur verkehrsarmen Straße K 2611. Auf dieser gehen wir rechts hinauf. Wir gehen an dem Seminarhaus Stiershof vorbei, kurz danach führt uns das rote Kreuz auf einem Waldpfad rechts steil hinauf, oben überqueren wir die Straße und steigen weiter hinauf zum Weiler **Stiershof** 02. Hier wenden wir uns auf dem Fahrsträßchen nach links und wandern aussichtsreich vor bis zum Quersträßchen. Auf dem gehen wir – jetzt mit der Markierung roter Strich – wieder links und später nach dem Waldaustritt haben wir schöne, weite Blicke in die Landschaft. Wir treffen auf die Landstraße L 1054, hier geht es links bis zum bereits sichtbaren **Hohenhardtsweiler** 03. Wir wandern in das Dorf und weiter auf der Straße nach Oberrot, am Ortsende leitet uns nun die Markierung blauer Punkt auf einem Feldweg nach rechts auf den Wald zu. An der Waldecke geht

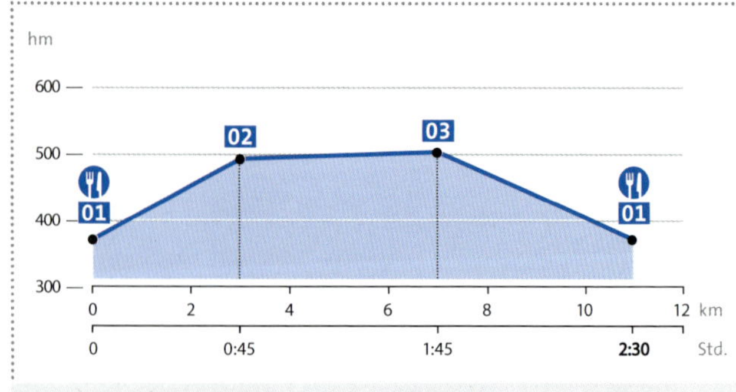

01 Oberrot, 369 m; 02 Stiershof, 490 m; 03 Hohenhardtsweiler, 500 m

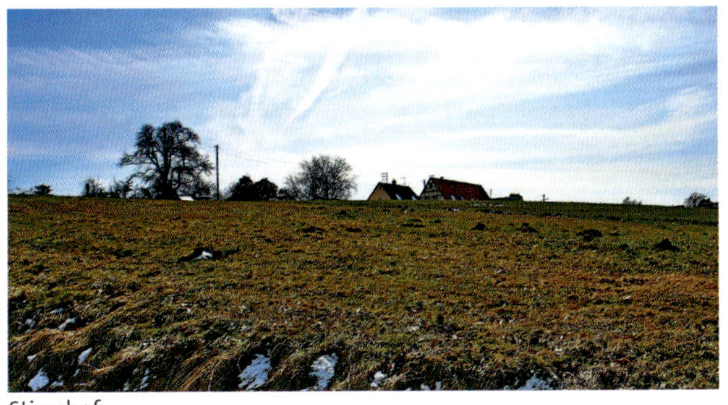

Stiershof.

es auf einem Waldpfad markierungsgemäß steil bergab. Später treffen wir auf die ersten Häuser von Oberrot und schlendern dann zurück zu unserem **Ausgangspunkt** **01**.

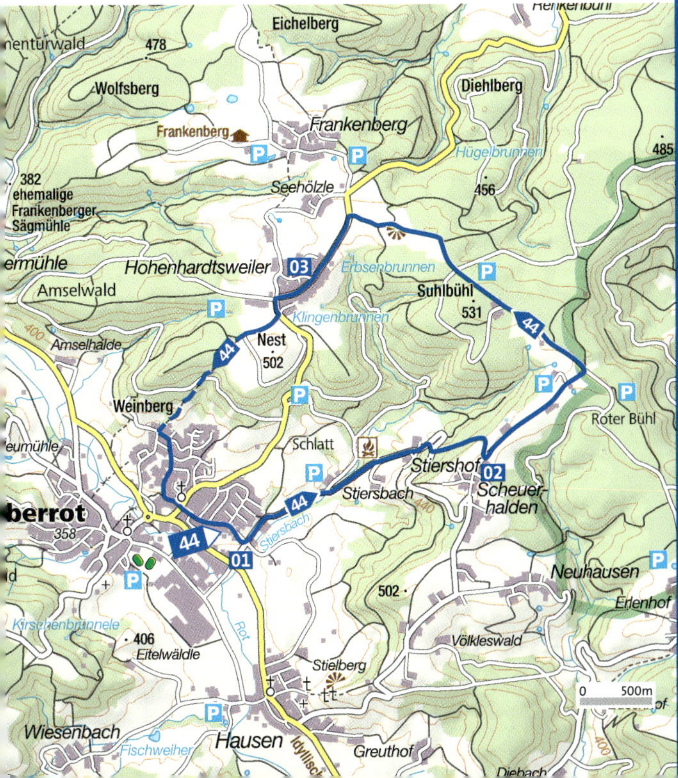

Eichelberg
478
Wolfsberg
Frankenberg
Frankenberg
Diehlberg
Hügelbrunnen
485
456
Seehölzle
382
ehemalige
Frankenberger
Sägmühle
Hohenhardtsweiler
03
Erbsenbrunnen
Suhlbühl
531
Amselwald
Klingenbrunnen
44
Nest
502
Amselhalde
Weinberg
Schlatt
Roter Bühl
Stiershof
02
Scheuerhalden
Stiersbach
358
44
01
Neuhausen
Erlenhof
502
Kirschenbrünnele
406
Eitelwäldle
Völkleswald
Stielberg
0 500m
Wiesenbach
Fischweiher
Hausen
Greuthof

45

MICHELBÄCHLE – GEHRHOF – ERLENHOF – KERNERTURM

Stille Wälder, Weiler, ein Hof und der Aussichtspunkt „Kernerturm"

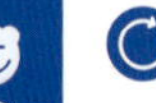  9 km  3:00 h  150 hm  150 hm  773

START | Michelbächle, Parkmöglichkeit an der Straße [GPS: UTM Zone 32 x: 554.130 m y: 5.427.450 m]
CHARAKTER | Im Wald hinauf und im Freien zum Gehrhof und zum Weiler Erlenhof. Wieder im Wald geht es hinauf zum Lehberg und Kernerturm. Hier prächtige Aussicht auf Gaildorf, Kochertal und Limpurger Berge. Im Wald hinab zum Ausgangspunkt Michelbächle. Überwiegend unasphaltierte Fahrwege und Waldpfade.

Wir durchwandern den Weiler **Michelbächle** 01 in nordwestlicher Richtung und passieren am Ortsende die Feldscheune, an der wir rechts vorbeigehen. Im Wald bleiben wir zunächst geradeaus und steigen bei der ersten Gabelung links unmarkiert hinauf. Oben führt uns der Fahrweg aus dem Wald und zum **Gehrhof** 02. Hier werden unter anderem Zeburinder gezüchtet. Wir steigen weiter aufwärts und wandern weiter zum bereits sichtbaren Weiler **Erlenhof** 03. Hier halten wir uns an die Markierung roter Strich, wandern auf der Dorfstraße nach rechts und gelangen nach Ortsende in den **Haftelwald** 04. Nach einigen Minuten gehen wir bei der ersten Gabelung

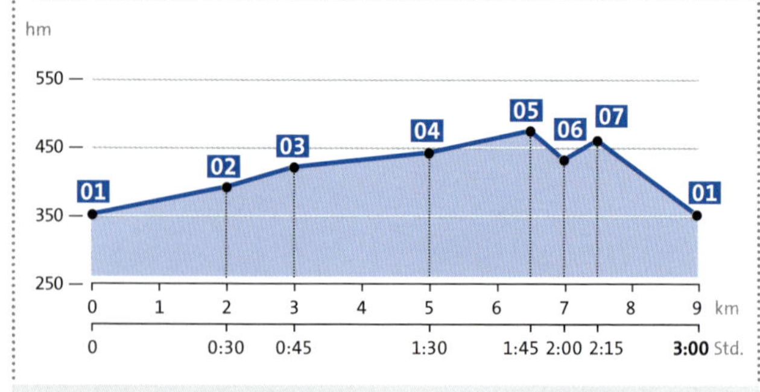

01 Michelbächle, 350 m; 02 Gehrhof, 390 m; 03 Erlenhof, 419 m; 04 Haftelwald, 440 m; 05 Lehberg, 472 m; 06 Kreisstraße K 2615, 430 m; 07 Kernerturm, 458 m

nach rechts auf den mit Markierung rotes Kreuz gekennzeichneten Weg. Wir folgen dieser Markierung, nach einiger Zeit senkt sich der Weg etwas zu einer Kurve eines Fahrweges. Hier halten wir uns ein paar Meter links und steigen dann den mit rotem Kreuz markierten Waldpfad steil hinauf zum **Lehberg** 05. Unterwegs haben wir nach rechts schöne Blicke auf Gehrhof und Erlenhof. Nach einiger Zeit bringt uns der Weg zu einer **Kreuzung** 06, die wir überqueren und gegenüber geht es mit Markierung blaues Hufeisen bergauf zum Aussichtspunkt **Kernerturm** 07. Hier haben wir eine schöne Sicht auf Gaildorf, das Kochertal und Limpurger Berge. Wir gehen den gleichen Weg wieder zurück und gehen mit blauem Balken geführt nach links bergab. Kurz darauf führt uns die Markierung nach links, zunächst über einige Stufen und dann über urigen Waldpfad hinunter zum Bahndamm. An dem entlang, bis der Weg auf ein Fahrsträßchen stößt. Dieses gehen wir markierungslos nach rechts (nicht dem blauen Balken folgen) und durch die Bahnunterführung, sofort danach halten wir uns rechts. Durch ein schönes Tal schlendern wir zurück zu unserem Ausgangspunkt **Michelbächle** 01.

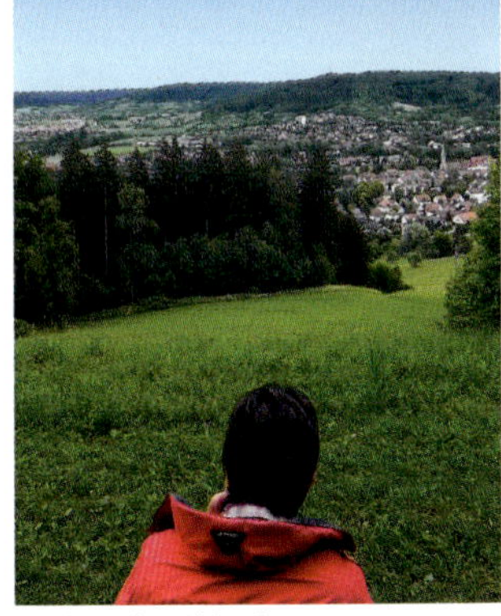
Blick auf Gaildorf.

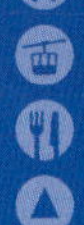

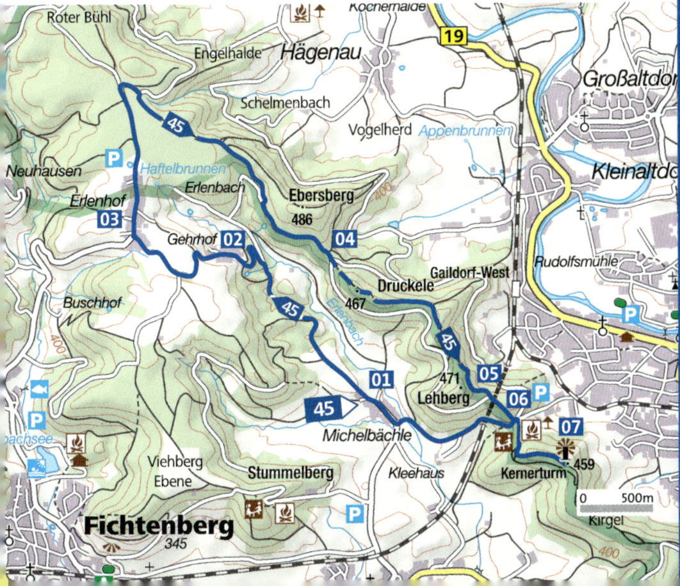

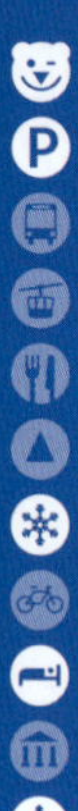

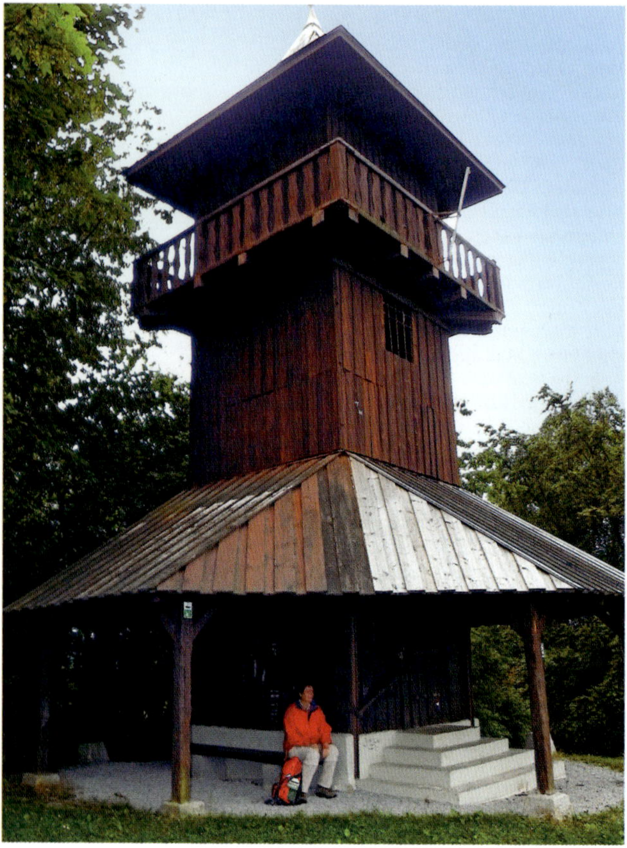

Rast unter dem Kernerturm.

Kernerturm

Auf dem Berg Kirgel wurde 1902 vom Schwäbischen Albverein der pagodenförmige, 15 m hohe Kernerturm als Aussichtsturm errichtet. Er erinnert an den Dichter Justinus Kerner, der von 1815 bis 1819 in Gaildorf Oberamtsarzt war. Hier schuf Justinus Kerner den Text zur schwäbischen Nationalhymne „Preisend mit viel schönen Reden". Der Kernerturm ist von Ostern bis Ende Oktober sonn- und feiertags geöffnet und bietet einen herrlichen Rundblick auf Gaildorf und Höhen der Limpurger Berge und des Welzheimer und Mainhardter Waldes.

FRANKENBERG – RENKENBÜHL – KELTERBUCKEL – LICHTE PLATTE

Auf den Spuren des Jakobsweges

 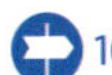 10 km  2:45 h  150 hm  150 hm   773

START | Parkplatz am Golfplatz Frankenberg;
Bus/Bahn: Busverbindungen, www.efa-bw.de
[GPS: UTM Zone 32 x: 549.600 m y: 5.431.800 m]
CHARAKTER | Von Frankenberg im Wald hinab in das Dendelbachtal. Aus dem Wald und später wieder im Wald hinauf zum Grill- u. Spielplatz Kelterbuckel. Hier prächtige, weitreichende Aussichten in das Umland. Dann hinauf in den Wald der Lichten Platte, weiter zum Ausgangspunkt, der letzte Abschnitt im Freien. Überwiegend Waldwege/Waldpfade.

Die Wandertour beginnt am **Parkplatz des Golfplatzes** 01 am Ortsrand von **Frankenberg**. Wir gehen auf der Höhenstraße in den Ort, die Straße Im Weiler und die Markierung blauer Punkt führt uns nach links hinab aus dem Ort. Unsere Markierung führt ein wenig später nach links am Waldrand entlang und dann nach rechts in den Wald. Auf Waldpfad geht es wohlmarkiert steil hinunter in das idyllische Bachtal. Wir überqueren den Bach, es geht weiter hinunter zu einem Fahrweg. Auf diesem geradeaus weiter hinunter. Dann treten wir aus dem Wald, treffen auf einen querenden Fahrweg,

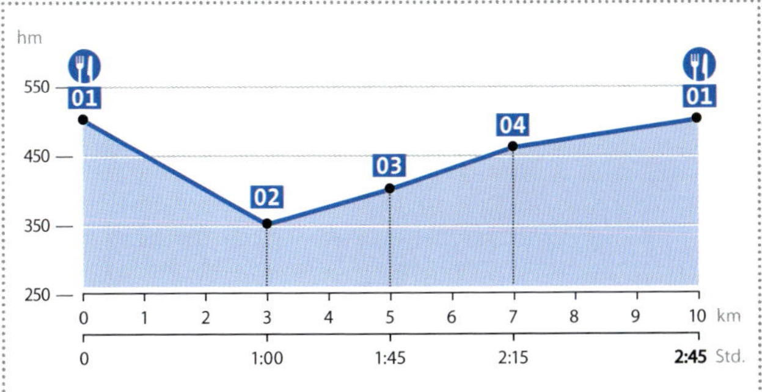

01 Parkplatz am Golfplatz Frankenberg, Landgasthaus Frankenberg, 500 m;
02 bei Renkenbühl, 350 m; 03 Grill- u. Spielplatz Kelterbuckel, 400 m;
04 Waldgebiet „Lichte Platte", 460 m

Fränkisch-Schwäbischer Jakobsweg

Der fränkisch-schwäbische Jakobsweg von Würzburg über Rothenburg o. d. T. nach Ulm führt durch das Maintal mit seinen Weinhängen und kommt bei Rothenburg o. d. T. ins Taubertal. Dann geht es durch Hohenlohe nach Crailsheim, übers Jagst-, Kocher- und Remstal und nach einem steilen Aufstieg zum Himmelreich über die Schwäbische Alb nach Ulm ins Donautal. Der Weg ist ca. 270 km lang. www.de.wikipedia.org/wiki/Jakobsweg

den gehen wir nach rechts. Rechts, im Hintergrund, liegen idyllisch die Höfe von **Renkenbühl** 02. Immer am Dendelbach entlang bleiben wir auf unserem Weg bis zu einem Trafohäuschen. Es geht scharf links, dann an einem Hof vorbei und auf einem Steg über den Bach. Gleich dahinter steigen wir rechts hinauf in den Wald, in dem wir einige Zeit bleiben. Nach Waldaustritt passieren wir einen Hochsitz und schlendern dann nach links aussichtsreich zum **Grill- und Spielplatz Kelterbuckel** 03. Von hier haben wir herrliche Aussichten in das Umland. Unsere Tour geht am Grillplatz entlang links hoch. Jetzt werden wir zusätzlich mit dem Muschelsymbol des Jakobsweges geführt. Nun sind wir wieder im Wald, unsere Markierungen weisen später auf einen Waldpfad, der halbrechts abgehend steil nach oben führt. Oben wandern wir bequem und eben durch den **Wald der Lichte Platte** 04. Nach geraumer Zeit entdecken wir links an einem Baum das Richtungschild „Jakobsweg" und das Muschelzeichen. Auf einem Waldpfad geht es vor zu einem befestigten Fahrweg. Diesem folgen wir, jetzt mit Markie-

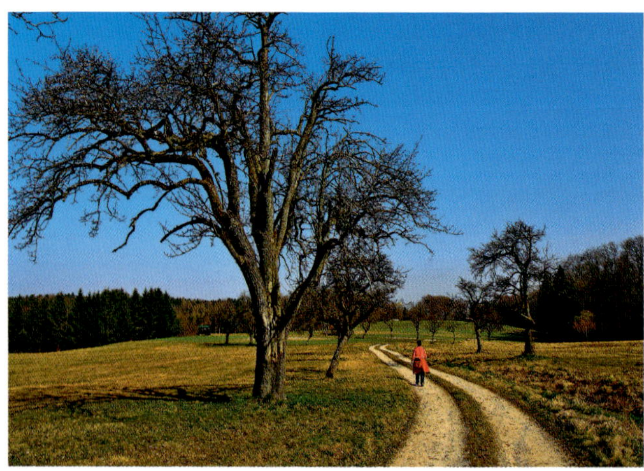

Bei Frankenberg.

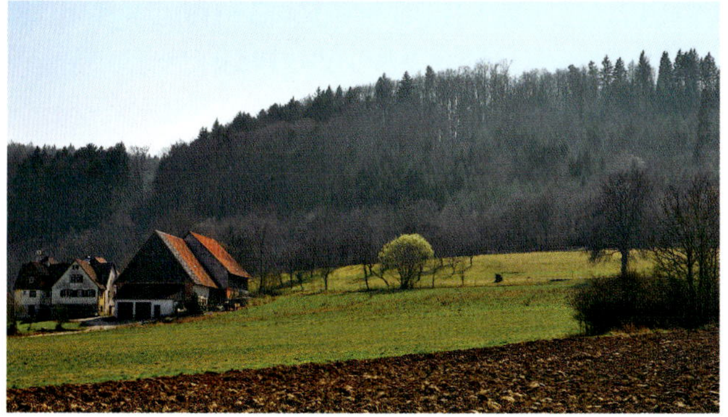

Renkenbühl.

rung rotes Kreuz, nach links. Wir gehen geradeaus auf diesem Weg, wo der Rotkreuz-Weg nach links abknickt verlassen wir die Markierung und gehen markierungslos geradeaus weiter. Wir kommen aus dem Wald, der Fahrweg wird zum Asphaltsträßchen und wir gehen am Golfplatz vorbei zurück zu unserem **Ausgangspunkt** **01**.

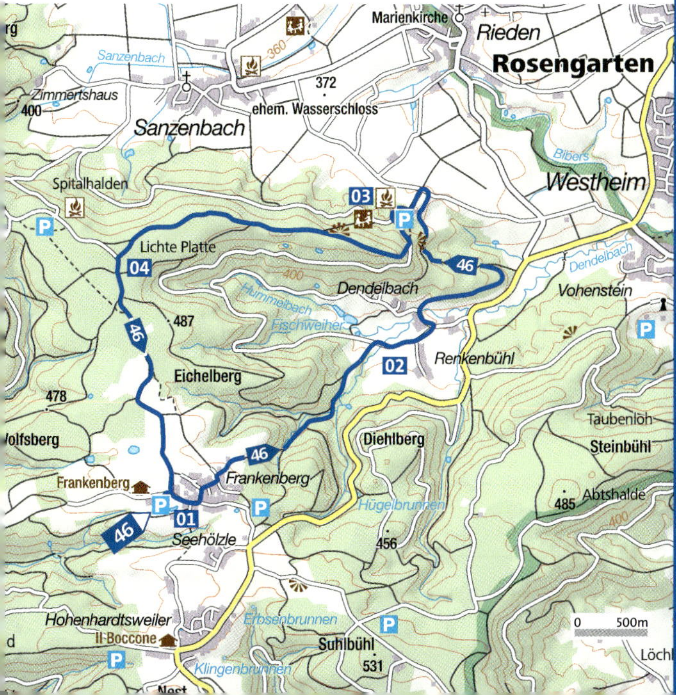

47

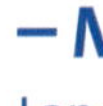

WIELANDSWEILER – GRAB – MORBACH – MARHÖRDTER SÄGMÜHLE

Landschaftsvielfalt, Mühlentäler und Römisches

  15 km  4:15 h  140 hm  140 hm  773

START | Wielandsweiler, Wanderparkplatz (Bei Gasthaus Sonne rechts in die Straße Zu den Mühlen einbiegen, dann links zum Wanderparkplatz)
[GPS: UTM Zone 32 x: 545.350 m y: 5.433.550 m]
CHARAKTER | Die überaus abwechslungsreiche Tour führt zunächst im idyllischen Rottal an zwei Mühlen vorbei, dann bei der Hankertsmühle im Wald hinauf. An Resten des Limes vorbei weiter hinauf, aus dem Wald und nach Grab. Weiter in das wildromantische Morbachtal, zur Marhördter Sägmühle, Weiler Badhaus und dann wieder zurück. Bis Hankertsmühle Fahrsträßchen, dann überwiegend Waldwege/Waldpfade.

Vom **Parkplatz** 01 gehen wir vor zum Fahrsträßchen, dort links. Auf diesem Radweg wandern wir markierungslos durch das liebliche Rottal, immer durch Viehweiden hindurch. Wir gehen an der Scherbenmühle vorbei, die 1537 erstmals erwähnt wurde. Diese Mahl- und Sägemühle erzeugte von 1909 bis 1926 Strom für die nahe gelegene Gemeinde Hütten. Später durchwandern wir die Traubenmühle, es geht immer am Flüsschen Rot entlang. Bei der **Hankertsmühle** 02 gehen wir links über die Brücke, jetzt geführt durch den roten

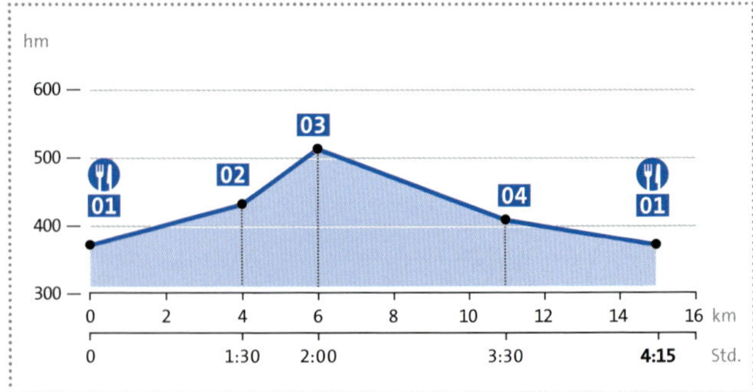

01 Wielandsweiler, 370 m; 02 Hankertsmühle, 430 m; 03 Grab, 511 m; 04 Marhördter Sägmühle, 407 m

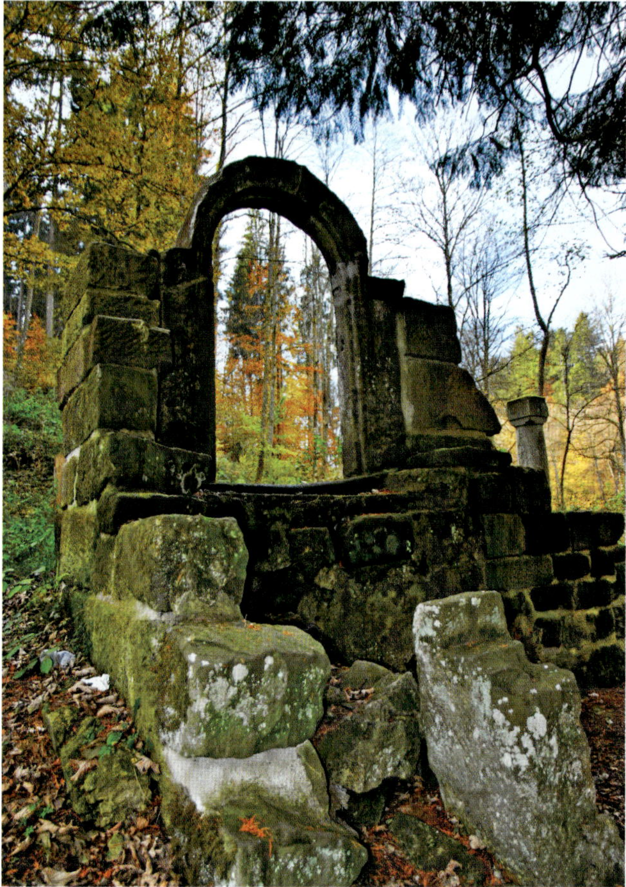

Hankertsmühle.

Ehemalige Hankertsmühle

Die Geschichte: 1908 wurde die Frau des Müllers von einem Treibriemen erfasst und tödlich verletzt. Daraufhin verkaufte der Müller Jakob Tränkle 1912 die Mühle an einen Holzhändler aus Fichtenberg. 1913 verkaufte dieser die Mühle an den Staat, die Gebäude wurden abgebrochen, drei Steinsäulen und das Eingangstor zur Mühle mussten auf Anordnung der Forstverwaltung stehen gelassen werden. Heute stehen noch eine Säule und das Tor.

Römisches Vermessungsgerät „Groma“

Mitte des 2. bis Mitte des 3. Jahrhunderts n. Chr. wurde der Limes gebaut. Das 80 km lange Teilstück zwischen Walldürn und Welzheim verlief schnurgerade. Dies erreichten die römischen Vermesser mit dem Visiergerät „Groma“: Auf einem Stativ war der Winkelmesser angebracht, ein rechtwinkliges Achsenkreuz, an dessen Enden vier Lote herabhingen. Somit konnten die rechten Winkel zwischen den Nord/Süd- und den Ost/Westachsen gemessen werden. www.de.wikipedia.org/wiki/Groma

Strich/Limesweg. Es geht steil bergauf, oben auf dem Querweg halten wir uns links weiter hinauf. Gegenüber den Resten des Limes-Wachturms (ca. 3. nachchristliches Jahrhundert errichtet, 3,90 x 4,00 m groß), wenden wir uns markierungsgemäß nach links auf einen Waldpfad. Später gehen wir auf dem Forstweg nach rechts. Kurz darauf – bei der Wegekreuzung – gehen wir über die Brücke, gleich darauf rechts auf einem schönen Waldpfad steil hinauf. Dann geht es über einen Querweg und weiter hinauf. Oben treten wir aus dem Wald, auf der Seestraße und dem Limesweg wandern wir nach **Grab** 03 hinein. Der Name stammt von den Pfahlgräben des Limes. Auf der Hauptstraße nach rechts und sofort wieder links in die Langestraße, jetzt mit Markierung rotes Kreuz. Dieses führt uns zum letzten Haus, nach diesem sofort rechts weglos über die Wiese hinunter ins Bachtal. Dann auf einem Wiesenweg hinauf zum Flugplatz und nach Morbach. Dort auf der Straße links und gleich wieder links Richtung „Platte“. Am Ortsende folgen wir geradeaus unserer Markierung. Diese führt uns im Wald hinab ins wildromantische Morbachtal. Wir überqueren den Bach, oben auf dem Forstweg verlassen wir die Markierung und gehen nach links. Nach Waldaustritt passieren wir die Marhördter Mühle, auf der Landstraße gehen wir rechts. Auf der verkehrsarmen Straße bleiben wir ca. 1 km, dann erreichen wir die **Marhördter Sägmühle** 04, heute Sägemühlmuseum. Wir setzen unseren Weg fort, im Weiler Badhaus wenden wir uns gegenüber dem Sägewerk nach links auf den Radweg. An der alten Hammer-

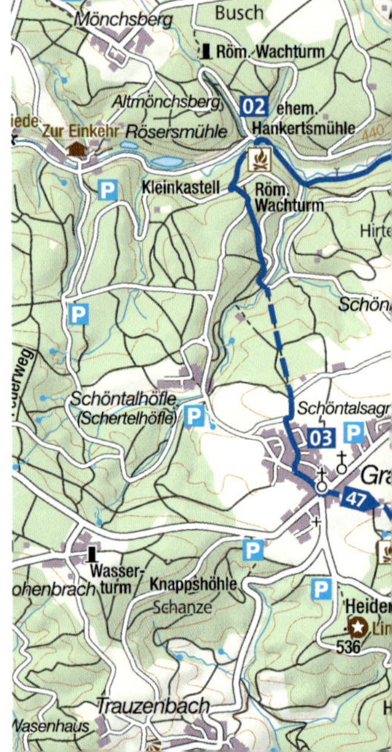

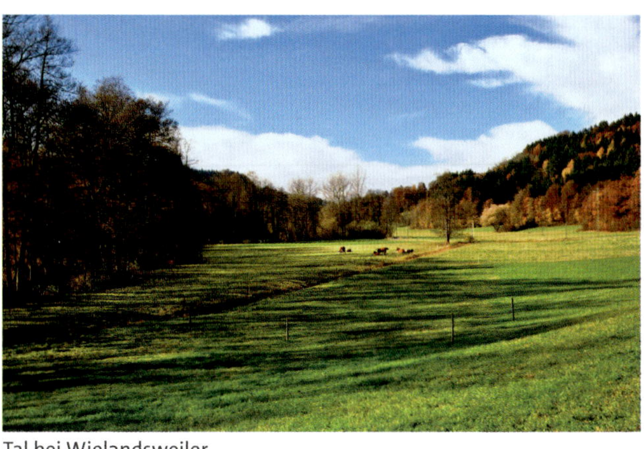

Tal bei Wielandsweiler.

schmiede (heute Gasthaus „Zum Wasserrad") vorbei, bei der Kreuzung verlassen wir den Radweg nach links über die Brücke. Es geht in den Wald, wo wir am Talhang des Rindsbauchs entlangwandern. Bei einer Wegegabel bleiben wir geradeaus und erreichen bald unseren Ausgangspunkt am **Parkplatz 01**.

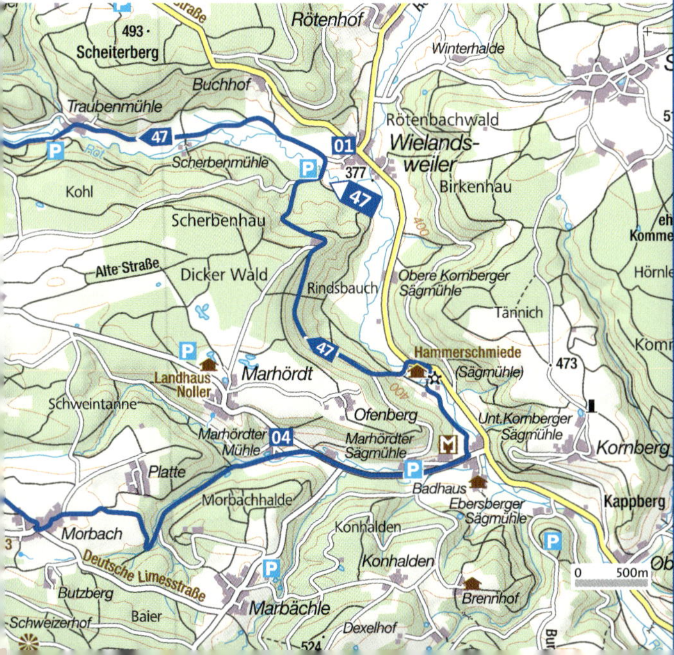

BÜRG – LINSENHOF – RETTERSBURG – KÖNIGSBRONNHOF – STÖCKENHOF

Prachtvolle Aussichten

  14 km 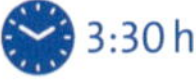 3:30 h 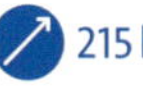 215 hm  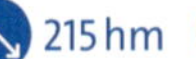 215 hm  773

START | Wanderparkplatz Bürg, am Ortsende Richtung Stöckenhof [GPS: UTM Zone 32 x: 532.550 m y: 5.414.570 m]
CHARAKTER | Die Tour verläuft zunächst im Freien, mit Ausblicken auf Bürg, dann im Wald hinunter zum Linsenhof, wieder mit freien Sichten im Zipfelbachtal nach Rettersburg. Dann haben wir vom Königsbronnhof schöne Aussichten Richtung Schwäbische Alb. Zum Abschluss nochmals grandiose Fernblicke ins Stuttgarter Becken und ins Heilbronner Unterland. Überwiegend asphaltierte Wirtschaftswege und Waldwege.

Unsere Tour beginnt markierungslos am **Wanderparkplatz** 01 am **Ortsende von Bürg**, an der Straße **Richtung Stöckenhof**. Wir gehen nach rechts auf dem ebenen Fahrsträßchen Richtung Waldrand. Vor Waldeintritt empfängt uns ein schön gelegener Spiel-, Rast- und Grillplatz, mit tollem Blick auf Bürg. Im Wald halten wir uns bei der Tafel „Linsenhof/Rettersburg" links, es geht in einer Schleife bergab zum **Linsenhof** 02, hier schöne Aussichten. Wir gehen weiter hinunter in das Zipfelbachtal, unten schlendern wir zwischen Bach und

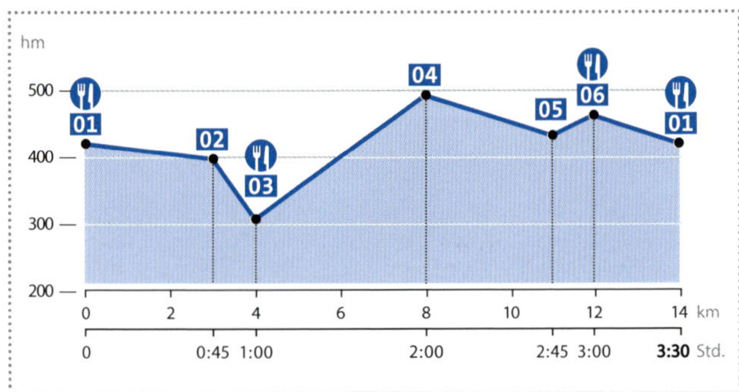

01 Bürg, Wanderparkplatz Richtung Stöckenhof, Restaurant Schöne Aussicht, 418 m; 02 Linsenhof, 395 m; 03 Rettersburg, Gasthaus Göckele, 305 m; 04 Königsbronnhof, 490 m; 05 Friedhof Öschelbronn, 430 m; 06 Stöckenhof, Gaststätte Kronenstüble, 460 m

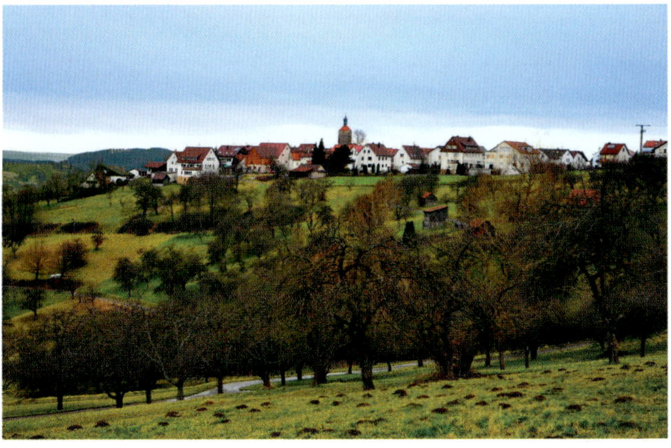

Bürg.

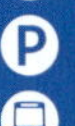
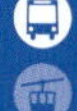

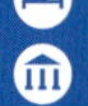

Streuobstwiesen nach **Rettersburg** 03 (Gasthaus „Göckele"). Am Ortseingang biegen wir links und gehen vor zur Landstraße. Diese gehen wir nach links aufwärts, Richtung Öschelbronn. In der darauffolgenden Linkskurve verlassen wir die K 1915 und wandern nach rechts in den Zwölfbeetweg. Der führt uns in das Buchenbachtal, am Waldrand sehen wir einen kleinen Parkplatz, hier biegen wir nach links auf den „Königsbronnweg", links fließt der Buchenbach. Es geht einige Zeit eben durch den Wald, bis wir auf eine markante Kreuzung stoßen. Hier verlassen wir den bisherigen Weg und jetzt geht es rechts davon auf dem „Neuwiesweg" bergan. Nach einer Weile stoßen wir auf eine Wegespinne, wir biegen nach links in den „Wasserlochweg" ein. Ein paar Minuten später ignorieren wir die nach rechts weggehende Blaustrich-Markierung, bei der darauf folgenden Wegegabel bleiben wir auf dem Weg nach rechts. Wir stoßen auf auf ein Fahrsträßchen, mit Markierung roter Strich geht es nach links aus dem Wald, hinauf zum **Königsbronnhof** 04. Jetzt haben wir hübsche Aussichten Richtung Stuttgarter Fernsehturm, Schwäbische Alb und Hohenstaufen. Bei der Wegegabel halten wir uns geradeaus und gehen durch den Hof. Oben leitet uns die Markierung nach links in den Wald. Kurz bevor wir auf die Landstraße treffen, geht es auf einem Pfad nach links parallel zur Straße (ab hier auf insgesamt ca. 400 m eingeschränkt kinderwagen- und radgerecht). Dann überqueren wir diese und drüben treten wir in das "Naturschutzgebiet Sommerrain" ein. Wenig später kann man auf einem links wegführenden Beobachtungspfad mit Info-Tafeln gehen, dieser Weg trifft weiter vorne wieder auf den Wanderpfad. Kurz danach geht es nach links auf einem Waldsträßchen, hier sehen wir wieder unsere Rotstrich-Markierung. Wenig später erreichen wir einen Waldparkplatz.

Achtung! Kurz vor der Landstraße führt der offizielle Pfad mit Rotstrich-Markierung und GFW/HW 10-Bezeichung nach rechts im Wald der Straße entlang. Wegen

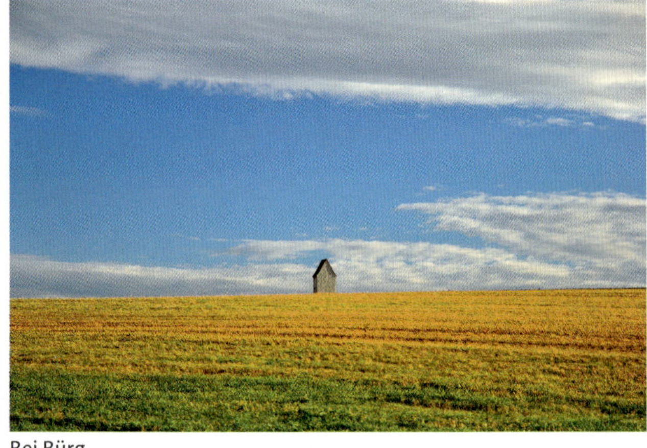

Bei Bürg.

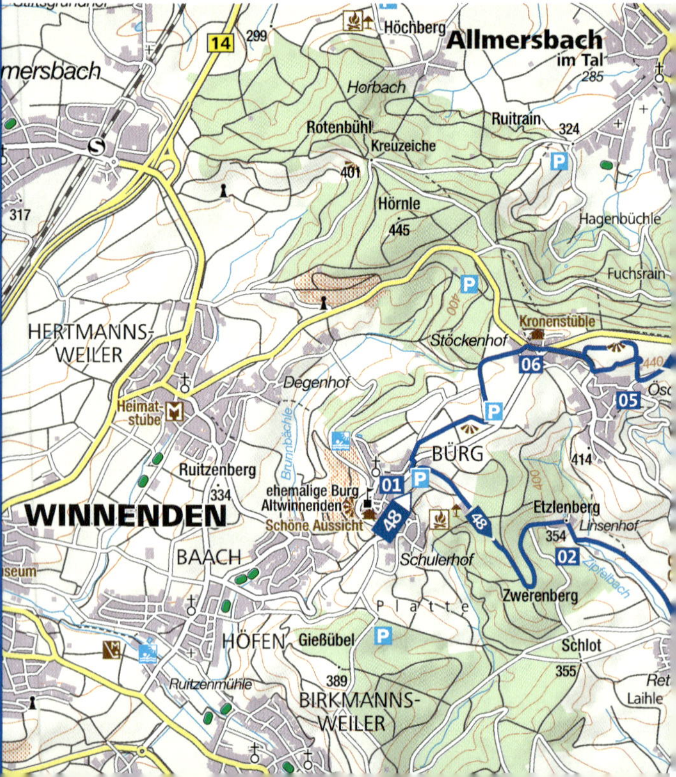

14
299
Höchberg
Allmersbach
im Tal
285
mersbach
Horbach
Rotenbühl
Kreuzeiche
Ruitrain
324
401
Hörnle
445
317
Hagenbüchle
Fuchsrain
HERTMANNS-
WEILER
Kronenstüble
Stöckenhof
06
05
Degenhof
Heimat-
stube
Brunnbächle
BÜRG
414
Ruitzenberg
334
ehemalige Burg
Altwinnenden
01
48
WINNENDEN
Schöne Aussicht
Etzlenberg
Linsenhof
354
BAACH
Schulerhof
02
Zipfelbach
Zwerenberg
Platte
HÖFEN
Gießübel
Schlot
355
Ruitzenmühle
389
BIRKMANNS-
WEILER
Laihle

des desolaten Wegzustands und der unmittelbaren Nähe zur lauten Landstraße, wählen wir eine deutlich interessantere Streckenführung: Wir überqueren die Straße, drüben wenden wir uns rechts, gehen ein paar Meter der Straße entlang und halten uns dann halblinks auf das Asphaltsträßchen mit „Durchfahrt verboten"-Zeichen. Mit prachtvollen Aussichten auf Murr- und Remstal und auf die Schwäbische Alb schlendern wir Richtung Öschelbronn. Am **Öschelbronner Friedhof** 05 gehen wir rechts hoch, oben halten wir uns an der Wegegabel links (Variante: Weiter geradeaus und dann links, aussichtsreich auf unbefestigtem Feldweg) und weiter geht es auf dem Asphaltsträßchen am Ortsrand entlang vor zur Landstraße. Dieser entlang gehen wir rechts hinauf nach **Stöckenhof** 06. Hier führt uns die Rotstrichmarkierung nach links an der Gaststätte „Kronenstüble" vorbei, kurz darauf wandern wir nach links auf der Begonienstraße aus dem Ort.

Wir gehen an der ersten Rechtsabzweigung vorbei hinauf zum Höhenrücken, hier wenden wir uns nach rechts. Mit weiten, prächtigen Aussichten nach links zum Stuttgarter Becken und rechts ins Unterland kehren wir zu unserem **Ausgangspunkt** 01 zurück.

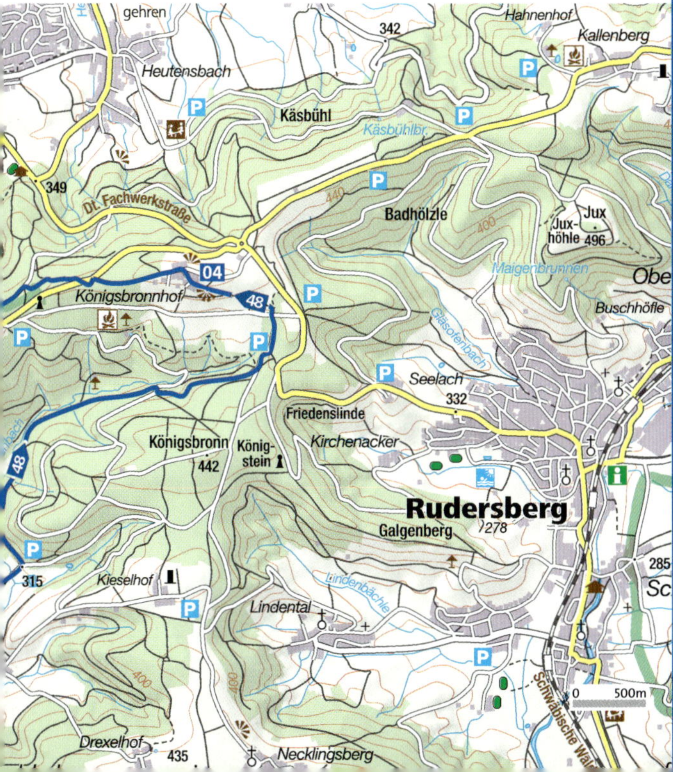

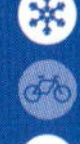
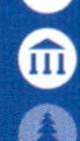

ERLENHOF – RETTERSBURG – NECKLINSBERG – VORDERWEISSBUCH

Aussichtsreiche Rundtour mit schwäbischer Gastronomie

 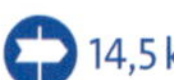   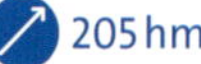  

14,5 km | 3:45 h | 205 hm | 205 hm | 773

START | Parkplatz am Sportplatz Erlenhof
[GPS: UTM Zone 32 x: 533.140 m y: 5.410.650 m]
CHARAKTER | Zuerst in einem Bachtal, dann hinauf nach Rettersburg. Durch liebliche Landschaft weiter hinauf zum Kieselhof. Auf einem Höhenrücken nach Necklinsberg, mit schönen Aussichten ins Wieslauftal. Später auf einem Höhenweg aussichtsreich nach Birkenweißbuch und über Ödernhardt wieder zurück. Überwiegend asphaltierte Wirtschaftswege und Waldwege.

▶ Unsere Wanderung beginnt hinter dem **Sportplatz** 01, dort wenden wir uns nach links und wandern am Buchenbach entlang. Wir gehen an der Neumühle vorbei, später stoßen wir auf ein Quersträßchen, vom Birkmannsweiler Industriegebiet kommend. Auf dem biegen wir nach rechts, ab jetzt folgen wir der Markierung roter Strich. Jetzt sehen wir auf der rechten Seite den imposanten Buchenbachhof (1739 erbaut). Kurz darauf kommen wir in den Wald. Etwa nach einem Kilometer kommen wir an eine Wegegabel, hier verlassen wir die

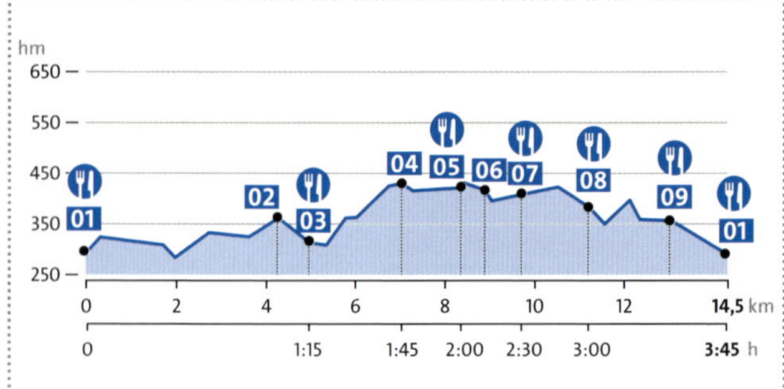

01 Parkplatz am Sportplatz Erlenhof, 300 m; 02 Waldaustritt vor Rettersburg, 350 m; 03 Rettersburg, Gasth. Glöckele, 305 m; 04 Kieselhof, 430 m; 05 Necklinsberg, 430 m; 06 Straße K 1873, 380 m; 07 Vorderweißbuch, 410 m; 08 Birkenweißbuch, Gasth. Lammy, 400 m; 09 Ödernhardt Gaststätte Schützenhaus, 380 m

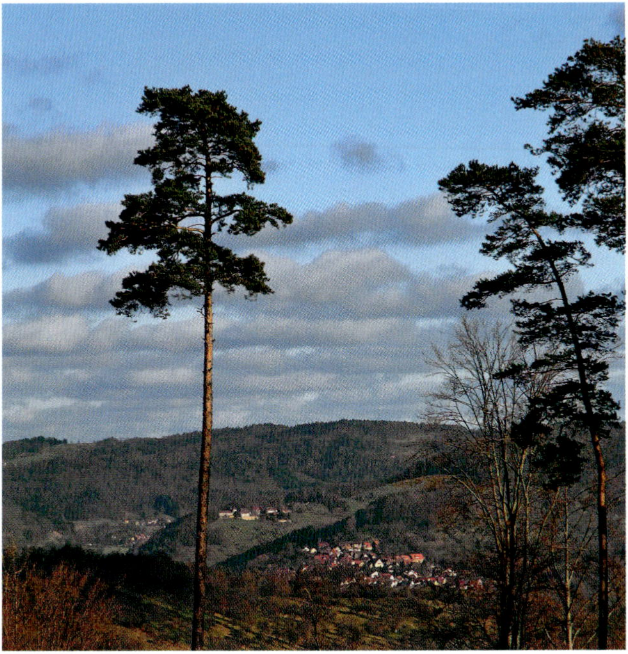

Blick ins Tal.

bisherige Markierung und gehen geradeaus über ein Brückchen. Wir wandern leicht bergan, an einer Wegespinne sehen wir das Schild „Unterer Schloth". Jetzt steigen wir nach rechts hinauf. Oben treten wir aus dem **Wald** 02, vor uns liegt eine liebliche Streuobstwiesen-Landschaft mit dem Dorf **Rettersburg** 03 (Gasthaus „Göckele"). Es geht abwärts, einige informative Lehrpfadschilder des Vereins Umweltschutz Berglen (heute: BUND, Ortsgruppe Berglen) geben über den pfleglichen Umgang mit der Heimatnatur Auskunft. Im Ort stoßen wir auf die Hauptstraße, gehen diese rechts, am neu errichteten Rathaus mit seinem prägnanten Dachtürmchen links (Schild „Kieselhof) und am Ortsende auf dem verkehrsarmen Fahrsträßchen links bergauf zum **Kieselhof** 04. Mit schönen Rückblicken auf das Tal und die Höhenzüge im Hintergrund erreichen wir die Häuseransammlung. Die durchqueren wir, etwas später sehen wir auf der linken Seite unsere jetzige Markierung blauer Strich. Weiter geradeaus gehend haben wir bald darauf einen herrlichen Blick in das Wieslauftal, unten sehen wir Lindental und Schlechtbach. Am gegenüberliegenden Hang liegen weitere Dörfer. Wir erreichen **Necklinsberg** 05 (Gasthaus „Krone"), in der Ortsmitte folgen wir der Rechtskurve und gehen geradeaus aus dem Ort. Bei Ortsaustritt haben wir wieder wunderschöne Blicke ins Tal. In der darauffolgenden scharfen Rechts-

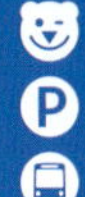

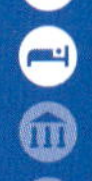

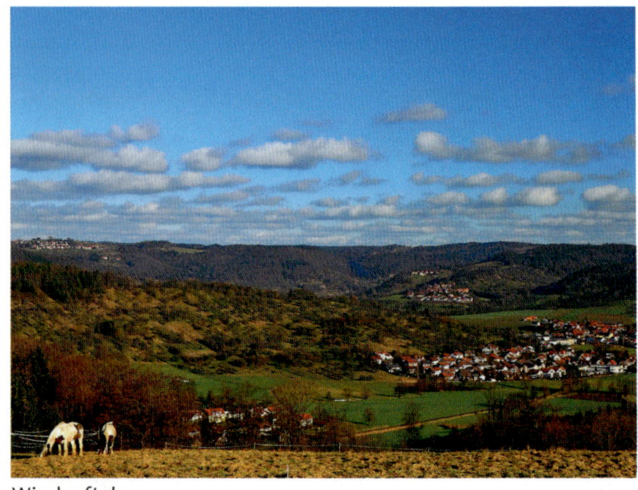

Wieslauftal.

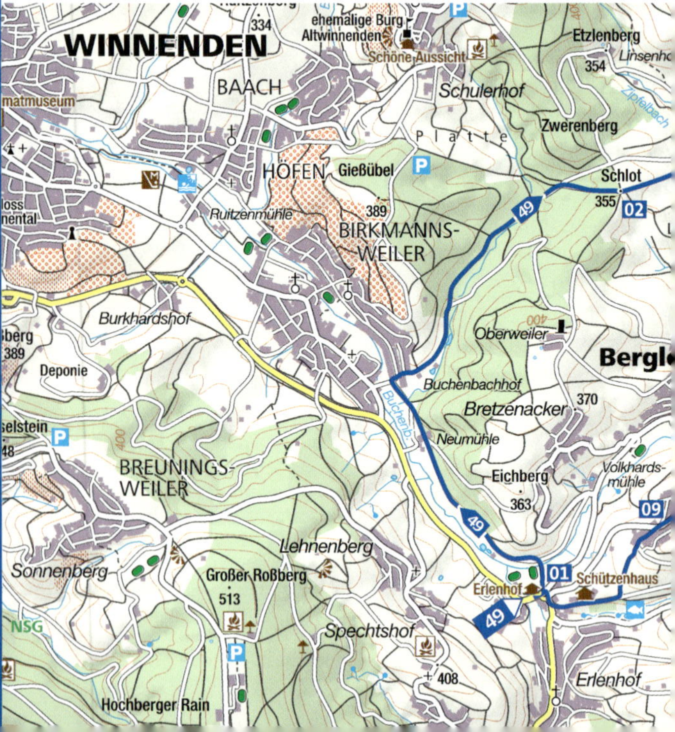

334
ehemalige Burg
Altwinnenden
WINNENDEN
Schöne Aussicht
Etzlenberg
354
BAACH
Schulerhof
Zwerenberg
Platte
HÖFEN
Gießbübel
Schlot
355
02
49
Ruitzenmühle
389
BIRKMANNS-
WEILER
Burkhardshof
400
Oberweiler
389
Deponie
Buchenbachhof
Bretzenacker
370
Buchenb.
Neumühle
BREUNINGS-
WEILER
Eichberg
Volkhards-
mühle
363
09
49
Lehnenberg
Sonnenberg
Großer Roßberg
01
Schützenhaus
Erlenhof
513
49
NSG
Spechtshof
408
Erlenhof
Hochberger Rain

kurve gehen wir halblinks auf dem Weg hinunter zur **Straße** 06. Unten halten wir uns mit unserer Markierung und der Tafel „Vorderweißbuch“ nach links und wandern auf dem Gehweg der Straße entlang hinauf nach **Vorderweißbuch** 07 (Gasthaus „Zur Rose“). Oben, beim Ortsschild, endet unsere Markierung und wir biegen nach rechts in den Kandelweg ein. Das Richtungsschild „Birkenweißbuch“ weist zum nahen Bauernhof, an dessen Ende gehen wir links. Wir wandern jetzt auf einem Höhenrücken, wieder haben wir herrliche Aussichten in die Umgebung. In **Birkenweißbuch** 08 (Gasthaus „Lamm“)stoßen wir auf die Durchgangsstraße, auf der spazieren wir nach rechts aus dem Ort hinaus, es geht hinab zu einer scharfen Rechtskurve. Dort gehen wir geradeaus auf den Radweg Richtung Winnenden/ Ödernhardt. Es geht kurz in den Wald, später sehen wir unten im Tal Oppelsbohm mit seiner markanten Kirche liegen. Wir durchwandern den hübschen Ort **Ödernhardt** 09, am Ortsende, bei der Bushaltestelle, wenden wir uns links in die Karlstraße (Richtungschild „Schützenhaus“).

Bei der folgenden Gabelung halten wir uns geradeaus. Man schlendert aussichtsreich (links oben Kottweil) hinab in´s Buchenbachtal. Unten, auf dem Querweg, geht es rechts, dann am „Schützenhaus“ vorbei. Auf der folgenden Straße wandern wir rechts zum **Ausgangspunkt** 01 zurück.

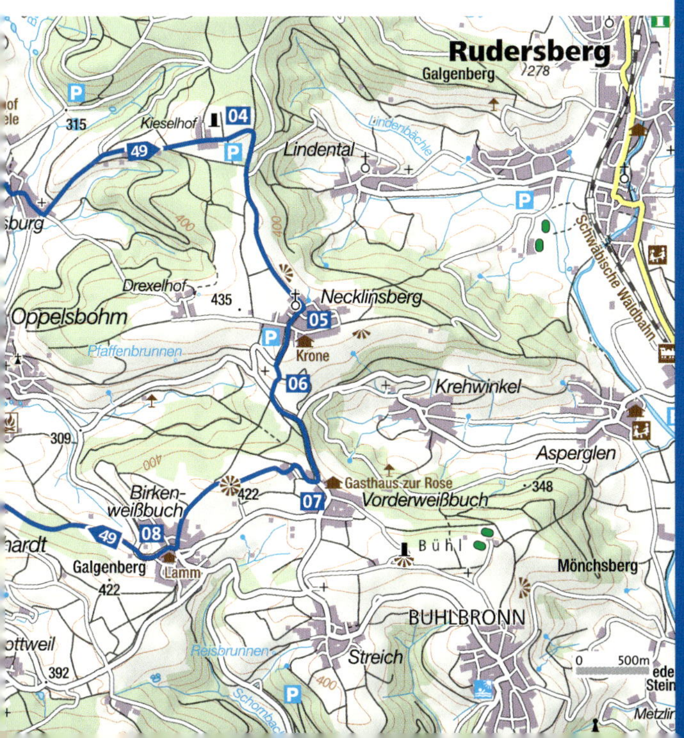

KORBER KOPF – HANWEILER – BUOCH – HÖRNLESKOPF

Grandiose Aussichten von der Buocher Höhe über das Remstal

  15 km  4:45 h  295 hm  295 hm 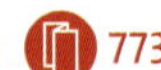 773

START | Wanderparkplatz Hanweiler Sattel, an der Matreier Straße zwischen Korb und Hanweiler
[GPS: UTM Zone 32 x: 527.720 m y: 5.410.850 m]
CHARAKTER | Die sehr aussichts- und abwechslungsreiche Tour führt uns hinauf zum Korber Kopf mit einer grandiosen 180°-Panoramasicht ins Umland, hinab in den Weinort Hanweiler, ins sehr idyllische Naturschutzgebiet Oberes Zipfelbachtal, wieder mit prachtvollen Ausblicken hinauf zum Oberen Roßberg, nach Buoch, in den Wald zur Kreuzeiche und dann zum aussichtsreichen Hörnleskopf. Überwiegend auf unasphaltierten/asphaltierten Wirtschaftswegen und Fahrsträßchen.

Wir starten die Tour vom Wanderparkplatz **Hanweiler Sattel** 01, der an der Matreier Straße zwischen Korb und Hanweiler liegt. Unsere Markierung ist zunächst das rote Kreuz und der rote Punkt. Wir überqueren die Matreier Straße und folgen dem asphaltierten Wirtschaftsweg bergauf. Ein Stück weiter oben biegt die Rotpunkt-

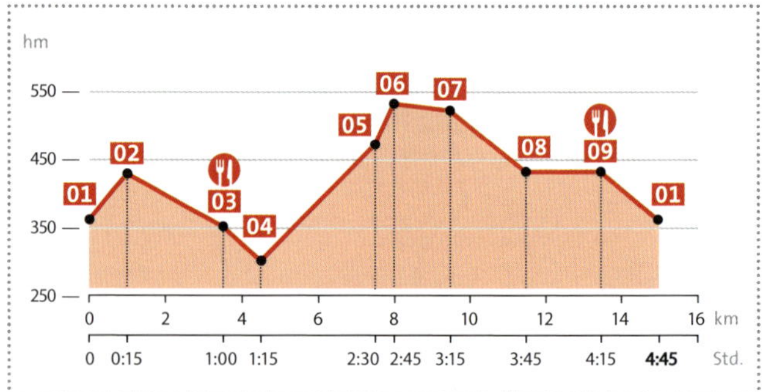

01 Wanderparkplatz „Hanweiler Sattel", 360 m; 02 Korber Kopf, 457 m; 03 Hanweiler, 350 m; 04 Zipfelbachtal, 300 m; 05 Sportplatz Breuningsweiler, 470 m; 06 Parkplatz „Im Salenhäule", 530 m; 07 Buoch, 520 m; 08 Kreuzeiche, 430 m; 09 Hörnleskopf, Korber Schützenhaus, 430 m

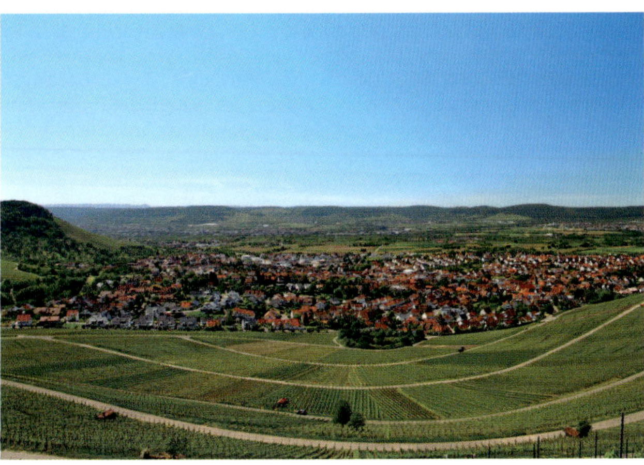

Korb.

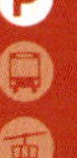
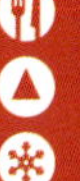

Markierung nach rechts weg, wir aber folgen dem roten Kreuz weiter den Weinbergen entlang bergauf. Bald darauf erreichen wir den **Korber Kopf** 02.

Jetzt haben wir ein grandioses, annähernd 180°-Panorama: Unten liegt Korb im Remstal, im Hintergrund sehen wir die Höhenzüge des Schurwaldes, weiter rechts das Stuttgarter Becken, dann ganz hinten am Horizont die Bergketten des Schwarzwaldes, im Mittelgrund den Hohenasperg, gefolgt von Lemberg und Wunnenstein. Wir gehen weiter mit prachtvollen Ausblicken zum Wald. Weiter unten stoßen wir auf einen Querweg (markiert mit roter Traube), auf dem wenden wir uns nach rechts, es geht immer geradeaus. Wir kommen bei den Weinbergen aus dem Wald, wenden uns scharf links und wandern dann wieder links mit blauem Punkt zwischen Wald und Reben am Waldrand entlang Richtung **Hanweiler** 03, das wir bereits unter uns liegen sehen. Der Weg führt aussichtsreich oberhalb der Hanweiler Kelter vorbei, dann wenden wir uns auf dem Querweg nach rechts. Bei der Gaststätte „Die Traube" führt die Rieslingstraße mit Markierung blauer Punkt und jetzt auch mit dem Muschelsymbol des Jakobsweges aus dem Ort. Jetzt geht es wieder aussichtsreich durch Wiesen, vor uns liegt exponiert über den Weinbergen Breuningsweiler. Wir kommen zu einem Querweg, auf dem gehen wir nach links und vor zum Fahrsträßchen, auf dem wandern wir nach rechts, Richtung Buoch. Wir ignorieren die bald nach links weggehende Blaupunkt-Markierung, bleiben immer geradaus.

Wir sind jetzt im Naturschutzgebiet Oberes **Zipfelbachtal** 04, ein ruhiges und sehr idyllisches Bachtal. Schmetterlinge und Libellen gaukeln durch die Luft, Vögel zwitschern (es wurden 112 verschiedene Vogelarten gezählt) und bald hört man die Rufe der Gelbbauchunke, ein streng geschütztes Tier, das hier in den Feuchtwiesen lebt.

Dieses Naturschutzgebiet wird vom NABU Winnenden betreut und gepflegt. Bei einer Wegegabel halten wir uns rechts, später geht es bergauf. Bei der kommenden Wegegabel links auf die Hochfläche, dann halten wir uns bei der Ruhebank rechts, bleiben auf diesem Weg, der später nach rechts schwenkt und wir dann an dem **Sportplatz** **05** vorbei auf die Kreisstraße stoßen. Wir überqueren die Straße, drüben gehen wir auf dem Wirtschaftsweg mit Markierung blauer Strich nach rechts hinauf auf den Großen Roßberg. Wenn wir uns umdrehen, haben wir wieder prächtige Aussichten bis zu den Höhenzügen des Strombergs am Horizont. Nun geht es in den Wald, dann kommen wir zum Parkplatz der Erholungsanlage **Im Salenhäule** **06**. Hier gehen wir nach links, am Spiel- und Grillplatz vorbei, dann nach rechts mit rotem Strich, entlang an Tennis- und Reithallen. Nach Waldaustritt halten wir uns bei der Wegegabel rechts und gehen kurz unmarkiert vor zur Kreisstraße. Hier weist unsere Markierung nach links Richtung **Buoch** **07**, wir gehen geradeaus durch den Ort, an der Kreuzung wenden wir uns rechts in die Eduard-Hiller-Straße. An schönen alten Häusern vorbei, unter anderem am Museum im Hirsch und an dem

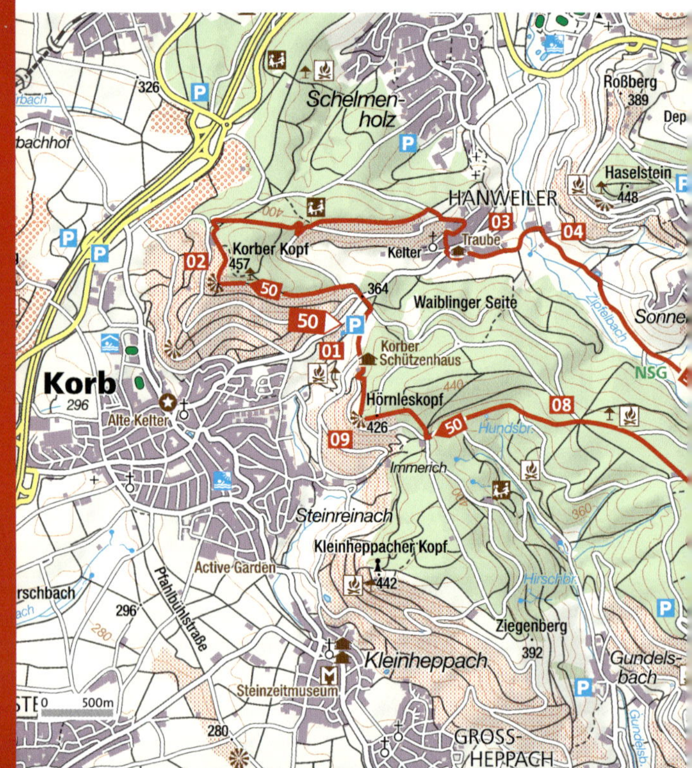

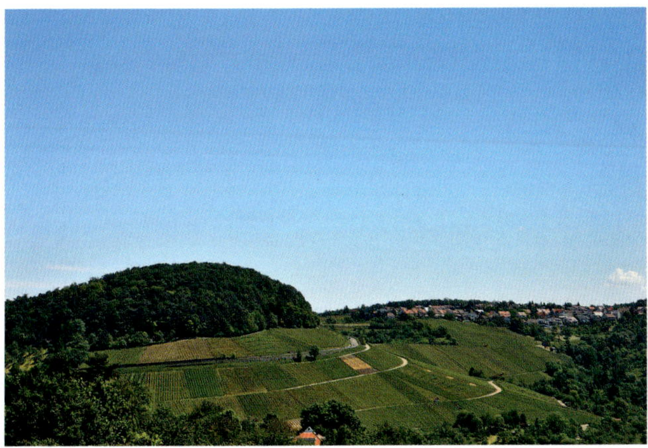

Breuningsweiler.

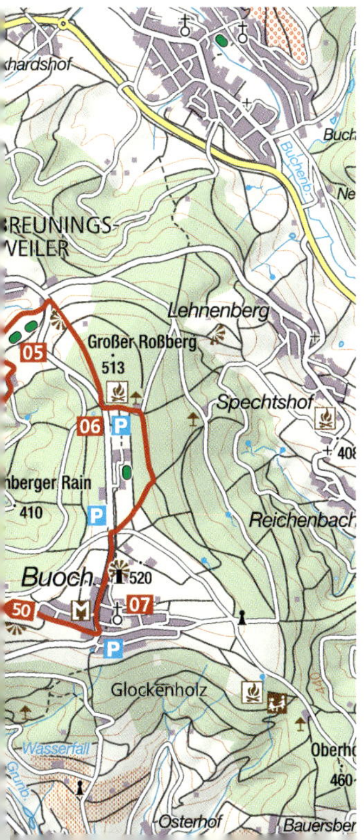

Wohnhaus des schwäbischen Dialektdichters Hiller. Nun haben wir wieder herrliche Aussichten über das Remstal zum Schurwald und der Schwäbischen Alb. Wir treten in den Wald ein, gehen immer geradeaus und erreichen die **Kreuzeiche** 08 (mit Spiel- und Grillplatz). Wir folgen weiter unserer Rotstrich-Markierung, bei einer Wegekreuzung geht es zunächst unmarkiert rechts hinauf Richtung **Hörnleskopf** 09. Dann wechselt die Markierung zum rotem Kreuz, bei einer Wegegabel halten wir uns geradeaus, weiter vorne gehen wir auf dem ganz linken, schmalen Wald-, später Aussichtspfad an der Bergkante entlang und genießen dann eine tolle Aussicht in das Umland. Der Weg führt uns hinab zu einem Querweg „Richtung Remshalden“, unten geht es scharf rechts am Spiel- und Grillplatz vorbei, dann biegt der Weg nach links. Wir passieren das Korber Schützenhaus und sind nach ein paar Minuten zurück an unserem **Ausgangspunkt** 01.

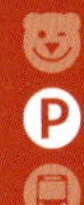
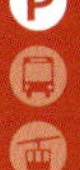
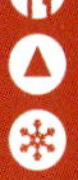
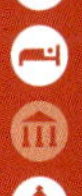

MEINE TIPPS FÜR ...

> Kulturinteressierte

Prächtige Aussichten von Burgen und Bergen

Burg Waldenstein (Tour 1), Burg Maienfels (Touren 37 und 38), Burgruine Löwenstein (Tour 27), Schloss Ebersberg (Tour 16), Hagbergturm (Tour 15), Waldenburg (Tour 31), Juxkopfturm (Tour 25), Burg Hohenbeilstein (Tour 30), Bürg (Tour 48), Korber Kopf (Tour 50)

Sehenswerte Städtchen

Stadt Lorch (Tour 2)
Die Stadt hat römische Wurzeln, später war es das geistige Zentrum der Staufer. Friedrich Schiller lernte hier Lesen und Schreiben. Die Beschreibung des „Historischen Stadtrundgangs“ (www.stadt-lorch.de) macht Lust auf Umsetzung in die Praxis. Ein Erlebnis anderer Art sind die imposanten Flugvorführungen der Greifvögel der Stauferfalknerei.
www.stauferfalknerei.de

Kloster Lorch (Tour 2)
Das ehemalige Benediktinerkloster wurde 1102 vom Staufer Herzog Friedrich I. gegründet und war das Hauskloster der Staufer. Interessante Gebäude im romanischen und hoch- u. spätgotischen Baustil und Kunstschätze können besichtigt werden. Auch Führungen.
www.kloster-lorch.com,
Tel. (0)71 72/92 84 97

Waldenburg (Tour 31)
Diese 1253 erstmals erwähnte Stadt liegt auf einem Bergsporn und hat durch seine herrlichen Fernsichten in die Hohenloher Ebene und die Waldenburger Berge den Beinamen „Balkon Hohenlohes“ bekommen.
www.waldenburg-hohenlohe.de
Sehenswert:
Waldenburger Schloss (16. Jahrhundert), Stadtmauer mit Aussichtspunkten, Ev. Stadtkirche (1594), Lachnersturm(Aussichtsturm),Nachtwächterturm, Schildmauer Schanz.

Oppenweiler (Tour 23)
Wurde bereits 1114 durch Heinrich V. urkundlich erwähnt. Auf einer künstlichen Insel im Schloss-See wurde 1782 von den Freiherren von Sturmfeder ein achteckiges Wasserschloss erbaut. Der Schlosspark wurde vom selben Gartengestalter geplant wie der Englische Garten in München, dem Schwetzinger Hofgärtner Friedrich Ludwig Sckell.
www.oppenweiler.de

Murrhardt (Touren 19, 20, 22)
161 n. Chr. entstand die Römersiedlung Vicus Murrensis (Dorf an der Murr), eine Kastellsiedlung am Limes. 788 wird Murrhardt erstmals urkundlich erwähnt.
www.murrhardt.de
Sehenswert:
Schöner Fachwerk-Ortskern, Gotische Walterichskirche (1489), spätromanische Walterichskapelle, mittelalterlicher Marktplatz, Carl-Schweizer-Museum (Ausstellungsstücke vom Limes, Grabungsstücke zur Stadt- und Regionalgeschichte, zoologische Sammlung, z. B. ausgestopfte Tiere, www.carl-schweizer-museum.de), oberhalb von Murrhardt die Villa Franck, Jugendstilvilla mit Parkanlage, Kulturveranstaltungen (www.villa-franck.de).

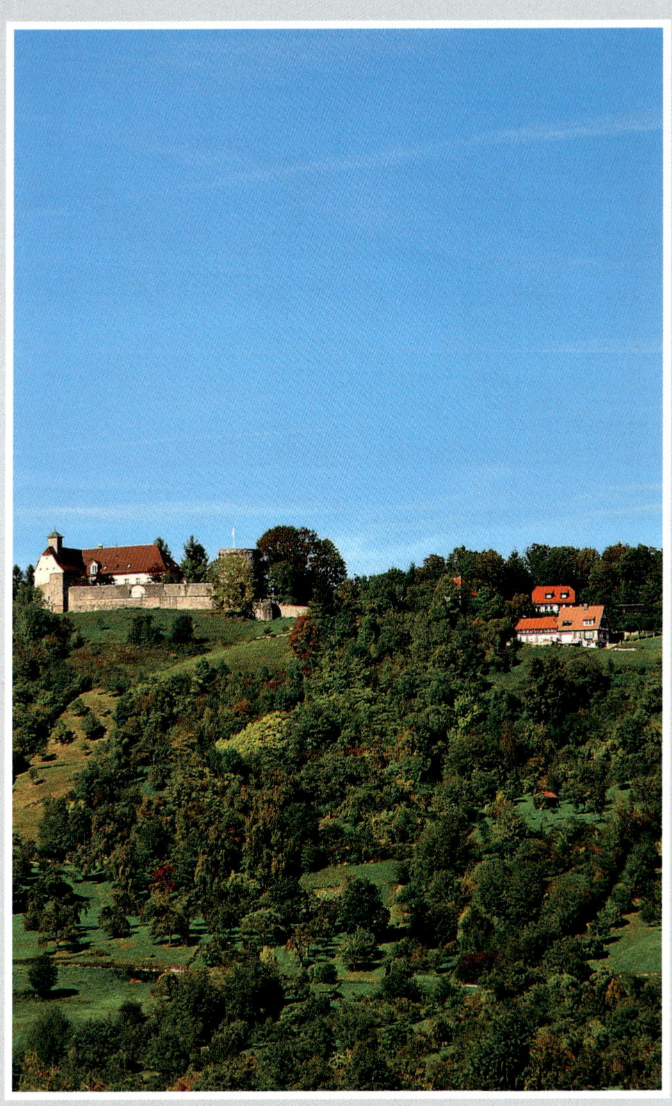

Schloss Ebersberg.

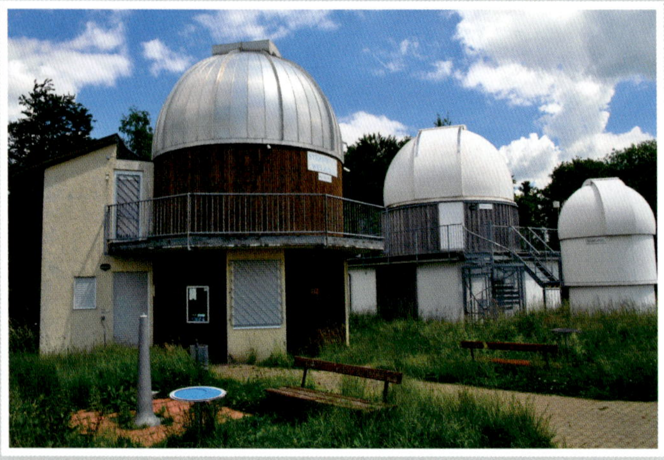

Sternwarte Welzheim.

Mainhardt (Touren 39, 40, 41)
Ca. 150 n. Chr. wurde hier der Limes errichtet und ein Steinkastell. 260 n. Chr. verließen die Römer wieder diese Region. Im Jagdschloss „Schlössle“ in der Ortsmitte ist heute das Römer-Museum untergebracht, das Fundstücke über diese Zeit präsentiert. www.mainhardt.de

Pahl-Museum: Das Gebäude des Museums wurde von dem Maler Manfred Pahl (1900–1994) selbst geplant und aus eigenen Mitteln errichtet, um sein Lebenswerk auszustellen. Gezeigt werden Ölbilder und Grafiken des Künstlers sowie Werke seiner Ehefrau Aenne Pahl.
Öffnungszeiten: 1. Mai bis 1. Okt. Sa, So u. Fei 10–12 u. 14–18 Uhr

Welzheim (Touren 6, 10)
Stadt mit römischen Wurzeln, später staufisch. www.welzheim.de

Sehenswert:
Archäologischer Park Ostkastell, Freilichtmuseum (im Ort ausgeschildert), ganzjährig zugänglich, Eintritt frei.
Städtisches Museum, Heimatmuseum, Pfarrstraße 8, Öffnungszeiten: Sonntag 11 bis 17 Uhr
Sternwarte, bei Stadtteil Langenberg, Telefon (0 71 82) 42 84
www.sternwarte.welzheim.de
(nur zu Beobachtungszeiten besetzt)
Sternführungen (nur bei sternklarem Himmel):
Oktober bis März: Mo, Mi, Sa 20 Uhr, April und September: Mo, Mi, Sa 21 Uhr, Mai bis August: nur Sa 22 Uhr,
Stadtpark mit Wellingtonien (Mammutbäumen) im angrenzenden Tannwald, Schorndorfer Straße.
St.-Gallus-Kirche, Kirchplatz, spätgotische Sandsteinplastiken, neugestaltete Kirchenfenster

> Kinder und Junggebliebene

Schwabenpark (Tour 8)
Freizeitsspass mit Achterbahn, Karussells, Rutschbahnen, Tiershows...:
Schwaben Park,
Hofwiesen 11, 73667 Kaisersbach
Tel. 07182/93610-0
www.schwabenpark.de

Hohenloher Freilandmuseum (in der Nähe der Tour 36)
Vom Bauernhof über Handwerkerhäuser bis zum bescheidenen Taglöhnerhäuschen, von der Mühle über Weinbauernhäuser bis zum Bahnhofsgebäude, vom Schulhaus bis zum Gefängnis reicht die Palette der rund 70 historischen Gebäude aus der Zeit vom 16. bis zum 20. Jahrhundert.
Schwäbisch Hall-Wackershofen
Dorfstraße 52, Tel. 0791 971010
www.wackershofen.de

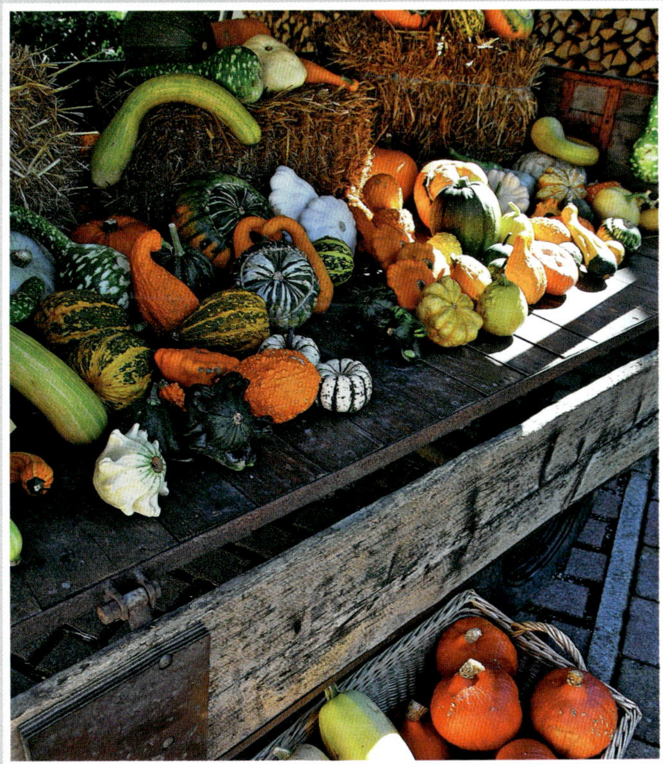

Farbenvielfalt.

ÜBERNACHTUNGSVERZEICHNIS

€ unter 30 EUR €€ 30 - 60 EUR €€€ über 60 EUR
(pro Pers/DZ/incl. Frühstück)

Alfdorf .... Plz 73553, Tel. (0) 7172
Hotel-Gasthof Hirsch €€ Untere Schloßstr. 46, Tel. 305920
Alfdorf-Burgholz .... Plz 73553, Tel. (0) 7182
Landgasthof Döllenhof €€ Döllenhof 1, Tel. 8826, www.gasthof-doellenhof.homepage.t-online.de
Alfdorf-Haghof .... Plz 73553, Tel. (0) 7182
Golf- und Landhotel Haghof €€€ Haghof 3, Tel. 92800, www.hotelhaghof.de
Althütte .... Plz 71566, Tel. (0) 7183
Gasthof Birkenhof €€ Schlichenhöfle 2, Tel. 41894, www.schlichenhoefle.de
Bretzfeld-Brettach .... Plz 74626, Tel. (0) 7945
Landhaus Rössle €€ Mainhardter Straße 26, Tel. 91110, www.roessle-brettach.de
Bürg .... Plz 71364, Tel. (0) 7195
Burghotel Schöne Aussicht €€ Neuffenstraße 18, Tel. 97560, www.schoene-aussicht-buerg.de
Durlangen .... Plz 73568, Tel. (0) 7176
Gasthaus zur Krone € Kronengasse 1, Tel. 1461, www.krone-durlangen.de
Ebnisee .... Plz 73667, Tel. (0) 7184
Naturpark Hotel Ebnisee €€ Winnender Straße 10, Tel. 2920, www.naturpark-hotel-ebnisee.de
Fichtenberg .... Plz 74427, Tel. (0) 7971
Hotel Krone €€ Rathausstraße 1, Tel. 96550, www.krone-fichtenberg.de
Frickenhofen .... Plz 74417, Tel. (0) 7972
Landgasthof Sonne €€ Höhenstr. 35,Tel. 813, www.sonne-frickenhofen.de
Großbottwar .... Plz 71723, Tel. (0) 7148
Stadtschänke Großbottwar €€ Hauptstrasse 36, Tel. 8024, www.stadtschaenke-grossbottwar.de
Hotel Alte Schmiede €€ Winzerhäuser Str. 2-4, Tel. 9689077, www.alte-schmiede-grossbottwar.de
Gschwend .... Plz 74417, Tel. (0) 7972
Gasthof zum Hecht €€ Schlechtbacherstr. 09, Tel. 368,www.hecht-gschwend.de
Ilsfeld .... Plz 74360, Tel. (0) 7062
Häußermann's Ochsen €€ König-Wilhelm-Str. 31, Tel. 6790, www.ochsen-ilsfeld.de
Hotel zum Lamm €€ Auensteiner Str. 8, Tel. 95670, www.hotel-ilsfeld.de
Kaisersbach .... Plz 73667, Tel. (0) 7184
Gasthof Krone € Dorfstr. 9,Tel. 512
Löwenstein .... Plz 74245, Tel. (0) 7130
Gasthof Hohly €€ Friedhofweg 5, Tel. 1313, www.gasthof-hohly.de
Gasthof Lamm € Maybachstr. 43, Tel. 401950, www.lamm-loewenstein.de
Hotel Roger €€ Hößlinsülz,Heiligenfeld 56, Tel. 230, www.landgasthof-roger.de
Lorch .... Plz 73545, Tel. (0) 7172
Gasthof Sonne €€ Stuttgarter Str. 5, Tel. 7373, www.sonne-lorch.de
Apparthotel Comforthaus Ambiente €€ Teckstr. 62, Tel. 9251737, www.comforthaus-ambiente.de

Mainhardt .... Plz 74535, Tel. (0) 7903
Hotel Schoch €€ Hauptstrasse 40, Tel. 91900, www.hotel-schoch.de
Pension Vita Haus am Palmengarten €€ Knappengasse 2, Tel. 4969908, www.vita-pension.de

Murrhardt .... Plz 71540, Tel. (0) 7192
Hotel Sonne-Post €€ Walterichsweg 1, Tel. 92420, www.hotel-sonnepost.de
Villa Franck €€ Hohenstein 1, Tel. 9366931, www.villa-franck.de

Oberrot .... Plz 74420, Tel. (0) 7977
Landhotel Ulenhof €€ Hohenhardtsweiler, Mangenhofweg 3,Tel. 97070, www.landhotel-ulenhof.de
Landhaus Noller €€ Marhördt 18, Tel. 9119970, www.landhaus-noller.com

Oberstenfeld .... Plz 71720, Tel. (0) 7062
Hotel zum Ochsen €€ Grossbottwarer Str. 31, Tel. 9390 www.hotel-gasthof-zum-ochsen.de

Obersulm .... Plz 74182, Tel. (0) 7130
Pension Seequelle € Schlossäcker 7, Tel. 6139,www.speisegaststaette-seequelle.de

Oppenweiler .... Plz 71570
Pension Das Mühlhäusel €€ Mühlgasse 1, Tel. 01733102481 www.pension-oppenweiler.de

Pfedelbach .... Plz 74629, Tel. (0) 7941
Gasthof Seeklause/Campingplatz Leng € Buchhorn, Am Wasserturm 30, Tel. 960717, www.seeklause-leng.de
Landhotel Küffner €€ Max-Eyth-Straße 8, Tel. 646410, www.landhotel-kueffner.de

Pfedelbach-Untersteinbach .... Plz 74629, Tel. (0) 7949
Gasthaus Adler € Mainhardter Straße 1,Tel. 2368,

Pfedelbach-Schuppach .... Plz 74673, Tel. (0) 7949
Gasthaus Zum Schuppachtal € Untersteinbacher Str. 17, Tel. 574, www.zumschuppachtal.de

Rudersberg .... Plz 73635, Tel. (0) 7183
Burg Waldenstein €€ Waldenstein 8, Tel. 938760, www.Burg-Waldenstein.de
Hotel Sonne €€ Schlechtbach,Heilbronnerstr. 70, Tel. 305920, www.sonne-rudersberg.de

Spiegelberg-Vorderbüchelberg .... Plz 71579, Tel. (0) 7194
Gasthaus Zum Goldenen Ritter € Schulstr. 5, Tel. 371, www.zum-goldenen-ritter.de

Sulzbach .... Plz 71560, Tel. (0) 7193
Wanderheim Eschelhof € Eschelhof 1, Tel. 8485, www.eschelhof.de

Waldenburg .... Plz 74638, Tel. (0) 7942
Hotel Bergfried €€ Hauptstrasse 30, Tel. 91400, www.hotel-bergfried.com
Hotel Mainzer Tor €€ Marktplatz 8, Tel. 91300, www.mainzer-tor.de
Villa Blum Hotel Garni €€ Haller Straße 12, Tel. 94370, www.villablum.de
Panorama Hotel €€ Hauptstraße 84, Tel. 91000, www.panoramahotel-waldenburg.de

Welzheim .... Plz 73642, Tel. (0) 7182
Gasthof zum Lamm € Gschwender Straße 7, Tel. 8803
Hotel Waldhorn €€ Rudersberger Straße 4, Tel. 8868,www.hotel-waldhorn.info

Winnenden-Hanweiler .... Plz 71364, Tel. (0) 7195
Gasthof Traube €€ Weinstraße 59, Tel. 139900, www.traube-hanweiler.de

Wüstenrot .... Plz 71543, Tel. (0) 07945
Hotel Raitelberg €€ Schönblickstr. 39, Tel. 9300, www.raitelberg.de

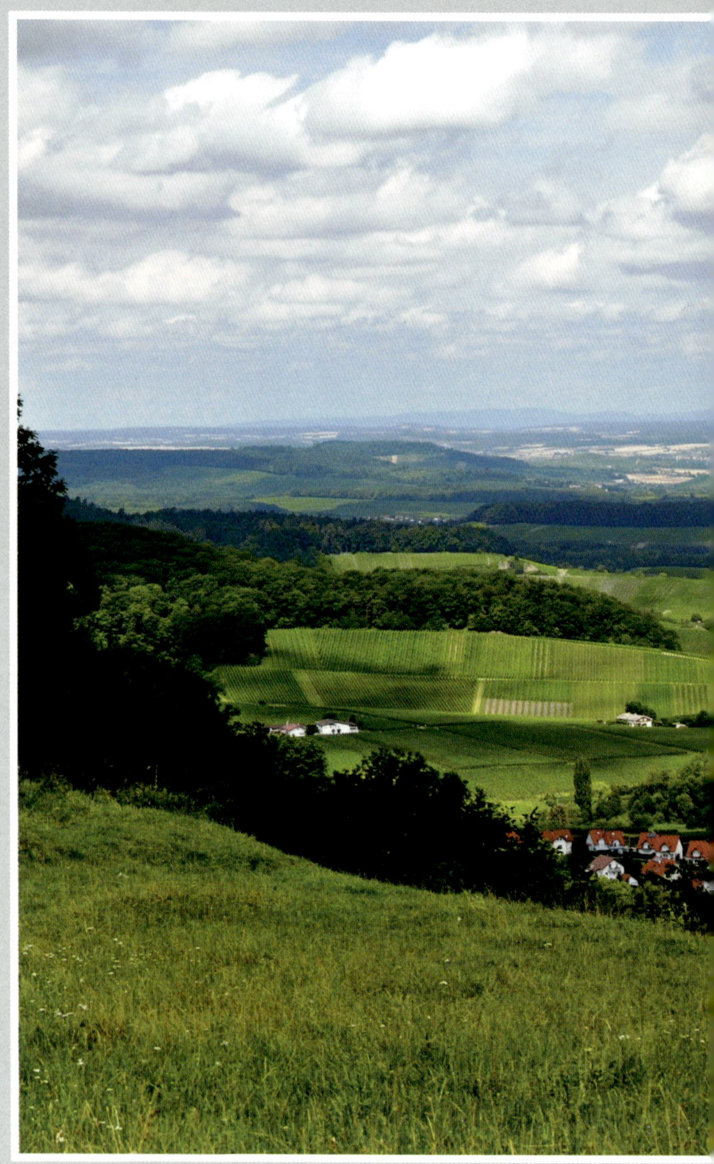

Heilbronner Land.

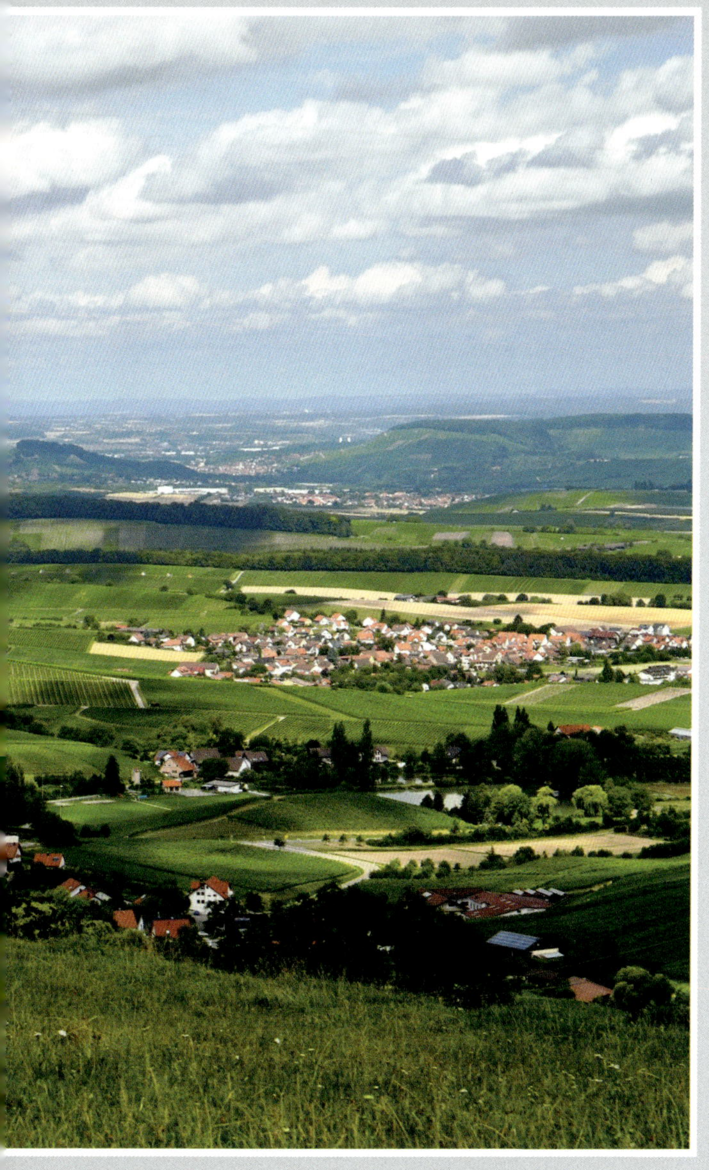

ORTE / TOURISMUSBÜROS

Abtsgmünd
Rathaus Abtsgmünd
Rathausplatz 1
73453 Abtsgmünd
Tel: 07366/82-0
Fax: 07366/82-54
www.abtsgmuend.de

Alfdorf
Gemeinde Alfdorf
Obere Schlossstrasse 28
73553 Alfdorf
Tel.: 07172/309-0
Fax: 07172/309-29
gemeinde@alfdorf.de
www.alfdorf.de

Brettach
Touristikgemeinschaft
HeilbronnerLand e.V.
Lerchenstraße 40
74072 Heilbronn
Tel.: 07131/994-1390
Fax: 07131/994-1391
Service@HeilbronnerLand.de
www.heilbronnerland.de

Zentrale Infostellen:

Naturpark Schwäbisch-Fränkischer Wald Parkzentrum
Marktplatz 8, 71540 Murrhardt
Tourist Info: 07192/213-777
Geschäftsstelle: 07192/213-888
Email: info@naturpark-sfw.de
www.naturpark-sfw.de

Schwäbischer Wald Tourismus e.V.
Landratsamt Rems-Murr-Kreis
Alter Postplatz 10, 71332 Waiblingen
Telefon: 0 71 51 / 501 - 1376
E-Mail: internet@schwaebischerwald.com
www.schwaebischerwald.com

Schwäbischer Albverein e. V.
Hospitalstraße 21 B, 70174 Stuttgart
Telefon: 07 11/ 2 25 85-0
E-Mail: info@schwaebischer-albverein.de

Schwäbischer Heimatbund e.V.
Weberstraße 2, 70182 Stuttgart
Telefon: 0711 / 23942-0
info@schwaebischer-heimatbund.de
www.schwaebischer-heimatbund.de

www.tourismus-bw.de

Gaildorf
Stadtverwaldung Gaildorf
Schloss-Straße 20
74405 Gaildorf
Tel.: 07971/253-0
Fax: 07971/253-188
stadt@gaildorf.de
www.gaildorf.de

Gschwend
Gemeindeverwaltung
Gschwend
Gmünder Straße 2
74417 Gschwend
Tel.: 07972/681-0
Fax: 07972/681-85
gemeinde@gschwend.de
www.gschwend.de

Kaisersbach
Bürgermeisteramt
Dorfstraße 5
73667 Kaisersbach
Tel.: 07184/93838-0
Fax: 07184/93838-21
info@kaisersbach.de
www.kaisersbach.de

Löwenstein
Bürgermeisteramt
Maybachstraße 32
74245 Löwenstein
Touristik-Information
Di. Do. Fr. von 8 - 13 Uhr
Tel.: 07130/22–23
www.stadt-loewenstein.de

Lorch
Stadtverwaltung Lorch
Hauptstraße 19
73547 Lorch
Tel.: 07172/1801-0
Fax: 07172/1801-59
info@stadt-lorch.de
www.stadt-lorch.de

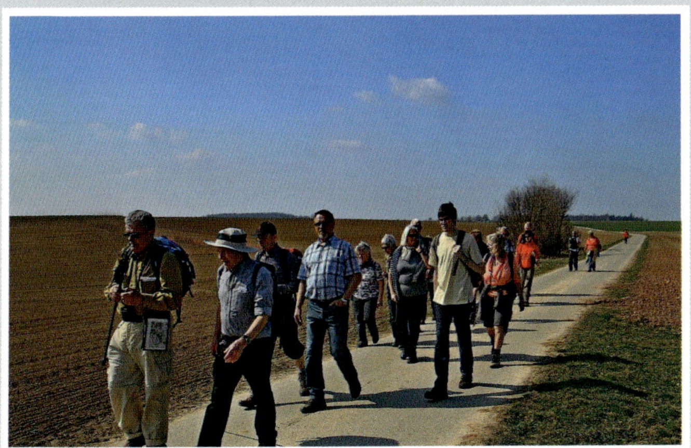

Wandergruppe.

Mainhardt
Rathaus Mainhardt
Hauptstraße 1
74535 Mainhardt
Tel.: 07903/9150-0
Fax: 07903/9150-50
rathaus@mainhardt.de
www.mainhardt.de

Murrhardt
Tourist Info
Marktplatz 8
71540 Murrhardt
Tel.: 07192/213-777
Fax: 07192/213-770
touristik@murrhardt.de
www.murrhardt.de

Waldenburg
Stadtverwaltung
Waldenburg
Hauptstraße 13
74638 Waldenburg
Tel.: 07942/108-0
Fax: 07942/108-88
stadt@waldenburg-hohenlohe.de
www.waldenburg-hohenlohe.de

Hohenlohe
Touristikgemeinschaft
Hohenlohe e.V.
Allee 17, 74653 Künzelsau
Tel.: 07940/18206
Fax: 07940/1 83 63
info@hohenlohe.de
www.hohenlohe.de

Welzheim
Rathaus Welzheim
Kirchplatz 3,
73642 Welzheim
Tel.: 07182/8008-15
Fax: 07182/8008-80
stadt@welzheim.de
www.welzheim.de

Naturparkteller:

www.naturpark-sfw.de/de/geniessen/natur-geniessen/naturparkteller

Der Naturparkteller kostet 14 Euro (Stand 2019) und beinhaltet ein Viertel Wein oder auf Wunsch ein anderes Getränk aus der Region. Insgesamt beteiligen sich 50 Gastronomen aus 28 Naturpark-Kommunen. Die Hauptzutaten zum Naturparkteller stammen aus heimischer Erzeugung. Damit wird die Direktvermarktung der bäuerlichen Familienbetriebe unterstützt.

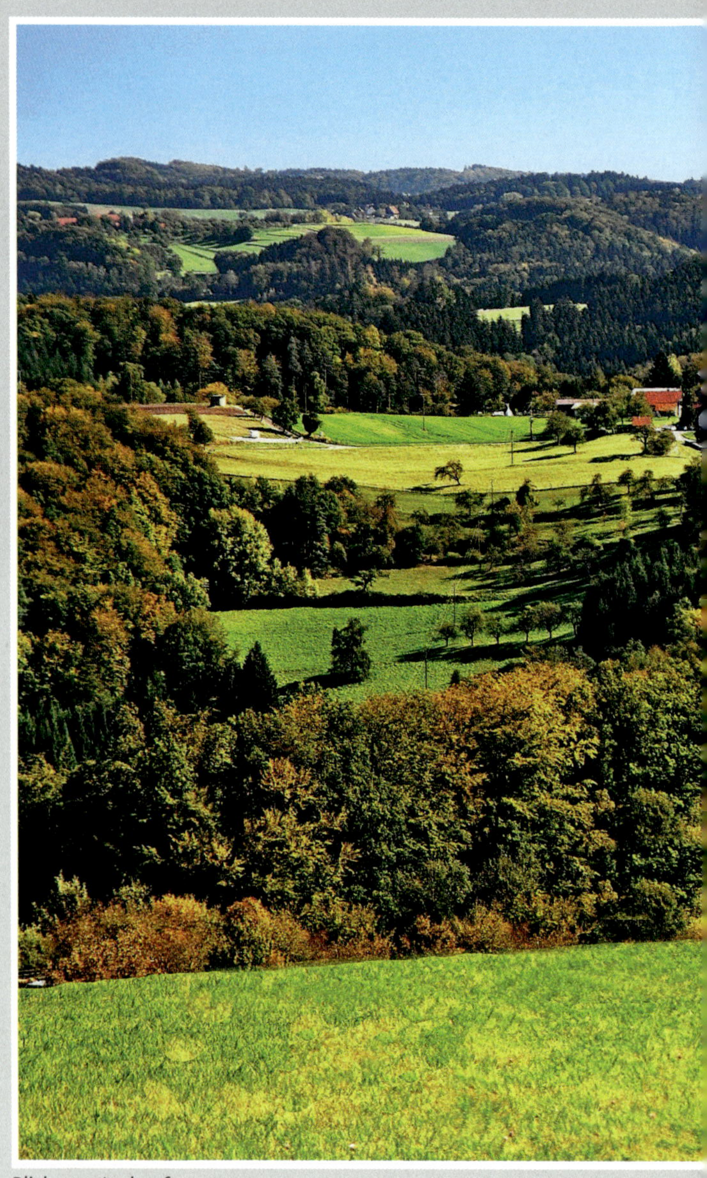

Blick vom Juxkopf.

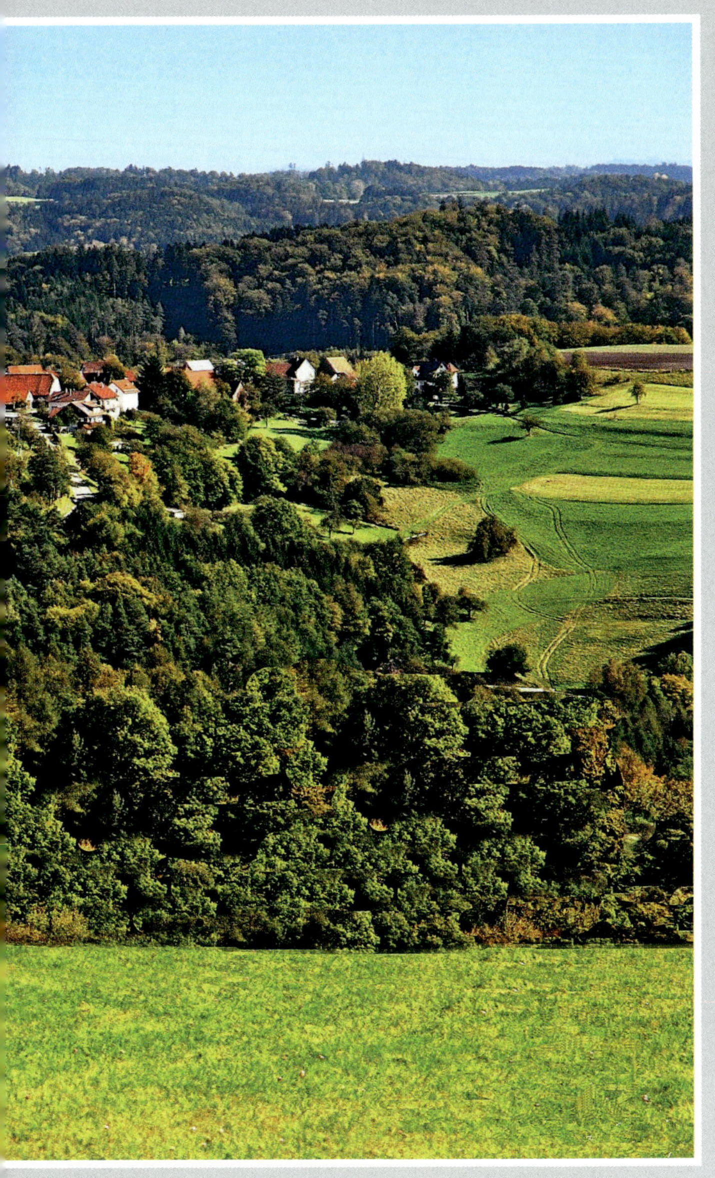

EINKEHRMÖGLICHKEITEN

Die gelisteten Gastronomiebetriebe sind als Einkehrmöglichkeiten zu verstehen, sie stellen keine Empfehlungen dar.

Aichstrutsee
(Touren 8 u. 10):
Gasthaus Seeblick
Leinhalde 38
Tel.: 07182/2369
www.gasthof-seeblick.de
Ruhetag: Do.

Alfdorf
(Touren 2, 4): mehrere Einkehrmöglichkeiten

Althütte
(Tour 16): mehrere Einkehrmöglichkeiten

Beilstein
(Touren 29 u. 30): mehrere Einkehrmöglichkeiten

Billensbach
(Tour 30): Weinstube Schäfer
Tel.: 07062/21646
geöffnet: Frei. bis So. und Feiertage ab 11.00 Uhr
www.weinstube-schaefer.de

Birkenweißbuch
(Tour 49): Gasthaus Lamm
Hohensteinstr. 5
Tel.: 07181/76791
www.lamm-birkenweissbuch.de
geöffnet: So. ab 10 Uhr.

Brettach
(Touren 37 u. 38):
Landhaus Rössle
Mainhardter Straße 26
Tel: 07945/91110 oder 91111
www.roessle-brettach.de
Ruhetage: Mo. u. Di.

Buchhorner See
(Tour 32):
Campingplatz Seewiese:
Bistro-Café
www.camping-seewiese.de
Campingplatz Leng:
Gasthof Seeklause
Tel.: 07941/960717
www.seeklause-leng.de

Bürg
(Tour 48): Restaurant
Schöne Aussicht
Neuffenstraße 18
Tel.: 07195/97560
www.schoene-aussicht-buerg.de
Ruhetag: keiner

Burg Hohenbeilstein
(Touren 29 u. 30):
Mayers Burgrestaurant
Hohenbeilstein
Tel.: 07062/65077
www.burg-beilstein.de
Ruhetag: Montag

Däfern
(Tour 16):
Landgasthof Waldhorn
Hohnweiler Str. 10
Tel: 07191/312312
www.waldhorn-daefern.de
Ruhetage: Di. u. Mi.

Döllenhof
(Tour 6): Landgasthaus
Döllenhof, Döllenhof 1
Tel.: 07182/8826
www.gasthof-doellenhof.homepage.t-online.

Durlangen
(Tour 13): mehrere Einkehrmöglichkeiten

Ebnisee
(Tour 9): Naturpark Hotel
Ebnisee, Winnenderstraße 10
Tel.: 07184/2920
www.naturpark-hotel-ebnisee.de
Ruhetag: keiner

Edelmannshof
(Touren 1, 11):
Waldgasthof Edelmannshof
Tel.: 07183/6592
Ruhetage: Mo., Di. u. Fr.

Erlacher Höhe
(Tour 42): Café Erlach
Tel.: 07193/57-151 und -153
www.erlacher-hoehe.de

Erlenhof
(Tour 49): Gaststätte Erlenhof
Brühl 8, Tel.: 07195/71094
www.ssv-steinach.de/gaststaette
Ruhetag: Mo.

Eschelhof
(Tour 23): Wanderheim Eschelhof, ganzjährig an Wochenenden und Feiertagen, außer August und Dezember inkl. Neujahr, auch Übernachtungen
Tel: 07193/8485 u. 6660
www.eschelhof.de

Eschenau
(Tour 28): mehrere Einkehrmöglichkeiten

Fichtenberg
(Tour 21): mehrere Einkehrmöglichkeiten

Finsterrot
(Tour 39): Gasthaus Waldhorn
Alte Strasse 7
Tel.: 07945/2285
Ruhetag: Di.

Frankenberg
(Tour 46):
Landgasthaus Frankenberg
Höhenstrasse 54
Tel.: 07977/911368
www.golfclub-oberrot-frankenberg.de
Ruhetag: Mo.

Frickenhofen
(Touren 12,14):
Gasthof zur Sonne
Höhenstr. 35, Tel: 07972/813
www.sonne-frickenhofen.de
Ruhetag: Do.

Frohnfalls
(Tour 34): Forellenparadies
Tel.: 07903/464
www.forellenparadies.de
geöff. von Ostern bis 1. Nov.

Gailsbach
(Tour 41): Dorfschenke
Mainhardter Straße 36
Tel.: 07903/2659
Ruhetage: Mi., Di. u. Mi.

Gnadental
(Tour 36): Gasthaus Hobelbank
Öhringer Straße 37
Tel.: 07191/84440
www. gasthaus-hobelbank.de
Ruhetage: Mo., Di. u. Mi.

Goldbach
(Tour 36) Ponyhof Goldbach
Tel.: 07942/8458
www.ponyhof-goldbach.de
Ruhetage: Di. und Do.

Grab
(Touren 42, 43)
Landgasthof Rössle
Tel.: 07192/9354061
www.landgasthof-roessle-grab.de
Ruhetage: Mo. und Di.

Großbottwar
(Tour 24): mehrere
Einkehrmöglichkeiten

Großdeinbach
(Tour 4): mehrere
Einkehrmöglichkeiten

Großerlach
(Tour 42): mehrere
Einkehrmöglichkeiten

Gschwend
(Touren 12, 15) : mehrere
Einkehrmöglichkeiten

Hagbergturm
(Tour 15): Tel.: 07972/911923
geöffnet an Sonn-und
Feiertagen von 10.4. bis
Ende Oktober, 10 – 18 Uhr

Hagerwaldsee
(Touren 5, 7):
Gasthaus Hagerwaldsee
Hagerwaldseestr. 31
Tel.: 07182/6810
www.hagerwaldsee.de
Ruhetag: Mo. u. Di.

Hammerschmiede
(Tour 47):
Gasthaus Zum Wasserrad
Hammerschmiede 1
Tel.: 07977/335
Ruhetag: Do.

Hanweiler
(Tour 50): Die Traube
Weinstr. 59,
Tel.: 07195/13990-0
www.traube-hanweiler.de
Ruhetage: Di. u. Mi.

Haselbach
(Tour 4):
Waldrestaurant Mecki
Pfersbacher Straße 36
Tel.: 07171/75950
Ruhetage: Mo u. Di.

Helfenberg
(Tour 29):
Gaststätte Traube
Von-Gaisberg-Str. 40
Tel.: 07062/5764

Hörschbachwasserfälle
(Tour 20):
Gaststätte Zum Wasserfall
Hörschhof 9
Tel.: 07192/6595
Ruhetage: Mo. u. Di.

Hörnleskopf
(unterhalb) (Tour 50):
Korber Schützenhaus
Am Hörnleskopf
Tel.: 07195/9863555
www.cbc-restaurant.de
Ruhetag: keiner

Hof und Lembach
(Tour 24): Besenwirtschaft
Bottwarstube
Brückenstraße 7/1
Tel.: 07148/2658
www.bottwarstube.de

Horlachen
(Tour 21): Gasthaus Hirsch
Hagbergstr. 11
Tel.: 07972/6484
Ruhetage: Mi. u. Do.

Kloster Lorch
(Tour 2): Kloster-Café
Tel.: 07172/928497
www.kloster-lorch.com

Lachweiler
(Tour 41): Gasthaus Linde
Geißelhardter Straße 19
Tel.: 07903/488
Ruhetag: Mo.

Laufenmühle
(Touren 9, 11):
eins+alles/Cafe Molina
Laufenmühle 8
Tel.: 07182/8007-26
www.eins-und-alles.de

April-Okt. täglich geöffnet
Restaurant
Bahnhof Laufenmühle
Laufenmühle 2
Tel.: 07182/49220
www.bahnhof-laufenmuehle.de
Ruhetag: Mo.
Klingenmühle: Antik Café und Biergarten
Tel.: 07182/5396500
www.klingenmuehle.com
geöffnet: Sa./So./Feiertage und während den Schulferien.

Lorch
(Tour 2) : mehrere Einkehrmöglichkeiten

Löwenstein
(Tour 27): mehrere Einkehrmöglichkeiten

Lutzenberg
(Tour 16):
Gasthaus Schöne Aussicht
Backnanger Strasse 19
Tel.: 07183/42373
www.schoeneaussichtlutzenberg.de
Ruhetage: Mi. u. Do.

Mainhardt
(Touren 39,40,41) : mehrere Einkehrmöglichkeiten

Marhördt
(Touren 42,43,47):
Restaurant Landhaus Noller
Marhördt 18
Tel.: 07977/9119970
www.landhaus- noller.com
Ruhetag: Montag

Mittelbronn
(Touren 12,14):
Landgasthof Stern
Eschacher Str. 74
Tel.: 07972/910411
www.landgasthof-stern.de
Ruhetag: Di., Mi. u. Do.

Murrhardt
(Touren 19,20, 22): mehrere Einkehrmöglichkeiten

Necklinsberg
(Tour 49): Gasthaus Krone, Schönblick 4
Tel.: 07183/9322484
ab 17 Uhr
Ruhetag: Di. u. Feiertage

Neumühlsee
(Touren 31 u. 36):
Landgasthof Neumühlsee
Neumühle 3
Tel.: 07942/8533
www.neumuehlsee-camping.de
Mai-September
Ruhetag: Mo.

Neuwirtshaus
(Tour 34):
Gaststätte Neuwirtshaus
Haus Nr. 50
Tel.: 07903/22 05
geöffnet: Fr., So. und Feiertage

Obermühle
(Tour 10):
Restaurant zur Obermühle
Telefon 0 71 82 / 5396442
www.zur-obermuehle.de
Ruhetage: Di. u. Mi.

Oberrot
(Tour 44): mehrere Einkehrmöglichkeiten

Oberstenfeld
(Tour 24): mehrere Einkehrmöglichkeiten

Ödernhardt
(Tour 49):
Gaststätte Schützenhaus
Olgastr. 21
Tel.: 07195/73233
www.schuetzenhaus-berglen.de
Ruhetage: Mo. und Di.

Oppenweiler
(Tour 23): mehrere Einkehrmöglichkeiten

Pfedelbach
(Tour 32): mehrere Einkehrmöglichkeiten

Prevorst
(Tour 25):
Gasthof Ochsen
Ortsstrasse 46
Tel.: 07194/8445
Ruhetag: Mittwoch

Rehnenmühle- Stausee
(Tour 13): Rehnenmühle
www.rehnenmuehle.de
Tel.: 07176/6350, 0172/7225003

Rettersburg
(Touren 48 u. 49):
Gasthaus Göckele
Kelterstr. 55
Tel.: 07195/1622402
Ruhetag: Mo.

Rösersmühle
(Tour 40): Gastwirtschaft Zur Einkehr
Tel: 07903/ 9429393
www.zureinkehr.net
Ruhetage: Mo., Di. u. Sa.

Rudersberg
(Tour 1) : mehrere
Einkehrmöglichkeiten.

Ruppertshofen
(Tour 13) : mehrere
Einkehrmöglichkeiten

Schlichenhöfle
(Tour 16):
Landgasthof Birkenhof
Schlichenhöfle 2
Tel.: 07183/41894
www.schlichenhoefle.de
Ruhetag: Mo.

Spiegelberg
(Tour 25): mehrere
Einkehrmöglichkeiten

Stöckenhof
(Tour 48): Gastwirtschaft
Kronenstüble, Enzianstr. 17
Tel.: 07195/74028
Ruhetag: Mo.

Täferrot
(Tour 13): mehrere
Einkehrmöglichkeiten

Untersteinbach
(Tour 33): mehrere
Einkehrmöglichkeiten

Vorderweißbuch
(Tour 49): Gasth. Zur Rose
Belchenstraße 20
Tel.: 07181/76997
www.rose-vorderweissbuch.de
Ruhetag: Mo. u. Di.

Waldenburg
(Tour 31): mehrere
Einkehrmöglichkeiten

Waldenweiler
(Tour 16) : mehrere
Einkehrmöglichkeiten

Welzheim
(Touren 6 u. 10):
Gaststätte Schützenhaus
Heide 5, Tel: 07182/6497
Ruhetag: Mo. u. Di
und weitere Einkehrmöglichkeiten in der Stadt.

Wielandsweiler
(Tour 47): mehrere
Einkehrmöglichkeiten

Wunnenstein
(Tour 24): Wunnenstein
Berggaststätte
Tel: 07148/1618800 u.
0176/25801326
(unter 14°C geschlossen)

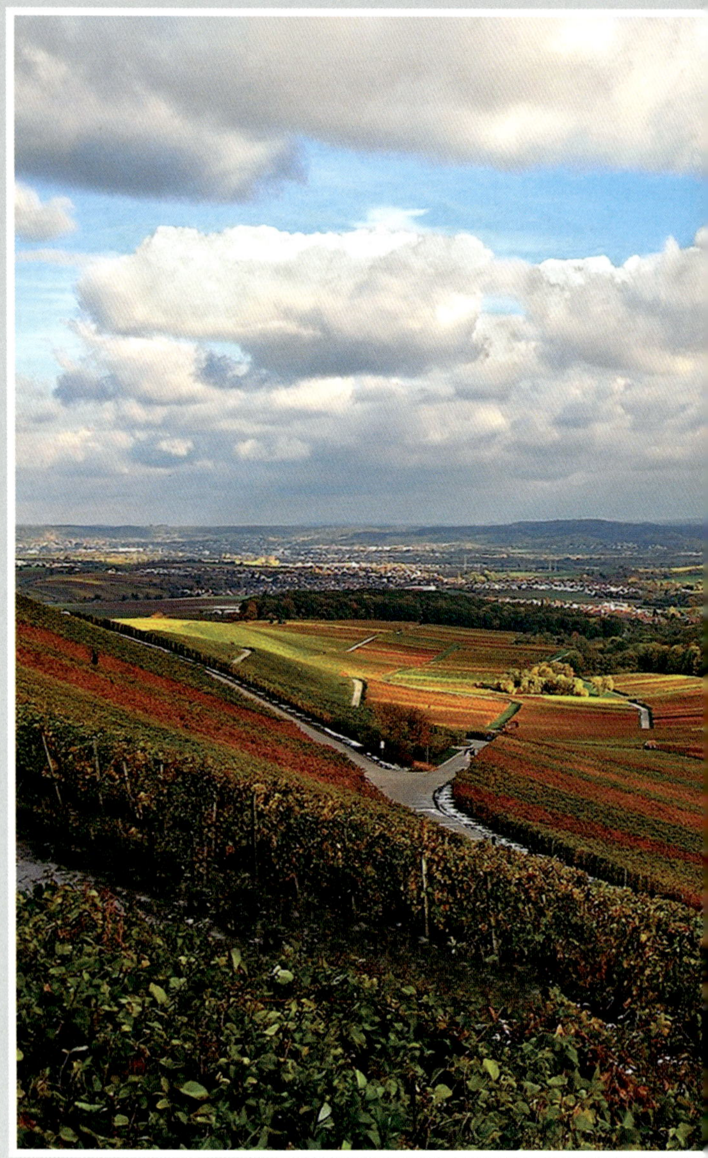

Herbstfarben.

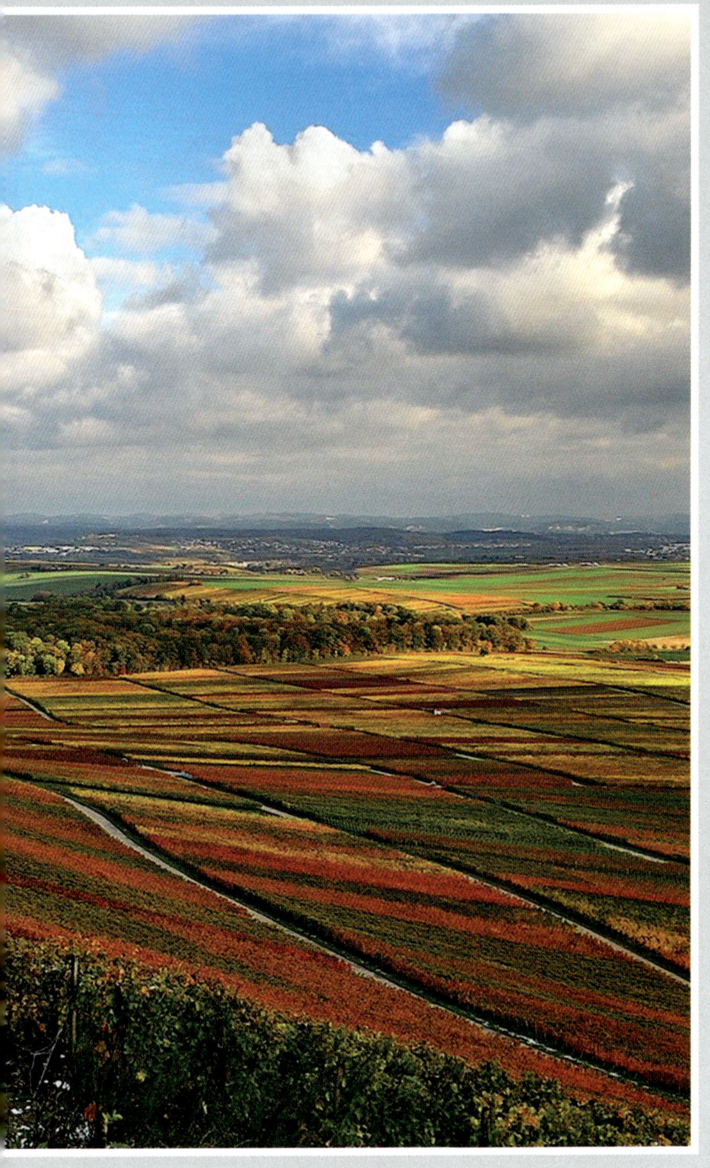

REGISTER

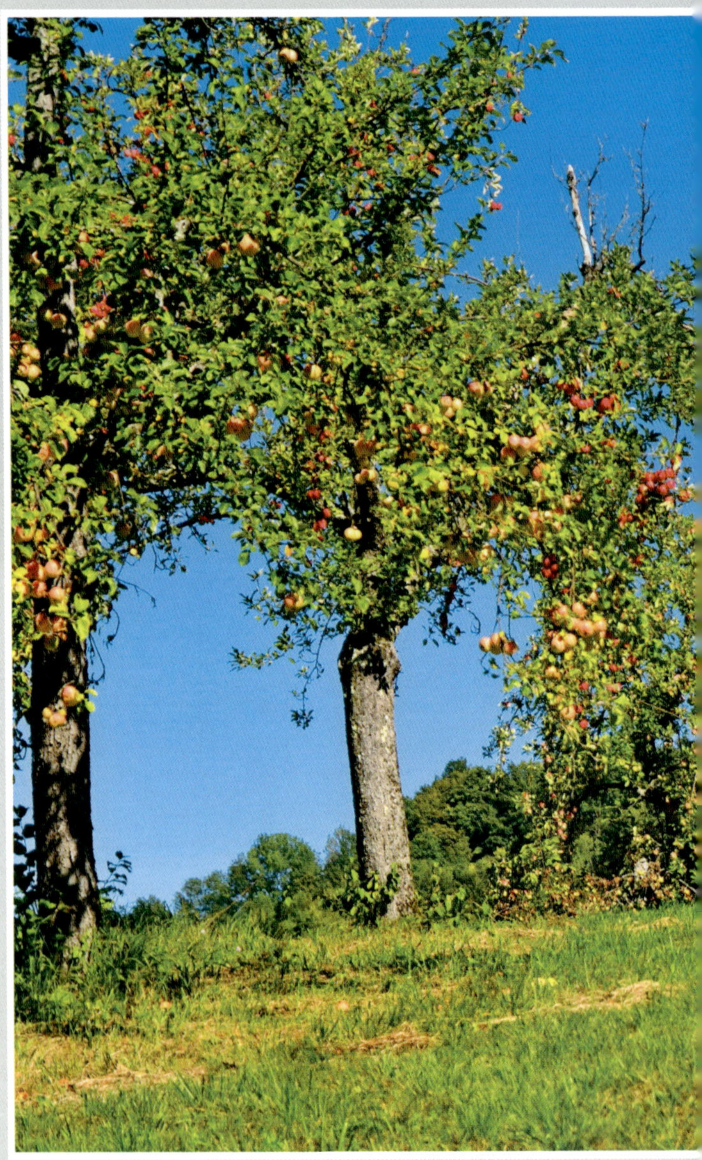

Schloss Ebersberg.

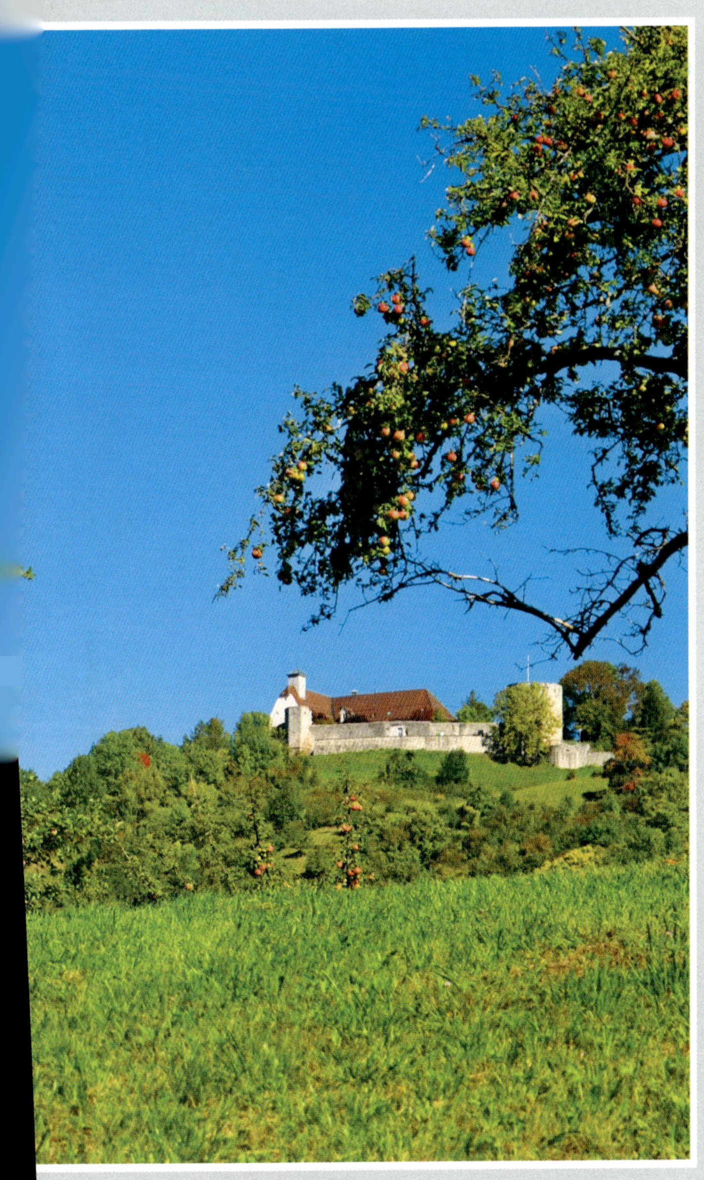

IMPRESSUM

© KOMPASS-Karten, A-6020 Innsbruck (23.01)
1. Auflage 2023 Verlagsnummer 5300 ISBN 978-3-99121-608-7

Text und Fotos (soweit nicht anders angegeben): Werner Sippel

Titelbild: Vom Hagbergturm (© Werner Sippel)

Grafische Herstellung und Wanderkartenausschnitte:
© KOMPASS-Karten GmbH
Kartengrundlage für Gebietsübersichtskarte S. 10-11, U4:
© MairDumont, D-73751 Ostfildern 4

Alle Angaben und Routenbeschreibungen wurden nach bestem Wissen gemäß unserer derzeitigen Informationslage gemacht. Die Wanderungen wurden sehr sorgfältig ausgewählt und beschrieben, Schwierigkeiten werden im Text kurz angegeben. Es können jedoch Änderungen an Wegen und im aktuellen Naturzustand eintreten. Wanderer und alle Kartenbenützer müssen darauf achten, dass aufgrund ständiger Veränderungen die Wegzustände bezüglich Begehbarkeit sich nicht mit den Angaben in der Karte decken müssen. Bei der großen Fülle des bearbeiteten Materials sind daher vereinzelte Fehler und Unstimmigkeiten nicht vermeidbar. Die Verwendung dieses Führers erfolgt ausschließlich auf eigenes Risiko und auf eigene Gefahr, somit eigenverantwortlich. Eine Haftung für etwaige Unfälle oder Schäden jeder Art wird daher nicht übernommen. Für Berichtigungen und Verbesserungsvorschläge ist die Redaktion stets dankbar. Korrekturhinweise bitte an folgende Anschrift:

KOMPASS-Karten GmbH
Karl-Kapferer-Straße 5, A-6020 Innsbruck
www.kompass.de/service/kontakt

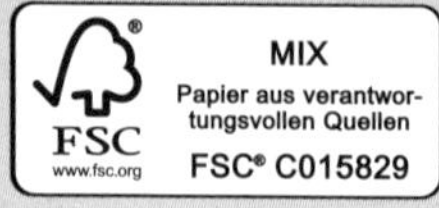